KB178554

메르켈

세계를 화해시킨 글로벌 무티

메르켈

마리옹 반 렌테르겜 지음 · 김지현 옮김

한길사

마들렌 오비에와 모리스 가바유,
예전의 독일에 맞서 싸웠고
그 후의 독일에 존경을 표했으며
프랑스 공산주의 정당을 지지했지만
그보다 자유를 훨씬 더 사랑했던
'유럽인'이었던 나의 조부모님께

앙겔라 메르켈을 소개합니다.
두 분도 좋아하셨을 거예요.

차 례

1 메르켈이 떠나다 ———————— 9

2 메르켈의 자아는 어디에? ———— 27

3 아주 특별한 푸른색 ———————— 45

4 템플린, 나토의 수도 ———————— 77

5 미스 카스너에서 메르켈 박사로 —— 87

6 프렌츨라우어 베르크의 혼란 ——— 105

7 발트해에서 받은 수업 —————— 113

8 메르켈의 오두막 ———————— 131

9 비르기트의 다과 모임 —————— 137

10 아세닉 앤드 올드 레이스 ———— 151

11 걸스 캠프 —————————— 173

12 총리실의 세 여성 ——————— 193

13 글로벌 무티 ——————— 209

14 총리 한 명, 대통령 네 명 ——————— 235

15 2016, 끔찍한 한 해 ——————— 271

16 마지막 메르켈 ——————— 289

17 마크롱이 말하는 메르켈 ——————— 315

18 행복한 독일을 이끄는 총리 ——————— 329

19 안녕히 ——————— 343

감사의 말 • 351

사진 저작권 • 355

일러두기

- 이 책은 프랑스에서 출간된 Marion Van Renterghem의 *C'était Merkel*(Les Arènes, 2021)을 옮긴 것이다.
- 이 책의 각주는 독자의 이해를 돕기 위해 옮긴이가 넣었다.

1 메르켈이 떠나다

"메르켈은 보수라기보다 중도주의자였어요.
정치적으로 우린 그렇게 다르지 않았어요."
— 토니 블레어

그렇다. 앙겔라 메르켈이 떠난다. 맑고 푸른 눈동자, 근엄한 입
가 주름, 그 친숙한 얼굴이 화면에 불쑥 등장하는 것을 이제 더는
볼 수 없게 되었다. 메르켈이 다부진 걸음으로 국가수반에게 다가
가 인사하는 모습도 이제 볼 수 없다. 감정을 드러내지 않은 채 고
개를 짧게 끄덕이고 정중한 미소만 지으며 악수하는 모습 말이다.
메르켈의 단조로운 목소리가 흘러나오는 연설 동영상도 트위터나
인스타그램에 더는 올라오지 않을 것이다. 메르켈의 연설에는 청
중에게 감동을 주려는 과장도, 마음을 사로잡으려는 간사한 계책
도 없다. 그는 자기가 원하지 않는데 커뮤니케이션 담당관이 집어
넣은 슬로건은 단 하나도 없는 연설을 했다.
　자기 과시는 그의 방식이 아니다. 감정을 분출하는 것도 마찬가
지다. 메르켈은 축구 경기에서 독일의 전차군단이 골을 넣지 않는
이상 흥분해서 감정을 드러내는 일은 불필요하고 부적절하다고

생각한다. 어떤 격동에도 끄떡없을 듯한 메르켈의 분위기에 단 한 가지 뚜렷한 변화를 주는 것은 그가 입는 재킷 색상이다. 하지만 이제는 메르켈이 무슨 색 재킷을 입는지 궁금해하는 이도 없을 것이다.

우리는 메르켈을 더는 볼 수 없을지도 모른다. 그가 총리직에서 떠날 때 공식적인 정치인 자리에서도 영원히 떠나리라고 나는 거의 확신한다. 국제 문제를 다루는 기관에서 직책을 맡는다는 소식도 들을 수 없을 것이다. 메르켈은 후임자들이 펴는 정책에 대해 가타부타하지 않을 것이다. 도덕적 양심임을 자처하지 않을 테고, 당당하게 맡아도 될 롤 모델 역할도 틀림없이 거절할 것이다.

하지만 쌓여가는 요구를 더는 거부할 수 없을 때, 민주주의나 다자주의가 다시 위기에 처하는 날, 스스로 필요하다고 생각하는 순간이 오면 메르켈은 연설의 형식을 빌려 우리 앞에 다시 나타날 것이다. 메르켈은 책임 있는 지위에 다시 오르지는 않겠지만 사회적 행동에 참여할 테고, 이곳저곳에서 개발도상국을 위한 프로젝트를 지원할 것이며, 자기 가치에 맞는 일이라면 어떤 프로젝트든 참여할 것이다. 어린 시절부터 자신을 형성해왔고 자신의 야망에 진정한 원동력이 되었던 그런 가치를 위해서라면.

메르켈은 여행을 떠날 것이다. 그는 러시아, 미국 그리고 광활한 대자연을 꿈꾼다. 톨스토이와 파스테르나크,* 볼가강과 시베리아

---

* 『닥터 지바고』로 노벨문학상을 받은 러시아 시인·소설가.

횡단을 꿈꾼다. 로키산맥, 캘리포니아 선인장, 미국이라는 자유세계를 꿈꾼다. 메르켈은 철조망과 감시탑 외에는 다른 지평선이 없는 동독에서 어린 시절을 보내면서 나중에 나이가 들면 미국에 가보리라고 생각했다.

메르켈은 토마토를 기를 것이다. 그는 브란덴부르크에 있는 소박한 별장에서 토마토를 보살피며 주말을 보내고, 월요일 아침 회의 때 동료들에게 토마토가 익어간다고 얘기하곤 했다. 메르켈은 예순일곱 살에 드디어 자유를 향해 첫걸음을 내디딜 것이다. 30년이 두 번 지나는 동안 해보지 못한 일이다. 1954년부터 1989년까지는 동독 독재정권 아래서 살았고, 1990년부터 2021년까지는 세간의 관심을 받으며 하원의원, 장관, 기독교민주연합(CDU) 사무총장, CDU 당 대표, 총리 그리고 다시 총리를 지내며 쉼 없이 살았기 때문이다.

메르켈은 지금까지 그랬듯 돈과 사치에는 관심을 두지 않을 것이다. 그는 휴가 때 찾았던 산악 하이킹 코스에서 모험을 즐길 테고, 내면에 남아 있는 과학적 발견이라는 열정에 관심을 둘 것이다. 그리고 훔볼트대학 양자화학·이론화학 명예교수이자 그동안 '퍼스트젠틀맨' 역할을 조용히 수행해준 남편 요아힘 자우어(Joachim Sauer)의 '퍼스트레이디'가 될 것이다. 메르켈은 핀란드부터 이스라엘까지, 자신에게 명예박사학위를 준 전 세계 10여 곳이상의 대학을 방문할 테고 학생들과 정치 또는 자신의 전공 분야인 화학에 관해 이야기 나눌 것이다.

2020년 10월 루돌프 자흐라드닉(Rudolf Zahradník)이 세상을 떠나지 않았다면 메르켈은 그를 만나러 체코에도 갔을 것이다. 메르켈은 구체코슬로바키아에서 인턴십에 참여하던 시절 자흐라드닉의 양자화학 강의를 들은 이후 그를 존경하며 따랐다. 물론 메르켈이 토마토 기르기와 산행을 좋아한다고 해서 평범한 동네 부인이될 수는 없다. 하지만 메르켈은 단 한 번도 느껴본 적 없는 자유를처음으로 만끽할 것이다.

메르켈이 떠나는 데에서 나는 묘한 불안감을 느낀다. 나는 메르켈을 그리워할 것이다. 왜 그럴까? 익숙한 존재가 사라지는 데서오는 두려움인가? 지난 16년 동안 다른 지도자들과는 너무 달랐던 독일 총리는 유럽 어디에서든 일상에 스며들어 있었다. 소셜 네트워크가 폭발적으로 성장한 시대인 만큼 전임자들보다 온갖 종류의 스크린에 더 자주 등장했고, 뉴스 채널에 반복적으로 모습을 보였다. 그 누구도 메르켈처럼 민주적이고 투명한 방법으로 오랫동안 강대국의 수장을 맡지 못했다. 그 누구도 그처럼 지지율이80%에 달하는데도 자발적으로 은퇴를 결정하지 않았다. 더 강압적이고 불투명한 집권자들인 러시아의 블라디미르 푸틴(Vladimir Putin), 터키의 레제프 타이이프 에르도안(Recep Tayyip Erdoğan), 헝가리의 빅토르 오르반(Viktor Orbán)을 제외하고는 동시대 어떤외국 지도자도 메르켈만큼 프랑스인의 일상과 밀접하게 연결될수 없다.

메르켈이 나를 사로잡고 궁금하게 만들고 매혹하는 것처럼, 내

삶의 일부가 되는 지도자는 앞으로 없을 것이다. 이건 메르켈에 대한 나의 애착이라고 해야 할 것 같다. 나는 2005년 9월 18일 독일 총선 이후 16년 동안 메르켈을 유심히 살피며 뒤쫓아 다녔다. 그날 지녁, 연임에 도전한 수디스럽고 허풍이 센 독일 총리는 패배를 인정하지 못하고 남자로서 오만과 여성에 대한 무시를 드러내며 '그녀'는 결코 자신을 대신해 총리가 될 수 없다고 확신했다. 수수한 검은 재킷을 입고 수줍은 듯 서 있는, 동독에서 온 젊은 여성을 가리키며 한 말이었다. 메르켈은 그저 옅은 미소를 띤 채 남자를 똑바로 바라보며 그가 하는 말을 가만히 들었다. 게르하르트 슈뢰더(Gerhard Schröder)는 자신이 누구를 상대하는지 깨닫지 못했다.

나도 그랬다. 메르켈은 그때까지 내 시야에 들어오지 않았다. 나와 독일의 인연은 그보다 불과 몇 년 전 나도 모르게, 전혀 생각지 못한 곳에서 시작되었다. 그곳은 코소보 내전이 끝날 무렵의 알바니아였다. 당시 『르몽드』(Le Monde) 특파원이었던 나는 알바니아 북동부 쿠커스에서 20킬로미터 떨어진 모리나 국경 검문소 옆에서 대기하며 분쟁 지역, 즉 코소보에 들어갈 방법을 찾고 있었다. 코소보는 주민 대부분이 알바니아계이지만 세르비아에 속했는데, 세르비아 측은 이곳에서 알바니아인을 상대로 인종청소를 자행했다. 도망쳐 온 코소보 난민들은 알바니아 국경에 임시 캠프를 마련하고 고국으로 돌아가길 기다렸다.

전투는 아직 끝나지 않았고 세르비아 군인들도 아직 떠나지 않은 때였다. 총탄과 로켓포가 이따금 침묵을 깨뜨렸고 코소보 사람들은 종종 세관 막사를 둘러싸고 있는 중간지대로 탈출을 시도했다. 그들은 총을 쏘고 타이어에 불을 지르고 유고슬라비아를 상징하는 붉은 별이 표시된 자동차 번호판을 뜯어내며 압제의 마지막 상징들에 맹렬히 공격을 퍼부었다. 당시엔 피처폰도 인터넷도 없었지만, 세르비아군은 무기를 내려놓았고 나토(NATO, 북대서양조약기구)의 코소보 평화유지군(KFOR)이 여러 경로로 이 지역에 진입할 거라는 소문이 퍼졌다.

1999년 6월 13일 이른 아침, 골짜기 쪽에서 들려오던 소리가 귀를 때리는 엔진의 굉음으로 변했다. 탱크와 장갑차 대열이 모리나 국경 검문소를 향해 돌진하더니 우리 눈앞에서 검문소를 넘었다. 차체에는 검정-빨강-노랑으로 된 작은 국기가 붙어 있었다. NATO 사령부가 이 지역의 남쪽 사면에 배치한 KFOR 독일군 부대였다. 독일군이 코소보 국경을 열었으니 그들을 따라가기만 하면 코소보로 들어갈 수 있었다. 나는 알바니아어 통역사와 함께 잃어버린 조국으로 빨리 돌아가고 싶어 하는 코소보 난민과 짐을 한가득 실은 자동차 행렬에 끼어 차례를 기다렸다.

국경에 배치된 젊은 독일군 한 명이 입국자 신원을 확인했다. 앳된 얼굴에 둥근 철모를 쓴 그는 군대식으로 경례를 하고 우리 차 안을 힐끗 들여다보았다. "신분증이요! 여권 좀 보여주시기 바랍니다!" 독일군은 약간 수줍어하면서도 활짝 웃으며 말했다. 그 순간 나와 함께 있던 통역사는 공포에 떨었다. 그를 놀라게 한 건 이

군복 입은 젊은이가 아니었다. 마주치고 싶지 않은 적들, 그러니까 잔류한 세르비아군과 민병대가 떠올랐기 때문이다. 나는 그 반대였다. 철모를 쓴 젊은이를 보는 순간 민병대를 잊을 정도로 당황스러웠다. 웃으며 여권을 보여달라고 요청하는, 그것도 '바랍니다'를 덧붙여 말하는 독일 군인이라니. 제2차 세계대전에 관한 이야기, 나치 독일군에 대해 각인된 이미지, 전쟁 영화의 신화가 뇌리에 박혀 있던 내게는 너무 충격적인 모습이었다. 유고슬라비아 전쟁이 끝났다는 기쁨을 넘어 유럽 역사상 믿기 힘든 순간을 목격하는 느낌이었다.

독일은 반세기 넘게 지니고 살던 나치즘이라는 죄의식에서 이미 벗어나고 있었다. 당시 독일 정부수반이던 슈뢰더도 1944년생이어서 제2차 세계대전을 거의 겪지 않은 최초의 독일 총리였다. 1999년 6월 13일 그곳에서, 역사의 한 페이지가 영원히 닫히고 다른 페이지가 열렸다. 연합군 제복을 입은 독일군들은 해방자로 환호를 받았다. 아이들은 독일 국기를 들고 신나게 소리 지르며 탱크 뒤를 쫓아다녔다. 그날 나는 20세기가 끝났음을 깨달았다. 그리고 새롭게 일어서는 유럽은 내셔널리즘과 인종주의라는 이름으로 선포되는 전쟁, 언제든 일어날 수 있는 그 전쟁을 이겨낼 수 있음을 깨달았다.

그날 이후 나는 독일에 대해 알게 되었다. 독일의 모범적인 정치 재건, 파손된 제국의회 의사당 자리에 복원한 연방하원 의사당의 둥근 유리 지붕, 민주적 투명성, 제도의 지속성, 시민 의식을 알게 되었다. 하지만 독일에 대한 경탄은 그곳, 프리슈티나*로 가는 길에서 시작되었다. 그리고 얼마 지나지 않아 전쟁 이후 태어난 최초의 독일 총리인 앙겔라 메르켈이 새로운 독일을 이끌며 국민들에게 '무티'(Mutti, '엄마'라는 뜻의 독일어)로 불린다는 사실을 알게 되었다. 소속 당 지지자들에게는 '앙기'(Angie)라는 애칭으로 불리며 이름이 같은 롤링스톤스 노래 '앤지'(Angie)에 맞춰 록스타처럼 환영받는다는 사실도 알게 되었다.

독일 군인의 천진한 얼굴을 본 날, 메르켈은 내 머릿속에 없었다. 당시 몇 명을 제외하고는 아무도 메르켈이 자신의 멘토인 헬무트 콜(Helmut Kohl) 전 총리를 정치적으로 제거하려고 은밀하게 일을 꾸미는지 몰랐다. 메르켈로서도 독일군의 해방전쟁은 관심 밖의 일이었을 것이다. 그로부터 몇 달이 지난 1999년 12월 22일, CDU 사무총장인 메르켈은 권모가로서 자신의 능력을 처음 발휘했다. 『프랑크푸르터 알게마이네 차이퉁』(*Frankfurter Allgemeine Zeitung*, FAZ)에 칼럼 하나를 기고하면서 헬무트 콜의 권세를 끝내 버렸고 급기야 CDU 당수 자리까지 차지했다. 당 대표가 되고 나서 5년 후 메르켈은 총리직에 올랐다. 그 자리에 오른 최초의 여성이자 철의 장막 반대편 출신으로서도 최초였다.

메르켈은 묻혀 있던 세상이자 나치즘과 공산주의라는 이중 형벌을 받은 독일민주공화국 출신이다. 유럽의 한쪽이 얄타회담 이

---

* 코소보공화국 수도.

후 내버려둔 나머지 반쪽이자 독재주의 국가인 동독 말이다. 그런 메르켈이 당시 탄생한 지 15년밖에 안 된 통일 국가, 현재의 '독일 연방공화국'을 이끌 준비를 하고 있었다. G8 또는 G20 정상 가운데 안락한 민주국가가 아닌 소련 치하 독재정권에서 태어나 민주주의 강대국의 위대한 지도자가 되는 사람은 앞으로도 메르켈뿐일 것이다.

나는 메르켈을 그리워할 것이다. 그저 울적해서 하는 말이 아니다. 서구 강대국의 모든 주요 지도자 가운데 오직 메르켈만이 다른 지리·정치·심리적 세계를 통과했다. 지리적으로는 동독에서 자랐고, 정치적으로는 베를린 장벽 너머의 악조건을 경험했으며, 심리적으로는 독재와 전체주의를 겪었으니 말이다. 서방 지도자 중 민주주의와 자유를 말할 수 있는 유일한 사람이 바로 메르켈이다. 민주주의와 자유를 박탈당하는 게 어떤 의미인지 몸소 깨달았기 때문이다. 메르켈은 남성들 한가운데에 있는 여성이고, 가톨릭교도에 둘러싸인 개신교 목사의 딸이며, 보수주의자가 가득한 곳에 있는 이혼녀이고, 서독 출신이 넘쳐나는 곳에 선 오시(Ossi, 동독 출신 독일인)다. 동쪽에 있는 '다른' 곳에서 온 사람이다. 하지만 이러한 약점은 오히려 그에게 강점이 되고 깊이가 되었다.

미국의 조지 W. 부시(George W. Bush)부터 조 바이든(Joe Biden), 영국의 토니 블레어(Tony Blair)부터 보리스 존슨(Boris Johnson), 프랑스의 자크 시라크(Jacques Chirac)부터 에마뉘엘 마크롱(Emmanuel Macron)까지, 메르켈이 총리로 있는 동안 그와 함께한 외국 지도자 중 아무도 자유가 무엇을 의미하는지 그만큼 이해하지 못했으며 다른 세상을 경험해보지도 못했다. 오직 메르켈만이 자유의 가치를 헤아릴 수 있었다. 물론 체코의 바츨라프 하벨(Václav Havel)도 인상적인 지혜와 용기를 발휘해 구체코슬로바키아가 동구권에서 자유 유럽으로 전환되는 데 기여했다.

그러나 메르켈은 서른다섯 살까지 인생의 절반을 철조망 너머에서 보냈음에도 유럽 1위, 세계 4위의 서구 강대국을 통치한 유일한 인물이다. 어느 한쪽으로 분류할 수 없는 메르켈의 이러한 정체성을 무엇으로 설명할 수 있을까? 2005년부터 2007년까지 유럽이사회에서 메르켈과 자주 만나 단둘이 이야기를 나누기도 했던 토니 블레어 전 영국 총리는 이렇게 말했다. 흔한 정치적 구분으로는 메르켈의 정체성을 설명할 수 없는데, 이는 그가 두 체제를 모두 알기에 가능한 일이었다고 말이다. "메르켈은 보수라기보다 중도주의자였어요. 정치적으로 우린 그렇게 다르지 않았어요. 메르켈과 내가 근본적으로 다른 건 출신이었죠. 메르켈이 과거에 동독에서 살았다는 사실 말입니다."

나는 메르켈을 그리워할 것이다. 그만이 절대적으로 다르기 때문이다. 메르켈은 16년 동안 유럽 최고의 경제 강국을 이끌면서도 권력 앞에서 자신의 원칙과 정체성을 무너뜨린 적이 없다. 그는 변하지 않았다. 필요 이상의 돈에 여전히 무관심하고, 사치는 솔직히 귀찮아하며, 거만해하거나 허풍 떠는 일은 영 낯설어한다. 메르켈이 해마다 바이로이트 축제에 참여하려고 머무는 한적한 시골의 게스트하우스는 세계 거물들이 스파와 수영을 즐기며 쉬는 호화로운 건물과는 정반대 풍경을 보여준다.

메르켈 총리는 그리 겸손하지 않은 여러 국가원수와 정부수반에게 관심을 가지는 만큼 자기 직원들에게도 관심을 두며, 직원들과 동등한 처지에서 겸손하게 이야기한다. 총리는 주요 국제 언론의 집요한 인터뷰 요청을 계속 거절하며, 총리의 관용차는 일반 시민들의 차량과 마찬가지로 빨강 신호등에 멈춘다.

메르켈의 정치를 특징짓는 안정성은 그 내면의 일관성을 그대로 반영하는데, 이는 메르켈과 오랜 세월 함께 일하면서 그만큼 신중해진 팀원들에게도 옮아 있다. 메르켈은 사생활을 지키고, 이미지를 연출하지 않으며, 명성을 좇지 않고, 자신을 드러내지 않을 뿐 아니라, 어떤 공적도 자랑하지 않는다. 16년간 권력을 유지하면서도 겸손을 잃지 않았다.

메르켈에 상응하는 지도자를 찾을 수 있을까? 메르켈만큼 비전형적인 지도자만이 그의 반향이 될 수 있다. 총리가 된 목사의 딸과 유사점이 약간 있는 사람은 성공회 수장인 영국 여왕뿐이다. 메르켈보다 인터뷰와 공개 발언을 꺼리는 엘리자베스 2세만이 그가 한 것과 비슷한 대답을 할 수 있을 것이다. 메르켈은 자신의 지역구인 슈트랄준트 메클렌부르크-포어포메른에서 열린 행사에서 한 참가자가 "50년 후 역사책에서 어떻게 기억되길 바라나요?"라고 묻자 단 한 문장으로 놀라운 답을 내놓았다. "그는 노력했다."

우리는 메르켈이 동독 출신이라고 쉽게 한정 짓지만 폴란드계 독일인인 그는 동독 출신인 동시에 북독일 출신이다. 1954년 7월 독일 북부 함부르크에서 태어난 발트해의 딸로, 동독 브란덴부르크의 시골 마을에서 젊은 시절을 보낸 뒤 1990년 12월 발트해 연안 슈트랄준트에서 국회의원에 당선되었다. 메르켈은 종교가 '정권의 적이자 인민의 아편'으로 인식되는 공산주의 독재정권 치하에서 개신교도로 살았다. 그래서 메르켈 가족은 항상 조심해야 했다. 메르켈은 독일 동부의 신중함을 배웠고 독일 북부의 엄격함을 물려받았다. 메르켈은 목사인 아버지에게서 그리고 적대적 환경에서 기독교 교육을 받으면서 눈에 띄지 않게 자기 길을 개척하려면 몇 가지 기술, 즉 소소한 준비와 타협과 이중성이 필요하다는 사실을 알았다.

메르켈은 전쟁이 끝나고 히틀러가 몰락한 지 거의 10년이 지났을 때 소련의 지원을 받는 독일민주공화국에서 태어났기에 제2차 세계대전에 대해 꽤 자유로운 태도를 갖추게 되었다. 장애인 시설에 있는 친구들과 함께 놀며 어린 시절을 보낸 메르켈은 자신과 다른 사람을 존중하는 법을 배웠고, 이후 과학을 공부하면서 세계 어느 지도자도 내세울 수 없는 분석의 힘과 냉정함을 습득했다.

여성, 물리학자, 개신교도, 동독, 북부 지방 출신에 정치 경험도 전혀 없는 메르켈은 거대 정당인 CDU에 마치 미확인 비행물체처럼 느닷없이 착륙했다. CDU를 차지한 서독 출신 가톨릭교 남성들은 오랫동안 고집쟁이 노인처럼 굴어왔다. 그들은 서독인들이 자기네 편으로 인정하지 않을 뿐 아니라 동독인들도 붙잡지 못하는 이런 존재를 본 적이 없었다. 메르켈이 자신을 어느 소속에도 가두지 않았기 때문이다.

이 '세계에서 가장 강력한 여성'은 누구도 닮지 않았고 남들과 다르게 생각하며 다양한 방법으로 판단했다. 또 개혁하고, 변화하고, 견해를 바꾸고, 명백한 이치라도 결코 당연히 여기지 않았다. 메르켈의 옛 수학 선생님을 브란덴부르크에서 만났을 때, 그는 메르켈의 독창성과 비범한 자질을 일찍이 알아차렸다고 말했다. "앙겔라는 모범답안이 제시하는 것과는 종종 다르게 그리고 더 빠른 방법으로 문제에 도전했어요. […] 포기하는 법이 없었죠. 불가능하다고 말한 적도 없어요. 앙겔라는 모든 방법을 동원해 답을 찾고 항상 발견해냈어요."

전체주의, 개신교, 과학, 독일 동부, 독일 북부, 전쟁 후, 미국을 향한 꿈. 메르켈에 대한 수수께끼는 이 각각의 열쇠가 함께 있어야만 풀 수 있다. 태어나서 베를린 장벽이 무너지기 전까지 35년을 보낸 메르켈처럼, 과거 경험이 지도자를 만드는 일은 거의 없을 것이다. 끈기 있고 신중한 야망, 장기 집권, 체스 선수 같은 마키아벨리즘,* 고유한 통치 스타일과 방식, 때로는 과감한 개혁이 부족한 점, 반대로 원칙적인 문제에서는 신랄하고 명확한 태도. 메르켈의 이 모든 특징은 그가 두 세상 사이에서 삶과 가치관을 복합적으로

---

* 원래 마키아벨리가 자신의 저서 『군주론』에서 주장한 정치사상이지만, 목적을 위해 수단을 가리지 않는 권모술수를 의미하는 표현으로 많이 쓰인다.

경험한 것으로 설명할 수 있다. 한 세계와 다른 세계, 즉 동독과 서독 말이다.

나는 메르켈을 그리워할 것이다. 그가 도덕적인 지도자이기 때문이다. 책략가이자 전문 킬러 같은 솜씨로 예상을 뛰어넘는 재능을 발휘해 독일 정계를 깜짝 놀라게 했을 뿐 아니라 당파적이고 권력적이며 조금은 계산적인 이 여성에게 도덕적이라는 표현이 우스워 보일지도 모르겠다. 메르켈이 권력의 정상에 오르기까지 그를 뒷받침한 도덕의 근원은 마하트마 간디보다는 마키아벨리와 컬래머티 제인*에게서 찾을 수 있다. 정치적 술수와 공작을 끊임없이 시도해 라이벌을 제거하고 다수 세력을 유지하는 것이다.

그러나 메르켈에게는 부족한 면도 있었다. 그리스 국민은 2011년 국가 채무 위기 당시에 대담함, 연대, 비전이 부족했던 메르켈을 용서하지 않았다. 당시 그리스 위기는 그리스 국민을 숨 막히게 했을 뿐 아니라 유럽연합(EU)에 막대한 경제적 손해를 입혔다. 또 메르켈에게는 역사를 만든 선지자들이 지녔던 장기 전략이 부족했다. 그래서 메르켈은 코로나 위기에서 자신을 드러내 보이고 진정한 혁명을 이끈 임기 마지막 해가 오기 전까지는 어떤 대규모 구조 개혁에 대한 공로도 인정받지 못했다.

메르켈은 종종 유럽의 연대를 고려하지 않고 독일 산업계와 납세자들의 이익을 우선으로 했다. 독일 기업인들을 대신해 EU와

---

* Calamity Jane, 1870년대 미국 서부에서 활동한 여성 개척자.

중국 간 투자에 관한 조악한 원칙 합의에 서명하려고 지나치게 노력했다. 게다가 독일이 푸틴의 러시아에 의존하고 있음을 보여주는 거추장스러운 상징인 '노르트스트림2' 가스 공급관 사업을 유지하려고 온 힘을 쏟기도 했다. 그래도 메르켈은 중국 정권이 공공의 적 1호로 여기는 달라이라마를 접견하는 데 주저하지 않았고, 독일 병원에서 치료받은 크렘린궁의 정적 알렉세이 나발니에 대한 독살 시도를 비롯해 러시아가 저지르는 범죄를 규탄하는 데 망설이지 않았다.

나는 메르켈을 그리워할 것이다. 그의 실용주의와 정치적 일관성이 전략보다는 가치와 원칙에 기초하기 때문이다. 2015년, 메르켈은 시리아 등지에서 전쟁과 범죄를 피해 유럽으로 도망쳐 온 난민 수십만 명을 독일에 수용하자고 자발적으로 건의해 많은 비판을 받았다. 독일이 '국경을 개방했다'고 잘못 알고 비난하는 사람들은 셍겐 지역*에서 국경은 본래 열려 있는 것이며 따라서 그가 '개방'할 수 없다는 사실을 이해하지 못했다. 메르켈은 오히려 군대와 경찰을 동원해 국경을 '폐쇄'할 수도 있었다. 그랬다면 아둔한 사람들은 더 소리를 질러댔을 것이다. "독일 국경에 군인들이 있다! 메르켈은 나치다!"라고 말이다.

어떤 이들은 메르켈이 여론조사에서 지지도를 올리려고 약간의 미덕을 과시하는 거라며 난민 수용이 '정치 쿠데타'라고 공격했

---

* EU 회원국 간의 국경 개방 조약인 '셍겐조약'이 적용되는 지역.

다. 그러나 과도한 휴머니즘이 오히려 독일 내 극우파의 부상과 메르켈 소속 정당 CDU의 세력 약화를 불러오면서 자신들의 수상과 반대 상황이 펼쳐지자 그들은 매우 유감스러워했다. 또 다른 이들은 메르켈이 독일의 인구 부족 문제를 해결하려 난민 대량 수용을 '계산'했으며 자기 목적을 이루려 국민의 임금과 복지를 깎아 먹는다고 비난했다. 더 나아가, 처음 들어오는 난민이 나중에 들어오는 난민보다 고학력이고 부유해서 사회적 수준이 높다는 점을 메르켈이 예상했다고 주장하기까지 했다.

프랑스 지도자들은 자신들의 비겁함을 감출 수 있을 뿐 아니라 당시 독일의 인류애가 스웨덴, 오스트리아와 함께 모든 유럽의 명예를 구했다는 사실을 인정하기 싫어서 대중이 메르켈을 비판하는 상황을 지켜보기만 했다. 난민 100만 명이 이미 유럽 대륙에 발을 디뎠지만, 그들은 무책임한 프랑스 지도자들이 불편하지 않을 만큼 충분히 먼 거리에 있었다. 만약 독일이 국경을 열어두는 대신 솅겐 지역 한복판에 벽을 쌓고 군대를 파견해 그 불행한 사람들을 멀리 쫓아냈다면 프랑스 지도자들은 뭐라고 말했을까?

2015년 메르켈은 유럽의 명예를 지켰지만 그에 따른 정치적 대가도 치렀다. 메르켈은 자신의 전부를 정의하는 역사와 신념을 바탕으로 국경을 폐쇄하지 않았다. 철조망 너머 열악한 환경에서 35년을 보낸 유럽인, 동독인, 기독교인인 메르켈은 기회가 그 자신을 자유의 나라로 이끈 이후에는 다른 이들을 그들 운명에만 맡겨두지 않았다.

우리는 메르켈을 그리워할 것이다. 메르켈이 진실이 여전히 통하는 세상을 구현했기 때문이다. 트럼피즘*과 그 증폭기 역할을 하는 소셜 네트워크가 등장하기 이전의 세상, '대안적 사실',** 정치적 거짓말, 진실에 대한 조직적 의심, 진실과 거짓을 구분하는 기준의 혼란 등이 생겨나기 이전의 세상 말이다.

메르켈은 말을 아끼는 지도자다. 그는 자신이 하는 발표보다 현실을 우선시했다. 자신이 할 수 있는 것 이상을 약속했다가 지키지 못한 적이 없다. 메르켈은 아마도 민주주의를 '피곤하게' 실천했을 것이다. 가장 영웅적인 민주주의 투사로 꼽히는 하벨 전 체코슬로바키아 대통령이 말했듯이 "민주주의에는 본래 단점이 있다. 민주주의는 그것을 정직하게 실천하는 사람들을 극도로 피곤하게 만드는 반면, 그것을 진지하게 받아들이지 않는 사람들에게는 거의 모든 것을 허용한다."

메르켈은 권력을 행사하느라고 피곤했다. 자유의 가치를 누구보다 잘 알았기 때문이다. 메르켈은 냉소주의보다는 지루한 것들, 즉 도덕, 원칙, 법치주의, 유럽 통합을 중요시하느라 피곤했다. 평화와 민주주의는 결코 당연하게 주어지지 않음을 누구보다 잘 알았기 때문이다. 메르켈은 본질적으로 그리고 전형적으로 반(反)트

* Trumpism, 트럼프의 극단적 정책 또는 이에 열광하는 정치적 현상을 가리키는 신조어.
** 트럼프 행정부가 사실이 아닌 것을 '대안적 사실'이라고 주장하며 화제가 되고 논란이 된 표현.

럼프, 반(反)존슨, 반(反)포퓰리즘이었다. 그는 염려를 놓을 수 없는 이 세상에서 하나의 기준점이었다. 그가 떠나는 것이 두렵다. 우리를 약하게 만들기 때문이다. 우리를 지켜주던 둑이 무너져버렸다.

2 메르켈의 자아는 어디에?

"앙겔라가 무슨 생각을 하는지는
절대 알 수 없어요."

– 헤를린데 쾨블

한 여성이 약간 어색하게 서서는 손을 어디에 둬야 할지 망설인다. 사내아이처럼 짧은 머리칼에 화장기 없는 얼굴이 1960년대의 진 세버그*와 약간 닮았다. 1960년에서 무려 31년이 지났지만 말이다. 그는 모직 카디건 안에 터틀넥 스웨터를 깔끔하게 차려입었다. 1960년대에 여성해방 운동을 겪으며 이전보다 자유로워진 젊은 여성들은 절대로 좋아하지 않을 스타일이다.

어떻든 그는 렌즈를 응시한다. 마치 숲속을 자유롭게 돌아다니던 어떤 동물이 우리 때문에 방해를 받은 것처럼, 하지만 걱정보다 호기심이 앞서 도망가지 않고 우리를 빤히 쳐다보는 것처럼 말이다. 그는 웃지 않지만 입을 아주 살짝 실룩거린다. 별생각이 없는 게 아니라 이미 모든 것을 이해했다는 의미다. 맑은 눈은 강렬하고

---

* Jean Seberg, 1960년대에 활동한 미국 여배우, 프랑스 누벨바그 영화의 아이콘으로 꼽힘.

명료해서 흑백사진을 찍어도 푸른 눈동자가 보일 듯하다. 아몬드 모양 눈매에 평온함과 확고함이 엿보인다. 메르켈은 사진작가의 말을 고분고분 들으며 흰 배경에 놓인 의자에 앉았다가 다시 일어난다. "포즈 취하려고 애쓰지 말고, 정치인처럼 웃지 말고, 그냥 나를 봐요." 사진작가가 그에게 말한다.

이는 1991년 10월 어느 날 있었던 일이다. 냉전 때문에 둘로 갈라졌던 독일이 이제 막 통일되었고, 새로운 행정 수도인 베를린으로 이전하기까지 정부 소재지는 본이었다. 메르켈은 당시 서른일곱 살이었지만 스물다섯 살처럼 보였다. 그는 소련의 위성국가에서 젊은 시절을 보냈다. 사라진 세계, 철조망에 둘러싸인 나라, 무장한 군인들의 감시를 받던 곳. 메르켈은 친구들끼리 은밀하게 모일 때만 자유를 누릴 수 있었던 동독에서 오랜 시간을 보냈다.

장벽이 무너지자 메르켈은 물리학 연구와 이전의 삶을 포기하고 모든 면에서 반대인 쪽으로 건너왔다. 정치는 그를 단번에 사로잡았다. 메르켈은 이제 막 하원의원으로 선출되었고 헬무트 콜 정부의 여성청소년부 장관으로 임명되었다. 이미 9년간 집권하며 하나의 전설이 된 헬무트 콜 총리는 온정주의로 메르켈을 보호하면서 '메트헨'(Mädchen, 소녀, 여자아이라는 뜻)이라는 별명으로 불렀다.

메르켈은 정치인이라는 직업에 처음 발을 들였지만 아직 명성도, 지지 기반도 없었으며, 대중도 그의 이름을 거의 알지 못했다. 하지만 사진작가 헤를린데 쾰블(Herlinde Koelbl)은 그를 알아봤다. 독일에서 일어난 일련의 변화, 즉 베를린 장벽 붕괴, 통일, 정치적 변혁, 거의 전적인 재건에서 영감을 받은 이 예술가는 새로운 프로젝트를 막 시작했다. 경력의 출발선에 있는 정·재계 관리 열다섯 명을 골라 해마다 그들의 사진을 찍으며 변화를 관찰하는 것이다. 그들이 무엇을 하는지, 어떤 사람인지, 위기에 직면하면 어떻게 행동하는지, 지거나 이기는지, 떠나거나 남는지, 권력에 대한 욕망이 어느 정도인지, 권력이 그들을 어떻게 변화시키는지를 연구하려고 했다.

헤를린데가 그들에게 제안한 계약은 8년 동안 해마다 사진을 한 장씩 찍고, 8년이 지나면 사진 여덟 장을 연대순으로 실은 책을 내는 것이었다. 사진작가는 아직 유명해지지 않은 이들을 관찰하는 세 가지 기준을 정했다. 첫째는 그들이 발산하는 에너지와 내면의 힘, 둘째는 그들의 야망에서 느껴지는 것, 셋째는 그들의 미래에 대한 사진작가의 직감이다. 실제 그들의 미래를 보면 헤를린데의 직감이 그리 나쁘지 않았음을 알 수 있다. 열다섯 명 중 일부는 공직을 떠났고, 몇 명은 일시적으로든 지속적으로든 영광의 시간을 보냈다. 그중 한 명은 당시 헤센주 정부 환경부 장관이었으며 나중에 연방 외무부 장관이 된 요슈카 피셔(Joschka Fischer)다. 그중 두 명, 슈뢰더와 메르켈은 훗날 총리가 되었다.

1991년 가을 헤를린데가 이 사진 촬영 프로젝트 계약을 제안했을 때 '메트헨'은 잠시 머뭇거렸다. "8년! 하지만 언론에 쓸 내 사진이 필요한 건 지금이에요. 8년 후가 아니고요!" 메르켈은 이미 미래를 공상하는 것보다 현재를 분석하는 데 더 열중하고 있었다. 훌륭한 과학자인 메르켈은 불확실한 예측보다 자신이 처리할 수 있는 사실에 초점을 맞춘다. 그래도 계약에는 서명했다. 8년이라는 기간에 동의한 것이다. 그리고 1998년이 되면 메르켈은 정치 경력에서 한 단계 올라서고, 새로운 사진 촬영 프로젝트 계약에 서명한다. 하지만 이 사진 프로젝트가 2021년 여름까지 끝나지 않으리라고는 생각지 못한다. 사실 1991년 프로젝트 첫날부터 사진작가는 메르켈을 꿰뚫어 보았다. 젊은 메르켈은 자신의 정치적 미래를 거의 의심하지 않았다. 총리까지는 생각하지 않더라도 자신의 미래가 여성청소년부 장관에서 멈추지 않을 걸 알고 있었다.

뮌헨 교외에 자리한 자신의 작업실에서 헤를린데는 내게 말했다. "내가 놀랐던 건 앙겔라가 얼마나 수줍음이 많은지, 그리고 동시에 얼마나 의지가 강한지 알았기 때문이에요. 정치 시스템에 익숙하고 그 시스템의 일부인 다른 사람들과 달랐어요. 앙겔라는 정치가 처음이었고 물 만난 물고기 같지도 않았죠. 하지만 앙겔라에게서는 흔치 않은 에너지, 힘, 지성이 풍겼어요. 일종의 고집도 보였고요. 난 곧바로 알아챘어요. 앙겔라는 자신이 중요한 사람이 되리라는 걸 알고 있다는 느낌이 들었어요."

독특한 다갈색 머리칼, 우아하게 주름진 얼굴, 상대방이 이야기를 털어놓게 만드는 녹색 눈동자를 가진 헤를린데는 마치 점술가처럼 보였다. 그는 상대에게 즉시 말을 걸지 않고 상대를 믿기 전에 잠깐 뚫어지게 바라봤다. 자신과 성격이 비슷한 메르켈의 마음을 얻은 방법 같았다. 헤를린데는 메르켈 내면의 비범한 힘을 이해하려고 노력했다. 그리고 첫 번째 연례 사진 프로젝트에서 그것을 느낄 수 있었다. 처음에 메르켈을 선택하고 싶었던 이유이기도 했다. 헤를린데는 이렇게 분석했다.

"앙겔라에게 가장 놀라운 점은 자아(ego)가 없다는 거예요. 예를 들면, 슈뢰더나 피셔는 이미 강한 자아를 갖고 있었는데 앙겔라는 그렇지 않았어요. 더 정확히 말하면, 자만심이 없었어요. 거만하지 않았죠. 그건 엄청난 힘이고 그를 이해하는 데 중요한 요소예요. 자만심은 사람을 약한 존재로 만들어요. 아첨에 약해지니까요. 자만심이 강하면 한 번쯤 아첨에 속아 넘어가죠. 하지만 앙겔라는 아주 분석적이라 그걸 피할 수 있죠. 반대로 야망이라면 앙겔라가 처음부터 갖고 있었어요. 내가 이 시리즈에서 사진을 찍은 모든 사람처럼 앙겔라는 자신이 무엇을 원하는지 알았어요. 당연하죠. 그렇지 않았다면 앙겔라는 지금 자리까지 가지 못했을 테고, 거기 계속 남아 있지도 못했을걸요. 하지만 다른 사람들과 반대로, 앙겔라는 야망을 드러내지 않으려고 아주 조심했어요."

사진작가는 당시 니더작센주 주지사였던 슈뢰더가 연방 총리 자리를 차지하는 일에 관해 끊임없이 이야기한 것을 기억했다. "내가 거기에 들어가야죠!" "나는 총리가 될 거요!" 헤를린데가 슈뢰더를 흉내 내면서 자기 말을 믿어도 된다는 듯 단호한 눈빛을 보냈다. "슈뢰더는 1991년부터 그렇게 말했어요. 그런 말을 하면서 조금의 의심도 거리낌도 없었죠. 하지만 만약 당신이 여성이고 동독 출신이라면 당신의 야망을 고백해선 안 돼요. 앙겔라는 그걸 곧바로 이해했죠. 앙겔라가 무슨 생각을 하는지는 절대 알 수 없어요. 앙겔라는 다음 단계에 어떤 의도가 있는지 결코 드러낸 적이 없어요. 당원들이 그걸 눈치챘다면 앙겔라가 가는 길을 막았을 테니까요. 앙겔라는 권력을 원한다는 걸 조금이라도 내보였다면 권력을 갖지 못했을 거예요."

나는 헤를린데의 말을 들으며 헬무트 콜을 생각했다. 그는 메르켈을 과소평가하다 대가를 치른 많은 사람 가운데 첫 번째 희생자였다. 그리고 메르켈이 했다는 감탄할 만한 발언도 떠올랐다. 메르켈이 어느 날 한 지인에게 털어놓았는데, 그 지인이 내게 전해준 말이다. "난 자만심이 강하지 않아요. 남자들의 자만심을 이용할 줄 아는 거죠."

8년이 지난 1998년 메르켈과 헤를린데 사이의 사진 프로젝트 계약이 끝났다. 사진작가는 초심자 열다섯 명을 해마다 촬영한 사진들뿐 아니라 1년에 한 번씩 그들 각자와 진행한 인터뷰의 대본도 모을 수 있었다. 시간이 흐른 뒤 그런 자료를 들여다보는 일은 아주 흥미롭다. 그들은 모두 인터뷰에 순순히 응하고 사진작가가 여러 주제에 관해 던진 질문에 양심적으로 대답했다. 부모님은 어떤 분인지, 자신에게 어떤 영향을 주었는지, 그동안 자기 길을 어떻게 걸어왔는지, 밝은 곳에 있으면 어떤 느낌이 드는지, 무엇을 두려워하는지, 경력을 쌓는 데 중요한 자질은 무엇이라고 생각하는지, 가족을 희생시키는 편인지, 도전을 좋아하는지, 지난 한 해

무엇을 배웠는지…

프로젝트를 시작한 첫해부터 메르켈의 대답에는 자신에 대한 통찰력만큼 분석적 사고도 담겨 있었다. 젊은 여성청소년부 장관은 처음부터 이 과정을 잘 따라왔지만 자신이 왜 이 작업에 순응하는지 스스로 의아해했다. 해가 갈수록 메르켈은 사진 촬영 프로젝트에 재미를 붙였고, 마침내 자신에게 이것저것 지시하는 색다르고 무뚝뚝한 여성에게 애정을 갖게 되었다. 메르켈은 사진작가에게 감사의 표시로 몇 마디를 적었다.

"처음에는 당신과 인터뷰하기가 엄청나게 힘들었어요. 반항심이 들었고 당신이 다시 내 방문 앞에 와 있는 날이면 전혀 행복하지 않았죠. 속으로 이렇게 말했어요. '왜 이런 무의미한 일에 내 시간을 낭비하지?' […] 그리고 나서 깨달았어요. 내가 궁금해한다는 걸요. '아, 올해 퀼블 씨가 왔던가?' 하고 말이에요. 분명하게 알았어야 했어요. 당신의 프로젝트가 흥미롭다고 느낄 만큼 나도 자만심이 강한 사람이라는 걸요. […] 처음에는 반항했지만 나도 이제 프로젝트를 받아들이게 되었어요. 솔직히 말하면 믿어지지 않네요."

1999년, 첫 8년을 담은 사진 모음집이 『권력의 흔적』이라는 제목으로 출판되었다. 1999년은 정말 다사다난했다! 그해 슈뢰더는 자신이 말한 대로 연방 총리가 되었다. 외무부 장관이자 부총리는 슈뢰더의 친구이자 사진 프로젝트의 또 다른 참가자 요슈카 피셔였다. 무명의 젊은이였던 다른 두 참가자, 즉 하인리히 폰 피에러

(Heinrich von Pierer)와 프랑크 쉬르마허(Frank Schirrmacher)는 각각 지멘스 CEO와 거대 보수 일간지『프랑크푸르터 알게마이네 차이퉁』(FAZ)의 편집장이 되어 있었다.

'메트헨'에 대해 말하자면, 그는 1999년 12월『FAZ』에 유명한 칼럼을 싣기 전에 은밀한 준비를 하고 있었다. 그 칼럼으로 메르켈은 헬무트 콜의 입지를 허물어뜨리고 제1야당인 기독교민주연합(CDU)의 수장이 될 터였다. 하지만 사진 모음집이 출간되었을 때는 아직 누구도 그 사실을 몰랐으며, 메르켈은 사진집 표지에서도 그리 눈에 띄지 않았다. 거대한 역사의 흐름 속에서 다른 모든 이의 자리를 빼앗을 준비를 했는데도 말이다. 언론에 '당장' 쓸 사진을 원했던 메르켈은 어느새 헤를린데의 프로젝트에 마음을 빼앗겼고, 새로 시작하는 사진 프로젝트에 서명했다. 새 시리즈는 메르켈의 마지막 임기까지 이어질 테니 2021년 8월이 되어야 끝날 것이었다.

첫 번째 사진 프로젝트의 마지막 해인 1998년, 메르켈은 더 빠르게 앞으로 나아갈 준비를 단단히 했다. 그는 예전과 전혀 달라서 훨씬 더 자신감에 차 있었다. 그해 12월 30일, 메르켈은 1980년대부터 함께 살아온 요아힘 자우어와 결혼했다. 진 세버그 스타일의 커트 머리는 이제 앞머리가 있는 단조로운 단발로 바뀌었고, 모직 카디건 옷차림은 아주 '부인'다운 검은 스커트와 큰 체크무늬 재킷으로 바뀌었다. 메르켈은 서 있을 때 손을 어디에 둬야 할지 몰라 당황하곤 했지만 이제는 그렇지 않았다. 손을 처리하는 새로운

유명한 '총리의 다이아몬드' 손 모양.
1998년, 공개석상에서 손을 어디에 둘지 몰라 어색해하던
메르켈은 손가락을 다이아몬드 모양으로
모으는 비법을 발견했다. 이 제스처는
그의 트레이드마크가 되었고
일명 '메르켈 다이아몬드'라고 불린다.

요령을 발견했기 때문이다. 『권력의 흔적』에 실린 1998년 사진에서는 메르켈이 앉아 있어서 손을 볼 수 없다.

메르켈은 공식 석상에 나서는 횟수가 점점 더 많아지면서 자세를 단순화하는 방법을 개발했다. 배 앞에서 두 엄지손가락의 끝을 서로 맞대고 나머지 네 손가락도 각각 끝을 맞대어 모으는 것이다. 이렇게 하면 양손으로 마름모 모양을 만든 것처럼 보이는데, 이후 이 자세는 메르켈의 습관이자 트레이드마크가 되었다. 뒷날 총리가 거의 영원하다고 표현할 만큼 기나긴 통치를 마치고 팝 아이콘처럼 자리 잡을 때 이 '메르켈 다이아몬드'는 그를 기념하는 머그, 티셔츠, 기타 상품들에 상징으로 쓰일 것이다.

멋대로 해석하길 좋아하는 사람들은 메르켈이 기하학적인 손 모양에 어떤 의미를 부여하고 싶었는지에 과도하게 빠져들었다. 평화? 조화? 사랑? 아니, 사실은 훨씬 더 단순했다. 그저 메르켈 스스로 편안함을 느끼려는 요령이었다. "나중에 앙겔라와 함께 그 얘길 한 적이 있어요." 헤를린데가 말했다. "주머니에 손을 넣고 있긴 어려우니까요. 팔을 축 늘어뜨리면 바보 같고, 팔짱 끼는 것도 그냥 그렇고요. 어느 날 그런 손 모양을 시도해본 건데 앙겔라는 그걸 좋아했어요. 그게 다예요."

메르켈이 화장한 얼굴은 그가 총리직에 입후보한 시기부터 볼 수 있다. 그때부터 매일 아침 전문가에게 헤어스타일을 맡겨 짧은 머리를 다듬고 드라이로 부풀리기 시작했다. 헤를린데는 사진 모델들의 보디랭귀지에서 드러나는 모든 변화를 유심히 살펴보고,

흑백과 간결한 배경을 사용해 이를 강조하려고 애썼다. 메르켈은 시간이 흘러도 다른 이들보다 그 변화가 적은데, 이는 그가 권력의 속성에 유혹당한 적이 없었기 때문이다. 헤를린데가 말했다. "가장 분명한 변화는 시간과의 관계예요. 중요한 인물이 되는 모든 사람의 공통점이 하나 있죠. 높은 자리로 올라갈수록 인내심을 잃는다는 거예요. 처음에는 해마다 1시간 30분씩을 함께 보냈는데 점차 총리실에서 15분 만나는 것으로 바뀌었죠…"

하지만 메르켈은 스스로 이 점을 의식했으며 정치에 전적으로 참여하면서 자신이 잃어버리게 될 것을 일찍부터 걱정했다. "남은 인생이 지금과 비슷하리라고는 상상할 수도 없어요. 이런 유목민 같은 생활에서는 무언가가 자꾸 사라져요." 메르켈은 1993년 헤를린데와 인터뷰하면서 이렇게 인정했다. 메르켈이 오랜 시간에 걸쳐 하나씩 내뱉은 말들은 마치 심오한 미완성 스케치에 남아 있는 연필 자국 같다.

1991년: "난 특별히 자신감이 있지도 않고, 마음이 그리 편안하지도 않아요." 1992년: "나는 강력한 정치인 중 하나는 아니지만 내가 해내리란 걸 알아요." 1994년: "올해 겪은 중요한 경험이라면, 내가 의지할 수 있는 건 나 자신뿐임을 이해한 거예요. 나 자신과 내 본능 말이에요." 1995년: "아마도 내가 좀 지친 것 같네요. 그렇게 극단적인 상황을 맞닥뜨리면 사람은 무감각해지죠. 생존 전략을 개발해야겠어요." 1996년: "물론이죠, 모든 사람이 코앞에서 내 감정을 읽는 게 싫어서 특정한 태도를 취하는 거예요."

1997년: "내가 정치 활동으로 더 나아갈수록, 나라는 개인도 점점 변해가요."

다음은 메르켈이 정치무대 전면에 떠들썩하게 등장하기 1년 전인 1998년에 한 말인데, 이상하게도 메르켈이 권력에서 영원히 떠나는 2021년에 울려 퍼진 것 같다. "언젠가 정치를 떠나기 좋은 시기를 찾고 싶어요. 난 반쯤 망가진 난파선이 되고 싶진 않거든요."

1991년, 헤를린데는 메르켈에게 중요한 질문을 던졌다. "당신에겐 야망이 있나요?" 메르켈은 이렇게 대답했다. "난 세상 모든 일이 야망 없이는 불가능하다고 생각해요. 하지만 뭔가를 이뤄가는 즐거움과 야망이 어떻게 구별되는지 정확히 설명할 순 없어요. 더군다나 내게 야망은 전제 조건이 아니었거든요. 내 야망은 주어진 임무를 합리적으로 수행하는 거였고, 그러다보니 약간 두려울만큼 빠르게 출세했어요. 계속 이런 직무를 맡는 건 내 목표가 전혀 아니었어요. 통일 독일이 여는 첫 번째 의회의 일원이 되고 싶다고 생각은 했지만, CDU 부의장은 고사하고 장관이 될 줄도 몰랐는걸요. 가끔은 이 모든 게 내게 너무 과한 건 아닐까 생각해요. 내가 맡은 일만큼은 분별 있게 해내고 싶으니까요."

메르켈이 품은 정치적 야망의 원동력은 무엇일까? 마음속 깊은 곳에 있는 동기는? 어떤 욕구로, 또 무슨 이유로 권력을 얻으려 그리고 그곳에 머물려 노력하고, 애석해하거나 거리끼는 마음 없이 스스로 떠나기로 했을까? 2019년 여름의 열기가 무르익던 때 메르켈은 세 차례에 걸쳐 떨림 증세를 겪었다. 공식 행사에 참석한 독일 총리는 자기 의지와 상관없이 덜덜 떨리는 몸에 속수무책인 모습을 보였고, 전 세계 소셜 네트워크는 이 가슴 아픈 영상을 모든 촬영 각도로 공개했다. 메르켈은 의연함을 잃지 않고 떨림이 멈추기를 말없이 기다렸다. 이 허약한 이미지는 우리에게 익숙했던 '가라앉지 않는 무티'가 아니었다. 유럽 강대국 1인자 자리에서 폭력적인 위기 상황을 쉴 새 없이 겪으면서도 거의 흔들림 없던 메르켈이, 자신도 지칠 때가 있음을 처음으로 보여준 순간이었다.

그래도 메르켈은 쉬지 않고 다시 전쟁터로 돌아왔다. 2019년은 코로나바이러스와 팬데믹이 발생하기 전이었고, 세계 경제 위기와 유럽 경기부양책이 등장하기 전이었다. 그리고 지금은 이 모든 상황이 현재진행형이다. 따라서 이 질문은 권력을 쥔 누구에게나 할 수 있지만 자아, 즉 자만심이 없는 여성에게 더욱 가치 있는 질문이다. 왜 그는 이 모든 일을 하는 걸까?

나는 메르켈의 친구 몇 명에게 이 질문을 던졌다. "그건 아무도 설명할 수 없어요"라고 헤를린데가 단언했다. "아마도 앙겔라가 1991년에 정치를 시작했기 때문일 거예요. 그땐 정말로 무언가를 바꿀 수 있는 시대였거든요." 메르켈과 1994년부터 알고 지낸 영화감독 폴커 슐뢴도르프*는 "정말 알고 싶네요"라며 이렇게 대답했다.

"내가 보기엔 두 가지 동기가 있는 것 같아요. 첫 번째 동기는 개

---

* Volker Schlondorff, 1960~70년대 새로운 경향의 독일 영화 운동 '뉴저먼 시네마'를 대표하는 영화감독.

신교적이고 고귀하죠. 조국을 위해 선을 행하고, 전쟁과 전후 공포가 지나간 자리에서 구원자 역할을 하는 거예요. 두 번째는 아마도 권력에 대한 욕구일 거예요. 앙겔라의 경우 권력을 맛보면서 권력욕이 생겼지만요." 그다음으로 나는 울리히 마트데스(Ulrich Matthes)에게 물었다. 그는 올리버 히르비겔 감독의 영화「다운폴」에서 괴벨스*를 연기했다. 총리는 시간이 허락하면 마트데스가 출연하는 연극의 첫 공연에 참석하고, 공연이 끝나면 함께 저녁식사를 하곤 했다.

2012년 8월 메르켈은 마트데스가 오이디푸스 역을 맡은 연극「오이디푸스 도시」를 보려고 베를린의 도이체스 테아터를 찾았다. 신화 속 테베 그리고 테베를 통치하는 오이디푸스 가문에 관한 정치극으로 권력, 견제, 살해, 공포, 중재, 중재 실패가 복잡하게 얽힌 비극이었다. 메르켈은 저녁식사 자리에서 작품에서 벌어진 사건들의 동기를 끊임없이 분석했다. 메르켈은 극중 분별 있는 캐릭터 크레온에게 흥미를 보였다. 정치가로 갈등 중재를 이끈 크레온은 일련의 살인 사건이 벌어진 뒤 권력을 잡았지만, 결국 자신이 보호해야 할 도시를 파괴하고 말았다. 어떻게 그런 일이 가능할까? 이것이 우리에게 상기시키는 점은 무엇일까? 마트데스는 이렇게 회상했다.

"우리가 슈니첼**을 먹는 동안 앙겔라는 그런 것들을 소리 내어

* 나치 독일의 선전 장관.
** Schnitzel, 고기에 빵가루 등을 입혀 튀겨낸 커틀릿으로 돈가스의 기원이라

1986년 아들러스호프 과학 아카데미의 논문 심사 통과를
축하하는 자리. 이론화학 부서가 사용하는 방에
메르켈의 동료 연구원들이 모였다.
당시 가장 친한 친구였던 미하엘 신트헬름(오른쪽 첫 번째)과
훗날 그의 남편이 되는 요하임 자우어(왼쪽에서 두 번째)도
자리를 함께했다.

곱씹었어요. 앙겔라는 모든 장면을 일일이 되짚어보고 해석하려고 했어요. 정말 영리하고 재미있고 호기심이 많은 사람이죠. 열정도 있고요. 극장에 오는 정치인은 남자든 여자든 많아요. 하지만 공연에 대해 그렇게 열의를 가지고 정확하게 분석해 말한 사람은 없었어요." 마트데스는 내 질문에 답하지 않았다. 마트데스는 권력의 메커니즘에 대한 메르켈의 관심에 대해 말했다. 그것으로 메르켈이 가진 권력욕을 설명할 수 있을까?

나는 메르켈의 가장 친한 친구였던 이를 인터뷰하려고 동베를린으로 향했다. 1980년대에 아들러스호프 지역에 있는 과학 아카데미에서 물리학 연구원으로 함께 일했던 미하엘 신트헬름(Michael Schindhelm)이었다. 1986년에 찍은 한 사진에서 그는 메르켈 왼쪽에 앉아 있고, 메르켈 오른쪽에는 훗날 그의 남편이 되는 동료 자우어가 앉아 있다. 이론화학 및 양자물리학부 연구원 열두 명을 포함한 과학 아카데미 연구원들은 그날 박사학위 논문 심사에 통과한 서른두 살의 메르켈을 중심으로 모였다. 그리고 메르켈을 축하해주려고 연구실 한 곳에 테이블을 가까이 붙여놓고 저녁 식사를 즐겼다. 테이블 위에 소시지, 재떨이, 커피잔, 뒤섞인 맥주병과 와인병이 함께 있는 그 사진에서 앞머리가 있는 볼컷 스타일을 한 메르켈은 웃으며 잔을 입 가까이 가져가고 있다.

신트헬름은 "우리에게 역사가 맡겨졌을 때 앙겔라에게는 정치

할 수 있다. 오스트리아와 독일 등에서 즐겨 먹는다.

가 맡겨진 거예요"라고 평가했다. "베를린 장벽이 무너지면서 게임의 규칙이 근본적으로 바뀌었어요. 우리 부모님들은 삶을 재창조하기에 나이가 너무 많으셨지만, 우리에겐 완전히 변화할 가능성이 열려 있었죠. 앙겔라와 우린 열차 창문으로 장벽 너머 서베를린을 바라보곤 했어요. 그런데 갑자기 공간이 열려버린 거예요. 사람들은 새로운 세계를 발견하게 되었고, 두 독일을 하나로 연결해서 또 다른 세계를 건설하려는 도전에 뛰어들었죠. 앙겔라가 권력을 열망하게 된 건 바로 그 도전이에요."

나는 메르켈의 또 다른 친구가 있는 드레스덴으로 가는 기차를 탔다. 그는 메르켈과 어린 시절을 함께 보낸 친구였다. 구동독의 템플린 지역에서 함께 살았고, 메르켈과 함께 초등학교, 중학교, 고등학교에서 수학을 가장 잘하는 학생이었다. 둘은 언제나 붙어 다녔고 메르켈 집에서 자주 놀았다. 목사인 메르켈 아버지가 젊은 신학생들을 가르치던 방은 메르켈과 친구들이 파티를 열기에 딱 알맞은 장소였다.

메르켈이 엘비스 프레슬리 같은 헤어스타일에 구레나룻을 기른 하르트무트 호헨제(Hartmut Hohensee)와 슬로 댄스를 추는 사진이 남아 있다. 둘은 항상 연락을 유지해왔고 정기적으로 만난다. 2005년 메르켈이 처음 총리로 선출되었을 때 하르트무트는 무거운 돌을 들어 올리는 여인을 표현한 작은 조각상을 메르켈에게 선물했다. "승자를 나타내는 것"이라고 하르트무트는 말했다. 메르켈이 왜 그렇게 이기고 싶어 했는지, 그리고 왜 그렇게 오랜 시간을 권좌에 머무르고 싶어 했는지, 간단히 말해 그 야망의 원동력이 무엇인지 묻자 하르트무트는 단 몇 초 생각하더니 망설임 없이 대답했다. "아버지를 위해서요."

인터뷰를 마친 나는 메르켈의 아버지 호르스트 카스너(Horst Kasner) 목사의 발자취를 따라 템플린으로 향했다.

3 아주 특별한 푸른색

"내가 가르친 아이들 가운데 수학적 재능이
가장 뛰어난 학생입니다."
-한스-울리히 베스코프

발트해 지역 독일인들의 눈동자를 보면 대체로 아주 특별한 푸른색을 띤다. 동독이라는 나라의 역사 때문에 그들의 눈은 한층 더 신비롭게 보인다. 어쩔 수 없이 몸에 밴 신중함 때문에 그들은 상대방을 은밀하게 살펴보는 데 익숙해진 것 같다. 그리고 후천적으로 얻게 된 불신도 그 신중함에 더해진 듯하다. 그들이 장벽 너머에 살던 시절 공산주의 정권이 모든 당원을 비밀 정보원으로, 모든 친구를 잠재적 밀고자로 만드는 전체주의 계획을 성공적으로 수행했기 때문이다.

메르켈은 한편으로 독일 북부 지방의 엄격한 분위기를 물려받았고, 다른 한편으로 동독의 신중함을 배웠다. 그리고 반사적으로, 미소를 띤 조심성도 발달했다. 거만하지 않은 결단력, 조용한 힘. 푸른 눈동자는 상대방을 칼날처럼 꿰뚫으며 상냥하게 속삭이는 듯하다. "당신 일에 집중하세요. 난 당신이 어떤 사람인지 빤히 보이지만, 당신은 날 이해하지 못할걸요."

메르켈에게 흐르는 폴란드 피도 눈동자에 푸른빛을 한 방울 더한다. 그의 어머니 헤를린트 옌트스흐(Herlind Jentzsch)는 1928년 단치히(현재 폴란드의 그단스크)에서 태어났다. 발트해 연안에 자리한 항구 도시 단치히는 당시 국제연맹*이 관할하는 '자유시'로 지정된 곳이었고, 전쟁과 침략으로 소속이 자주 바뀌다 다시 폴란드에 귀속되었다.

포젠(포즈난) 출신인 메르켈의 아버지는 원래 이름이 호르스트 카즈미에르차크(Horst Kazmierczak)다. 포젠은 프로이센에 병합되었다가 제1차 세계대전 이후 베르사유조약에 따라 다시 폴란드령이 된 도시다. 호르스트의 가족은 1920년대에 베를린으로 이주했으며 호르스트가 네 살 때인 1930년 성을 독일식인 카스너로 바꾸었다. 호르스트의 아버지 루트비히 카스너는 독일 국적을 취득해 베를린 경찰서에서 간부로 근무했다. 호르스트는 오른쪽 시력을 잃었지만 눈동자 색은 딸과 똑같이 상대를 꿰뚫어보는 푸른색이다.

"아버지를 위해서요." 메르켈의 어린 시절 친구 하르트무트가 메르켈의 정치적 야망을 설명하려고 내게 건넨 이 한마디는 템플린으로 가는 길 위에 조약돌처럼 흩어져 있었다. 브란덴부르크주 우커마르크 지역에 자리한 템플린은 중유럽 분위기를 풍기는 작

---

* 제1차 세계대전 후 만들어진 국제평화기구.

"메르켈의 야망을 이끄는 원동력은 무엇입니까?"라고
메르켈의 친구들에게 묻자 학창 시절을 함께 보낸 친구가
망설임 없이 "'앙겔라의 아버지'
호르스트 카스너 목사입니다"라고 대답했다.
베를린 장벽이 세워지기 전 동독인들은 자유를 찾아 서독으로
이주했지만 호르스트 카스너 목사는 동독으로 떠났다.
목회자들이 서독으로 떠나면서 동독에는 목회자가 없었기
때문이다. 그 당시 동독에서 종교는 '민중의 아편'이자
공산주의의 적이었기 때문에 목사들은 투옥되고
그들의 아이들은 퇴학당했다. 호르스트 카스너 목사는
죽음을 무릅쓰고 고난의 길을 택했고,
그의 딸 메르켈은 통일 독일의 최고 지도자가 되었다.

은 도시로 다채로운 집들이 늘어서 있고 강물이 도시를 가로질러 상상했던 것보다 예뻤다. 주민 대부분은 농부, 수공업자, 상인이며 메르켈이 어린 시절에는 약 1만 4,000명이 살았지만 현재는 그보다 약간 더 많이 살고 있다. 숲과 호수로 둘러싸인 템플린은 베를린에서 북쪽으로 1시간 반 거리에 있으며 폴란드 국경에서도 같은 거리에 있다.

메르켈은 구서독 함부르크에서 태어났지만 카스너 가족은 메르켈이 세 살 때인 1957년, 구동독의 평범한 도시이자 한때 프로이센에 속했던 템플린으로 이주했다. 템플린으로 오기 전에는 이곳에서 서쪽으로 150킬로미터 떨어져 있으며 소련 점령 지역과 미국 점령 지역 경계에 위치한 마을 크비초에서 잠시 지냈다. 소련 점령 지역에는 개신교 목사들이 부족했으므로 교회에서는 메르켈의 아버지에게 템플린 외곽에 자리한 발트호프 복합단지에서 신학생들을 교육하는 자리를 제안했다.

1957년 둘로 나뉘어 있는 독일 중에서 하필 그쪽으로 이주한 것 자체가 모순이었다. 하지만 이는 모든 이야기가 시작되는 출발점이기도 하다. 메르켈은 어쩌면 모험과 숙명이 없는 삶을 살 수도 있었다. 전쟁이 끝난 후 철의 장막 바깥쪽에서 태어나 나치즘은 역사책에서 배우고, 유럽은 비록 이념 때문에 둘로 갈렸지만 그래도 운 좋은 사람들이 모인 쪽에서 냉전을 경험하며 평범한 독일인으로 사는 삶 말이다. 당시 서독은 대서양 블록과 민주주의가, 동독은 소비에트 블록과 전체주의가 지배했다.

메르켈은 자신의 어머니 헤를린트 카스너를 '명랑하고
재미있고 개방적인 분'이라고 설명한다. '어떤 사람들은
수다라고 하지만 대화하길 좋아하는 것'도
어머니에게서 물려받았다.
영어와 라틴어 교사였던 메르켈의 어머니는
목사의 아내라는 이유로 동독의 학교에서
일할 수 없어서 대다수 동독 여성들과 달리
직업 없이 가정주부로 있었다.

메르켈이 1954년 7월 17일 함부르크에서 태어났을 때, 베를린 장벽은 아직 세워지지 않았지만 독일은 이미 분단되어 있었다. 그 다음 해인 1955년 독일연방공화국(서독)은 NATO에 가입하고 독일민주공화국(동독)은 바르샤바조약에 가입했다. 아시아도 자본주의와 공산주의로 분열되고 한국전쟁을 겪은 상황이었다. 둘로 나뉜 독일은 냉전의 결정체였다. 한편에서 서독은 미국과 NATO, 유럽평의회(Council of Europe), EU의 선조 격인 유럽석탄철강공동체(ECSC)를 중심으로 모였고, 다른 한편에서 동독은 소련과 그동맹국들인 바르샤바조약 국가들을 중심으로 모였다. 독일은 그 분단선이고 경계였다. 냉전 시대에 태어난 메르켈은 바로 그곳, 두 진영 사이에 있었다.

자유 유럽의 중심부 함부르크에서 태어난 아기 메르켈 앞에는 이미 정해진 길이 있는 듯 보였다. 목사와 영어 교사 사이에 태어난 딸아이는 커서 훌륭한 학생이 될 테고, 별다른 일이 없으면 과학 분야로 진로를 정할 것이다. 만약 메르켈이 교육을 잘 받은 중산층 서독인으로 살았다면 어땠을까? 독일이 치욕과 몰락을 겪은 후 모든 것을 처음부터 다시 시작하려는 서독인들의 훌륭한 집단의지 속에서 함께 성장했을 것이다. 하지만 천만에, 아기는 다른 방향으로 가고 말았다.

1954년 자유 진영은 독재정권에서 도망친 동독인 18만 명을 끌어안았지만 (그리고 1961년 베를린 장벽이 세워질 때까지 300만 명에 가까운 동독인이 탈출할 테지만) 메르켈의 부모는 정반대로 갔다. 호르스트는 발트호프에서 목사직을 맡겠다고 하면서 스스로 위험을 떠맡았다. 동독에서 종교는 '민중의 아편'이자 공산주의의 적이었다. 1950년대 초부터 동독 공산주의 정권은 주로 개신교를 믿는 기독교인들을 탄압했다. 목사들은 투옥되고 그들의 아이들은 퇴학당했다. 그러나 호르스트에게는 이 기회가 자신을 매료시킨 공산주의의 이상에 동참하고 싶다는 유혹으로 다가왔다. 호르스트의 아내 헤를린트는 그를 따랐고, 헤를린트의 나머지 가족은 모두 서독에 남았다.

호르스트와 헤를린트 부부는 태어난 지 몇 주가 안 된 아기를 데리고 동독 국경을 넘었다. 베를린 장벽이 세워지기 전이었지만 호르스트 가족이 이 여행에서 결코 다시는 돌아올 수 없음을 이미 모든 것이 보여주었다. 메르켈의 운명은 이렇게 서쪽에서 동쪽으로, 국경을 거꾸로 넘어가는 기이함에서 시작되었다.

장벽이 세워지기 직전인 1961년 8월 어느 날, 호르스트 가족은 함부르크에 사는 메르켈의 외할머니와 함께 서독 바이에른주에서 4주간 휴가를 보낸 다음 튀링겐주의 시골 지역을 거쳐 돌아오고 있었다. 폭스바겐 비틀에는 다섯 명이 간신히 탔다. 메르켈 부모는 앞에, 메르켈과 남동생 그리고 외할머니는 뒤에 앉았다. 메르켈은 그날의 기억을 후고 뮐러-포그(Hugo Müller-Vogg)에게 이렇게 말했다.

"돌아오는 길에 우린 친할머니댁에 들렀어요. 아버지는 무슨 일이 생길 것 같다고, 숲 곳곳에 철조망이 있어서 그런 느낌이 든다고 할머니께 말씀드렸어요. 그리고 토요일에서 일요일로 넘어가는 밤에 장벽 건설이 시작되었어요. 아버지는 그 일요일에 예배를 집전하셨는데, 분위기가 끔찍했죠. 그 장면은 절대 잊을 수 없을 거예요. 사람들이 울고 있었고 어머니도 우셨어요. 모두 혼란스러워했어요." 그날은 1961년 8월 13일이다. 메르켈은 그때 일곱 살이었고, 전 세계에서는 깜짝 놀란 채 베를린 장벽이 세워지는 모습을 지켜봤다. 이것이 메르켈이 겪은 첫 번째 정치적 사건이었다.

사실 메르켈이 태어난 후 처음 일어난 큰 사건은 1956년 헝가리 혁명 때 소련군 탱크가 부다페스트에 진입한 일이겠지만, 메르켈은 그 일을 기억하기에는 너무 어렸다. 참고로 메르켈이 기억하는 두 번째 정치적 사건은 장벽이 세워지고 2년 뒤 메르켈 어머니가 그에게 "존 F. 케네디가 암살당했다"라고 말한 것이었다.

1953년부터 공산주의 정권이 강화되면서 동독을 탈출하는 사람이 더 늘어나자 동독에서는 이를 막으려고 1961년 8월 베를린의 동쪽과 서쪽을 가르는 장벽을 세웠다. 주(州)들 간 경계도 삼엄해졌다. 메르켈은 이제 겨우 초등학교에 입학할 나이에 교회에서 본 '눈물과 두려움'을 기억에 새기게 되었다. 그래도 발트호프에서 일상은 계속되었다. 1968년 프라하의 봄 이후 소련군이 체코슬로바키아를 침공하기도 했지만 달라지는 건 없었다.

독재 국가에서 슈타지*의 감시 아래 사는 일은 침울하고 공포스

---

* 구동독의 정보기관. 동독 주민을 감시·탄압하며 공산 독재 체제를 유지하는 데 큰 역할을 했다.

독일의 동·서 분리가 고착되자 동독에서 서독으로
넘어오는 사람이 늘어났다. 이를 막기 위해 동독 정부는
동·서 베를린 사이에 40여 킬로미터에
이르는 길고 두꺼운 콘크리트 담장을 세웠다.
1961년 축조된 베를린 장벽은 냉전과
동·서 분단을 상징하는 대표적 건축물이다.
사진은 베를린 장벽에서 동베를린을 바라본 풍경.

러울 것이다. 하지만 메르켈과 친구들에게 템플린의 삶은 그런 판에 박힌 생각과는 아주 거리가 멀었다. 총리의 어린 시절은 낙원에서 사는 것과 그리 다르지 않았다. 도시와 시골의 경계에 자리한 발트호프는 농장, 목사를 양성하는 신학교, 장애인을 위한 개신교 시설이 함께 있는 복합 시설로 장애인들은 이곳에서 신학교 직원들과 함께 일하고 생활했다.

발트호프는 이 세 가지 세계의 아이들 약 열다섯 명이 어우러져 모든 것을 함께하는 거대한 놀이터였다. "앙겔라는 이곳에서 우리와 함께 자랐어요. 장애가 있는 아이들과도 함께요. 그 친구들은 우리에게 많은 영향을 주었고 인간애에 대해 많은 것을 가르쳐줬죠." 메르켈의 옛 친구 고트프리트 케르너(Gottfried Kerner)가 말했다. 그는 사회민주당(SPD) 의원이자 발트호프 장애인 시설의 원장이 되었다. "앙겔라가 난민에게 보여준 연민에는 어린 시절 경험도 작용했다고 봐요."

메르켈이 장애아들 곁에서 일상을 보낸 경험은 나중에 그가 총리로서 출생전진단* 문제를 받아들이기를 주저하는 태도를 설명해준다(독일에서 낙태는 예외적인 경우 외에는 불법이다). "큰 영향을 줬죠. 난 장애가 있는 친구들과 자주 어울렸거든요." 메르켈 자신도 2016년 아르테(Arte) 방송국이 제작한 다큐멘터리 「뜻밖의 사람」(Die Unerwartete)에서 이렇게 말했다. "많은 시간을 그 친구

* 임신 초기에 태아의 성별이나 질병 유무 등을 검사하는 것.

앙겔라 메르켈은 1954년 7월 17일 함부르크에서 태어났지만
태어난 지 몇 주가 안 되어 부모와 함께
동독 국경을 넘었다. 정한 거처도, 교회도 없는 곳을 향해
동쪽으로 넘어오는 무모한 일을 했지만
메르켈은 동독 브란덴부르크 템플린에서 어린 시절을
행복하게 보냈다. 사진은 1960년, 여섯 살 때 모습.

들과 보내서 내 또래 대부분에게 이상하게 보이는 걸 정상으로 여기는 데 익숙했어요."

금발에 앞머리를 기르고 언제나 쾌활했던 메르켈은 남동생 마쿠스, 여동생 이레네와 함께 자랐다. 남자아이들이 공터에서 축구를 할 때 메르켈은 여자아이들과 배구를 하거나 고무줄놀이를 했다. 하지만 운동은 메르켈의 특기가 아니었다. 서투르고 곧잘 넘어졌으며, 스포츠를 중시하는 동독에서 학생들에게 의무적으로 시키는 100미터 달리기를 제대로 하려면 많이 연습해야 했다. 하지만 유머가 있는 메르켈은 스스로 '몸치 꼬마'라고 하면서 아이스 스케이팅 챔피언을 꿈꾸기도 했다. 다이빙 보드에서 뛰어내리기 전에 오래 망설이던 버릇은 훗날 메르켈이 보일 정치적 기질을 설명해준다. 총리의 트레이드마크가 되는 '느린 결정' 말이다.

메르켈은 발트호프에서 소 80마리, 돼지 100마리를 가족과 함께 돌보았다. 발트호프에는 블루트부어스트*를 만드는 기계가 있었다. 따뜻한 돼지 피를 넣고 손잡이를 돌리면 기계 끝에서 기다란 소시지가 줄줄 나왔다. "앙겔라는 그걸 전혀 좋아하지 않았어요." 손잡이 돌리기를 좋아했던 고트프리트가 말했다. 메르켈은 구슬놀이, 책 읽기, 배구 경기를 좋아했다. "앙겔라도 다른 여자아이들과 비슷했어요." 고트프리트가 회상했다. "앙겔라는 나보다 학구적이어서 밖에서는 별로 놀지 않았어요. 눈에 띄지 않았고 특별하

* 우리나라 순대와 비슷한 소시지. 돼지 피와 기타 부재료를 넣어 만든다.

지도 않았어요. 정말이지, 앙겔라가 총리가 되리라고는 생각도 못 했어요!"

아이들은 아침저녁으로 2킬로미터 조금 넘는 거리를 걸어서 학교에 다녔고, 중학생이 되어서는 자전거를 타고 다녔다. 그들은 밀밭과 회색 시멘트 건물들로 둘러싸인 숲을 가로지르고 모래와 자갈이 깔린 길을 따라갔다. 오늘날 회색 건물들은 황갈색과 분홍색으로 칠해졌고 흙길에는 아스팔트가 깔렸지만, 당시에는 자동차가 거의 다니지 않았고 동독 정권에서 특권을 누리는 소수만이 자동차를 살 수 있었다. 사람들은 처음 출시된 트라반트*가 지나가는 모습을 감탄하며 바라보곤 했다.

초보 수준의 기술로 만든 이 작은 자동차는 지금은 관광객들에게 '오스탈기'(Ostalgie, 동독에 대한 향수를 뜻하는 단어)의 상징으로 소개되고 있다. 노란색 벽에 빨간색 기와지붕으로 된 호르스트 가족의 집은 발트호프의 가장 끄트머리 숲 가까이에 있었다. 가족들은 2층에서 생활하고 메르켈은 지붕 밑 작은 다락방에서 지냈다. 메르켈은 함부르크에 사는 친척이 보내준 소중한 물건 중에서 세잔의 그림 복제품을 벽에 걸었는데 이 그림은 메르켈에게 강렬한 흥분을 불러일으켰다.

발트호프에서 메르켈과 친구들은 항상 붙어 다녔다. 당시 커플이 된 다섯 쌍은 지금도 결혼 생활을 유지하고 있다. 나는 그중 한

* 동독의 국민차 역할을 했던 4인승 경차.

앙겔라 메르켈의 어린 시절 친구인 하르트무트 호헨제의 앨범에서
발견한 사진이다. "아, 이건 1973년에 슈톨프 호수로 캠핑 갔을
때예요. 퓌르스텐베르크로 가는 길에 있어요."라고
하르트무트 호헨제가 이야기했다.
사진에서 메르켈은 친구들과 캠핑을 하던 중 불 위에 냄비를 올려놓고
식사를 준비하고 있다. 이때 메르켈은 열아홉 살이었고
이 친구들과는 5년에 한 번씩 정기적으로 만난다.
메르켈이 총리가 된 후에도
그는 이 모임에 세 번이나 참석했다.

커플인 하르트무트와 잉그리트 호헨제를 드레스덴에 있는 그들의 집에서 만났다. 심장병 전문의로 일하다 은퇴한 하르트무트는 메르켈의 친한 친구 중 하나였다.

하르트무트도 메르켈처럼 뛰어난 학생이어서 지역, 국내 혹은 소비에트연방의 우호국에서 열리는 경시대회인 '올림피아드'에 참가했다. 하르트무트와 잉그리트는 수학 분야에 자주 출전했고 메르켈은 수학뿐 아니라 뛰어난 실력을 보인 러시아어 대회에도 나갔다. 1970년 메르켈은 '노이브란덴부르크' 지역 대회에서 우승해 부상으로 모스크바 견학을 다녀오기도 했다. 하르트무트와 메르켈은 템플린에서 괴테초등학교, 헤르만-카테른중고등학교를 같이 다니면서 숙제를 함께하고 우등반 보충수업을 같이 들었다. 그리고 다른 친구들과 함께 어울려 발트호프에서 주말을 보내고 식사를 같이했다.

하르트무트와 잉그리트가 사진 앨범들을 가져왔다. 그중 두 권은 템플린 시절의 앨범인데, 노랗게 바랜 페이지들 위에 흑백사진이 가득했다. "앙겔라는 문학, 그림, 과학까지 많은 분야에 관심이 있었고 모든 걸 믿을 수 없을 만큼 빨리 배웠어요." 하르트무트가 앨범 페이지를 넘기며 이야기했다. 앨범 속 메르켈은 항상 웃고 즐거워하는 모습이었다. "앙겔라는 아주 명랑하고 다정하고 무척 친절했어요. 나는 앙겔라네 집에 자주 갔는데, 열다섯 살 때는 서로 책을 빌려보았어요. 앙겔라는 렘브란트, 베르메르, 모네 같은 유명한 화가들의 그림이 담긴 엽서 컬렉션을 보여줬어요…"

페이지를 넘기며 기억을 훑던 하르트무트가 갑자기 집게손가락으로 사진 한 장을 가리켰다. "아! 이건, 1973년에 슈톨프호수로 캠핑 갔을 때 찍은 거예요. 퓌르스텐베르크로 가는 길에 있어요. 그리고 여기, 이건 발트호프에서 보낸 새해 전날에 찍었고요!" 우리는 1971년 12월 31일에 메르켈이 친구들과 찍은 사진들을 하나씩 살펴봤다. 그날 호르스트는 신학교에 있는 방 하나를 메르켈과 친구들에게 내주었고, 그들은 테이블 주위에 둘러앉아 저녁을 먹었다. 하르트무트와 잉그리트가 사진 속 친구들의 이름을 하나씩 알려주었다. 게르트는 에바랑 결혼했고, 귄터는 엘데가르트랑 결혼했고, 비르기트, 코니, 도리스, 보리스, 보도… 우리는 메르켈과 나른한 표정으로 슬로 댄스를 추는 하르트무트와 그의 엘비스 헤어스타일을 보며 웃었다.

사진 속에서 이들은 열일곱 살이었다. "질투 나지 않았어요?"라고 잉그리트에게 묻자 "물론, 앙겔라를 조금 질투했죠"라고 잉그리트가 약간 속상한 듯 내뱉었다. "이 사람이 너무 많은 시간을 앙겔라와 보냈거든요!" 하르트무트가 잉그리트를 안심시키기 위해 메르켈이 "열여섯 살에 CDU 회원"이었다는 점을 상기시키자 잉그리트가 웃음을 터뜨렸다. 무슨 뜻인지 이해하지 못한 나는 "CDU요?"라 물었고 그들은 계속 웃었다. 하르트무트가 이렇게 설명했다. "템플린 경찰서장이 앙겔라, 코니, 비르기트에게 'CDU'라는 이름을 붙여줬어요. '클럽 데어 웅게퀴스텐'(Club Der Ungeküssten), 키스한 적 없는 소녀들의 모임이요! 그때 이미 열여

섯 살이었는데 말이죠." 잉그리트는 장난스럽게 안도하는 표정을
지었다.

템플린의 옛 친구들은 거의 5년에 한 번씩 정기적으로 만난다.
하르트무트는 내게 그 증거로 '극비 문서'를 보여주었다. 메르켈
을 포함한 모임 친구들의 주소와 전화번호가 적힌 종이였다. 모
이는 장소 또한 친구 메르켈의 활동을 감안해 1급 비밀에 부친다.
"앙겔라는 우리가 모일 때 거의 빠지지 않아요. 아주 충실하죠."
그가 말했다. "앙겔라가 장관이 된 해에 모였을 때는 사실 별로 유
쾌하지 않았어요. 보안이 너무 심해서 우리끼리 즐길 수 없었거든
요. 그 문제는 나중에 해결되었지만요. 앙겔라는 총리가 된 후에도
모임에 세 번이나 왔어요." 친구들은 모일 때마다 그리운 옛 추억
을 떠올리며 즐거워한다. 그들에겐 아름다운 시절이었다.

아름다운 시절? 동독에서, 1970년대에? 슈타시와 밀고자들이
모든 사람의 생각과 말을 감시하던 시절, 반체제 인사들이 감옥에
갇혀 있던 시절, 일반 시민들이 체포되거나 총에 맞을 위험을 무
릅쓰고 철의 장막을 넘어 서독으로 도망치던 시절에? 때로는 겨울
에 난방도 없이 굶주리며 지내던 시절에? 공산당 전체주의가 그렇
게 목가적이었던가? 메르켈은 템플린에서는 이런 문제를 해결할
방법이 있었다고 저널리스트이자 정치학자인 뮐러-포그에게 말
했다.

"슈타지는 우리와 함께 살았어요. 우리 중 하나가 전화 통화를
너무 오래 하면 어머니는 우리에게 그만하라고 말씀하셨고, 슈타

지는 모든 걸 듣고 녹음했죠. 우린 무슨 말을 할 수 있는지, 어떤 상황에서 말을 해도 되는지 알았어요. 하지만 우린 위축되고 싶지 않았어요. 물론 우리가 숲에 가서만 이야기하려는 주제도 몇 가지 있었죠. 예를 들면 친구가 특별히 어려운 상황에 놓였거나 탈출 계획을 세울 때처럼요. 난 우리가 하는 모든 통화가 녹음되더라도 슈타지가 별로 관심을 두지 않을 거라고 생각했어요. 그래서 실제로도 억압감을 별로 느끼지 않았고요."

고트프리트는 그 시절을 "숲에서, 밀과 옥수수가 자라는 밭에서, 마당에서 보낸 시간"이라고 회상했다. 그는 "우리에게는 멋진 시절이었어요!"라고 단언했다. 하르트무트는 더 명쾌하게 설명했다. "네, 우린 어린 시절에 대해 정말 좋은 기억이 있어요. 분위기가 멋졌어요. 발트호프는 특별했어요. 우리끼리, 그리고 시골에 있었으니까요. 사사로운 분위기였달까요. 사실은 두 가지 세상이 있었던 거예요. 우린 제2의 세계에 살았던 거죠. 모든 걸 이야기할 수 있는 사적인 세계요. 일을 하고 미래를 보장받으려면 다른 언어를 말해야 했던 실제 세상과는 달랐어요. 우린 언제나 조심했어요. 인격이 분열된 것처럼 두 세계를 살았지만 우리에겐 당연한 일이었죠. 우리끼리 살던 세상은 경이로웠어요."

메르켈과 하르트무트는 아바의 노래 「페르난도」에 맞춰 춤을 추곤 했다. 메르켈은 롤링스톤스보다 비틀스를 더 좋아했는데, 이를 보수주의 성향을 지닌 것으로 해석하는 이들도 있다. 메르켈은 프랑크 쇠벨과 크리스 되르크의 팝을 좋아했고, 친구들과 함께

슬레이드, 스테이터스 쿠오, OMS*의 음악을 들었다. 그들은 서방 텔레비전 뉴스를 즐겨 봤다. 서구 방송을 보는 것은 해서는 안 되는 놀이이자 받아서는 안 되는 정치 교육이었다. 이론적으로는 아무도 볼 수 없었지만 모두 영상 수신 방해 장치를 떼어내고 방송을 시청했다. 그들은 뉴욕에서 미국 의회의 자금 지원을 받아 소비에트 블록에 속한 나라들에 내보내는 국제 방송인 자유유럽방송(Radio Free Europe)도 즐겁게 들었다.

메르켈은 동베를린에 있는 할머니댁을 방문할 때면 그곳의 극장과 박물관을 찾았다. 호르스트 집에 이따금 도착하는 소포에는 함부르크에 있는 친척들이 보낸 서독의 옷가지와 동독 내 외국인 상점에서 쓸 수 있는 화폐가 들어 있었다. 메르켈의 옷은 동독 사람들의 부러움을 샀다. 메르켈의 한 선생님은 "앙겔라의 청바지는 진짜 청바지고 재단도 여기 것보다 낫다"라며 부러워했다. '서구 사람처럼' 옷을 입는 것은 세련됨과 행복의 표상이었다.

1974년에는 텔레비전 수상기 주위에 가족이 함께 모여 함부르크에서 열리는 월드컵 예선을 지켜봤다. 적이 된 형제인 동독과 서독이 맞붙은 역사적인 축구 경기였다. 축구장에서 두 국가대표팀이 맞붙는 것은 이게 처음이자 마지막으로, 이는 다분히 정치적인 사안이었다. 경기에서는 동독이 77분에 득점하면서 승리했다. "그때 어느 편을 응원했냐고 물었지만 앙겔라는 대답하지 않았어요"

* 세 그룹 모두 영국의 록 밴드.

라고 그의 동료 중 한 명이 내게 말한 적이 있다. 그 답은 하르트무트가 대신해주었다. "동독이 이겼고 우리 모두 기뻐했죠!"

　장벽이 무너지기 1년 전인 1988년에 하르트무트는 드레스덴에서 열리는 조 코커* 콘서트에 가고 메르켈은 베를린에서 열리는 브루스 스프링스틴** 콘서트에 가게 될 것이다. 하지만 그때가 오기까지는 둘 다 템플린의 극장에서 「파울과 파울라의 전설」을 보는 것으로 만족했다. 당시 300만에 가까운 관객을 끌어모은 동독의 이 컬트영화는 키치한 영상이 마치 인도 발리우드 작품을 떠올리게 한다.

　에리히 호네커(Erich Honecker)가 이끄는 동독 정권에서는 원래 불행한 결혼과 불륜을 둘러싼 비극적 로맨스인 이 영화의 상영을 금지하려고 했다. 도덕적인 보수주의 정권이어서가 아니라 개인의 사랑과 행복이 집단 투쟁이 가져오는 밝은 미래보다 우선할 수 있다는 내용이 공산주의 쪽에서는 못마땅했기 때문이다. 이 위험한 영화는 결국 결말을 덜 행복한 쪽으로 수정한다는 조건으로 상영 승인을 받았다. 메르켈은 다른 사람들과 마찬가지로, 이 영화의 정치적으로 올바른 버전만 볼 수 있었다. 그래도 「파울과 파울라의 전설」은 그가 가장 좋아하는 영화로 남아 있다. 이 영화를 보았던 청소년 시절이 떠오르기 때문일까.

---

* 1960년대 말~1980년대에 특유의 탁성으로 블루스, 록, 솔 등을 넘나들며 사랑받은 영국 출신 가수.
** '록의 보스'라 불리는 미국 록 가수.

발트호프와 템플린 영화관에서 보낸 행복한 추억을 벗어나면 도청과 불안의 세계로 들어서게 된다. 개신교도들에 대한 의심과 제재는 더 심해졌다. 메르켈의 어머니 헤를린트는 목사의 아내라는 이유만으로 원래 직업인 영어와 라틴어 교사로 활동할 수 없었다. 이곳에서 루터교는 민중에게 아편과 같은 존재일 뿐 아니라 서방과 연결되는 고리였다. 하지만 대서양 동맹국가들에서 매우 중요한 위치에 있는 종교여서 동독에서도 외교적 이유로 허용하고 배려했다. 그래서 개신교 교회는 이 혼합되고 모호한 지위, 즉 감시를 받지만 보호도 받는 공간을 누렸다. 메르켈은 이곳에서 살아남기 위한 반사적 행동을 습득했다. 부모님 직업이 뭐냐고 물으면 메르켈은 아버지가 '파러'(Fahrer, 독일어로 운전사)라고 중얼거렸다. 목사를 뜻하는 'Pfarrer'에서 'P'를 살짝 빼고 발음한 것이다.

미래의 독일 총리는 그렇게 자신이 지켜야 할 세 가지 기본 원칙, 즉 눈에 띄지 말 것, 타협할 것, 신중하게 행동할 것을 배웠다. 목사의 딸은 너무 매력적인 문장을 만들지 않으려고 말을 내뱉기 전에 한 번 더 생각하고 질투, 욕심 또는 단순한 관심조차 불러일으키지 않도록 조심했다. 메르켈의 어머니는 딸에게 입버릇처럼 말했다. "개신교도에겐 삶이 더 어려울 거야. 그러니 다른 사람들보다 더 잘해야 해. 열심히 일하고, 눈에 띄지 말고, 그렇다고 뒤처지지도 말고. 학업과 경력에서 불리한 위치에 있어선 안 돼." 메르켈의 아버지는 그에게 다른 학생들처럼 동독의 공식 청년 운동에 참여하라고 강력히 권했다.

메르켈은 먼저 '젊은 개척자들'(Junge Pioniere)에 가입한 다음, 청소년과 젊은 성인을 대상으로 하고 파란색 블라우스를 입는 '자유독일청년동맹'(FDJ)에 들어갔다. 물론 이 단체들에서는 교화를 목적으로 했지만 용기 있게 탈퇴할 수도 있었다. 그러나 이러한 단체에 소속되는 것이 평화로운 생활을 유지하고 공부를 계속하는 유일한 방법이었다. 아무리 반에서 1등을 해도 오직 '최고의 개척자'만이 보상을 받고 괴롭힘을 피할 수 있었다. 게다가 호르스트 가족은 일과 공부를 최고 가치로 삼았다. 열심히 일하고 도전하고 야망에 인색하지 마라. 이것이 메르켈의 네 번째 기본 원칙이다. 그리고 그에게 이 유산을 물려준 사람은 바로 그의 아버지 호르스트다.

호르스트는 강한 인상을 주었다. 키가 크고 은발 머리에 애연가이며, 훌륭한 교양과 타고난 권위를 지니고 있었다. 그의 검은 목사복은 베리만*의 영화에 나오는 가공의 인물을 떠올리게 했다. 호르스트는 차갑고 거만하게 행동할 줄도 알지만 집에 찾아오는 이들에게는 그렇게 하지 않았다. 하르트무트는 "앙겔라 아버지는 카리스마가 넘쳤는데, 우리에겐 항상 친절하셨어요. 앙겔라의 친구들을 알고 싶어 하셨고 토론에도 열려 있는 분이었어요"라고 평했다. 아버지가 동독 철도회사 도이치 라이즈 반에서 기관차 운전사로 일하던 하르트무트는 목사인 호르스트의 서재 그리고 저녁

---

* 잉마르 베리만, 예술 영화의 세계적 거장으로 꼽히는 스웨덴 영화감독.

식사 시간에 활기를 주는 호르스트 가족의 토론 문화에 감탄했다. "그 집에서 정치, 문학, 철학, 독일 역사를 이야기하며 많은 저녁을 보냈어요." 하르트무트가 회상했다.

"앙겔라 아버지는 동독에서 볼 수 없는, '서방에서 온' 책들을 갖고 있었어요. 마르셀 푸르스트, 귄터 그라스, 하인리히 뵐 같은 작가들의 책이요. 앙겔라는 책을 많이 읽었고, 그런 지적이고 교양 있는 분위기에 둘러싸여 있었죠. 앙겔라네 집은 따로 떨어져 있는 세상 같았어요." 메르켈은 아버지를 무조건 존경하지만 1991년 사진작가 헤를린데와 인터뷰할 때는 일에 대한 그리고 완벽에 대한 아버지의 집착을 이야기했다. 물론 메르켈의 야망도 의심할 여지없이 아버지에게서 물려받은 것이다. 메르켈은 이렇게 말했다.

"아버지는 항상 일을 많이 하셨어요. 일과 여가를 구분하지 않으셨고, 가끔은 일을 하느라 가족에 대한 의무에서 벗어나실 수 있었죠. 까다롭고 엄격한 분이에요. 음, 어린애한테는 항상 모든 일을 완벽히 해낸다는 게 쉽지 않았어요. 가끔 내가 분통을 터뜨린 건 아버지가 모든 사람에게 엄청 너그럽게 대하신 거예요. 우리 남매가 무언가를 잘해내지 못하면 아버지는 완전히 다르게 반응하셨거든요."

메르켈은 어머니를 "명랑하고 재미있고 개방적인 분"이라 묘사했다. 어머니에게서 무엇을 물려받았나? "대화하길 좋아하는 거요"라고 메르켈이 대답했다. "어떤 사람들은 수다라고 하는 그거요. 하지만 필요할 때 결정하는 능력은 아마도 아버지에게서 물려

받은 것 같아요."

호르스트는 미스터리에 싸인 인물이었다. 1926년 베를린에서
태어난 그는 열아홉 살이던 1945년 전쟁 포로로 잡혔는데, 전쟁
중 그의 행적은 알려진 게 없다. 당시 호르스트 부모님은 무슨 일
을 했고 나치즘과 어떤 관계가 있었을까? 메르켈은 이에 대해 아
무 말도 하지 않고, 이 주제로 질문을 받으면 아는 것이 없다고 단
언했다. 메르켈의 아버지는 동독에서도 모호한 존재였다. 슈타지
는 그를 수상히 여겼다. 슈타지의 기록에 "카스너는 1954년 서독
함부르크에서 왔다. 노동자와 농민의 국가인 우리 동독의 적이다"
라고 되어 있다. 호르스트는 서독 출신에 개신교도라는 사실만으
로 나쁜 편으로 분류되었다.

하지만 호르스트는 사회주의 사상에 대한 확신과 이상주의적
공감 때문에 동독으로 갔다. 그의 별명은 '빨갱이 목사'였다. 그는
동독의 개신교회가 더는 서방의 위계질서에 얽매이지 않도록 열
성적으로 활동하고 자본주의 체제를 비판했으며, 동독 개신교회
에서 저명한 인물이 되었을 뿐 아니라 자신이 상대하는 정권에 잘
보이는 방법도 알고 있었다. 그는 트라반트와 교회 당국자들이 타
는 호화 자동차인 바르트부르크를 타는 특권과 아주 가끔은 동독
에서 벗어나는 특혜를 누렸다. 호르스트 가족은 생활하기에 풍족
할 만큼 돈을 벌지는 못해서 염소젖을 짜 먹거나 정원에 난 쐐기
풀을 요리해서 먹기도 했다. 금욕과 상대적 빈곤도 동독에서 하는
교육의 일부였다.

메르켈은 뮐러-포그에게 이렇게 털어놓았다. "어머니는 일상 생활의 어려움을 이겨내는 법, 특히 즉흥적으로 대처하는 법을 가르쳐주셨어요. 예를 들면 4인분을 8인분으로 만들기 같은 거요. 사소한 재료들을 추가해 모두 먹을 수 있게 하는 거죠." 동독의 주요 반체제 인사로 호르스트의 신학교를 나온 라이너 에펠만(Rainer Eppelmann) 목사는 공산주의 정권 시절 호르스트가 보인 태도에 의문을 제기했다. "그가 모호한 태도를 보였냐고요? 모르겠어요. 카스너 목사가 공산주의 체제를 비판하지 않은 건 아니지만, 나는 그가 이상하다고 생각했어요. 동독이 장벽을 세우고 시민들을 가두기로 결정한 후에도 카스너는 동독이 '두 독일 중엔 더 낫다'고 했거든요. 어떻게 기독교도가 독재정권과 좋은 관계를 유지할 수 있죠? 난 그걸 생각하면 아직도 화가 나요."

한편, 호르스트 가족에게는 비공식적인 자리에서라면 전체주의 정권도 가혹하게 비판할 만큼 열린 토론 문화가 있었다. 하지만 다른 한편, 호르스트는 사회주의 유토피아에 지속적으로 공감하고 이를 드러내면서 딸에게 영향력을 행사했다. 메르켈은 이렇게 상반되는 두 요소가 불러일으키는 역설적 긴장 상태에서 자랐다. 아버지 때문에 공산주의 체제 안에 있었지만 실제로 있는 게 아니었다. 또 공산주의 청년 조직의 회원이었지만 그것에 비판적이었다. 메르켈 스타일의 정치 방식은 이때 이미 습득된 것이다.

독일이 통일되었을 때 호르스트는 녹색당에 가까워졌고, 헤를린트는 자신이 지역 의원으로 소속되어 있던 사회민주당(SPD)을 떠났다. 그들의 딸은 보수주의 정당인 기독교민주연합(CDU)의 정상에 오르면서 자기만의 방식으로 모든 것을 종합했다. 현재 템플린에서 목사로 활동하는 랄프-귄터 샤인(Ralf-Günther Schein)은 "앙겔라는 아버지와 어머니를 합쳐놓은 사람이죠"라고 말했다. "침착함과 외교적 수완은 아버지에게서, 의지와 헌신은 어머니에게서 받은 거예요."

호르스트는 2011년 폐암으로 세상을 떠나 템플린 묘지에 묻혔다. 그의 아내 헤를린트는 2019년에 그의 뒤를 따랐다. 헤를린트는 죽기 전까지 지역 교구에서 부지런히 활동했는데, 성인들에게 영어를 가르치면서 과거 동독에서 교사로 활동하지 못해 낙심했던 일을 만회했다. 메르켈 총리가 어머니와 함께 템플린의 작은 슈퍼마켓에서 장을 보고 쇼핑 카트를 밀곤 했지만 그 모습을 보고 놀라는 사람은 없었다.

템플린 근교의 작은 마을에는 메르켈과 그 남편이 동독 시절에 구입한 작은 별장이 있는데 부부는 그곳에서 주말을 보낸다. 세계에서 가장 강력한 여성이 어떤 사람인지를 이해하려면 둘러볼 가치가 있는 곳이다. 별장에 가본 이들에 따르면 지붕이 빨간색인 하얀 건물이며, 울타리로 둘러싸여 있는 것 정도가 눈에 띨 뿐이고 집 안은 이케아 가구로 꾸며져 있다고 한다. 총리는 그곳에서 정원을 가꾸고, 쑥쑥 자라는 토마토에 감탄하고, 숲속을 걷고, 경호원들이 너무 가까이 오지 못하게 하면서 호수에서 미역을 감고, 슈퍼마켓에서 장을 보고, 요리를 한다. 수프, 슈니첼, 생선 요리, 페이스트리 등을 성공적으로 만들어내고 스스로 칭찬하기도 한다. 감자 수프를 특히 잘 만든다. 일요일이 되면 오후 네 시부터 문자로 업무를 보기 시작하고 저녁에 베를린으로 돌아온다.

메르켈은 총리 관저에 마련된 주거 공간에서 생활하는 게 아니라 단순하고 보안 요원도 거의 없는 사저에서 산다. 슈프레강변, 페르가몬박물관이 있는 관광 지구에 자리한 아파트. 나는 베를린에서 우연히 총리를 두 번 만났다. 맥줏집에서 메르켈과 그의 고문 베아테 바우만(Beate Baumann)이 조용히 저녁식사를 하는 모습을 한 번 보았고, 총리 사저와 관저에서 멀지 않은 프리드리히 거리에 있는 갤러리 라파예트백화점 식품매장에서 또 한 번 보았다. 종이 가방을 든 아담한 여성이 프랑스 치즈를 열심히 고르는 군중 사이에 섞여 있었다. 사진을 찍자는 요청도, 귀찮은 시선도 없었다. 아무도 총리를 방해하지 않았고 사람들이 그를 알아보기는 하는지 의아할 정도였다. 그만큼 그는 그저 평범한 부인 같았다.

메르켈은 자신의 소박함을 지키는 방법을 알고 있었다. 평범한 일상의 순간을 스스로 보호할 줄 아는 것, 어린 시절의 풍경인 브란덴부르크에서 잠시나마 세상과 단절된 주말을 즐길 줄 아는 것. 이것이 바로 메르켈이 지닌 힘과 평온함의 비결이었다. 다른 일을 제쳐두더라도 자신이 태어났고 자신의 토대가 되는 동독 지역을 정기적으로 찾으면서 말이다.

역사상 가장 인상적인 독일 총리 메르켈을 규정하는 모든 것은 동독에서 보낸 젊은 시절 그리고 목사인 아버지의 지적·도덕적 영향력에서 기인한다. 메르켈의 모태와 정치적 능력에 대한 설명도 여기에서 찾을 수 있다. 이 다양하고 복합적인 경험 안에 그의 인격을 설명하는 모든 열쇠가 들어 있다. 단 한 가지를 제외하면 말이다. 하지만 그 한 가지 역시 템플린에서 찾을 수 있다. 우리에게 그것을 알려줄 사람은 더운 여름날 반바지에 헐렁한 샌들을 신고 발코니에 앉아 있었다.

한스-울리히 베스코프(Hans-Ulrich Beeskow)는 메르켈의 수학 교사였다. 키가 크고 마른 체구에 활짝 웃는 이 남자는 1960년대에 자신이 가르친 제자와 달리 한 번도 템플린을 떠난 적이 없다. 메르켈이 입은, 함부르크에서 보내온 청바지를 보며 '진짜 청바지'인 데다 재단도 더 잘되었다고 부러워했던 바로 그 선생님이다. 나는 2016년 베스코프를 만났는데, 그는 일흔일곱 살 백발 신사였고 구릿빛으로 그은 얼굴에서 푸른 눈동자가 빛났다. 메르켈의 과거를 돌아볼 때면 항상 같은 질문에 이르렀다. 앞머리가 찰랑이고 약간 소년 같았던 그 현명한 여학생이 독일 최초의 여성 총리가 되리라고 짐작했는가? 그렇지 않았다. 하지만 한 가지는 확신했다. "그 여학생이 앙겔라 메르켈이 되지 않았더라도" 자신은 그를 결코 잊지 않았을 거라고 말이다. "앙겔라는 보기 드물게 뛰어난 학생이었으니까요."

영어, 러시아어, 과학은 메르켈의 세 가지 강점이자 훗날 성공의 수단이 되는 세 가지 학문적 기반이다. 영어는 국제적 역할을 수행하는 데 최소한의 필수 요소다. 러시아어는 러시아와 대화하는 핵심 요소로, 장벽이 무너진 뒤 메르켈은 러시아어가 유창한 덕분에 첫 번째 중요한 정치적 지위를 얻을 것이다. 동독에서 민주적으로 선출된 유일한 지도자인 로타어 데메지에르(Lothar de Maizière) 정부에서 대변인을 맡기 때문이다. 하지만 무엇보다 성가시지만 존중해야 할 블라디미르 푸틴과의 관계에서도 유용할 것이다.

과학, 수학, 물리학은 냉철한 상황 분석부터 전술적 지식을 이용한 술책에 이르기까지 메르켈의 통치 방식을 구성하는 결정적 요소다. 괴테초등학교에서 중학교까지 베스코프는 한 달에 두 번씩 수학적 재능이 뛰어난 학생들을 대상으로 보충수업을 운영했다. 메르켈은 열두 살부터 열다섯 살까지 이 수업에 참여했다. "수업 수준이 아주 높았어요. 남학생이 수적으로도 많고 일반적으로 과학을 더 잘했지만 앙겔라만큼 눈에 띄는 학생은 없었죠." 베스코프는 자신이 가르친 아이들 중 "수학적 재능이 가장 뛰어난 학생"은 메르켈이었다고 분명하게 말했다.

수학에 재능이 있다는 게 무슨 뜻인지, 슬프게도 그런 경험이 전혀 없는 나는 그에게 다시 물었다. "앙겔라는 문제를 해결하려고 애썼어요. 종종 모범답안과 달랐고 오히려 더 빠른 방법이었죠. 논리적인 사고력과 뛰어난 분석력을 갖추었고 답을 얻으려고 끝까지 매달렸어요. 결코 포기하는 법이 없었죠. 불가능하다고 말한 적도 없어요. 모든 방법을 동원해 답을 찾고 항상 발견해냈어요. 그게 바로 앙겔라가 예전부터 갖고 있던 힘이에요. 권력을 쥔 앙겔라를 보면 앙겔라의 전술적 지능을 인정하게 되죠."

그 밑바닥에는 미국이라는 아득히 먼 꿈이 있었다. 동독 정권이 공공의 적 1호로 선포한 곳, 모든 비밀스러운 욕망을 상징하는 자유의 땅이자 이상향의 나라이지만 닿을 수 없는 나라. "미국은 우리에게 일종의 꿈이었지만 그게 욕망이었다고는 말할 수 없어요. 미국에 대해 늘 생각하며 산 건 아니었으니까요. 그냥 반대편에 있는 곳이었어요." 하르트무트가 이렇게 요약했다. 어느 날 장벽이 무너질 거라고는 아무도 상상하지 못할 때, 젊은 메르켈은 많은 동독인과 마찬가지로 직장에서 은퇴한 다음에는 미국에 갈 수 있을 거라고 짐작했다. 동독 정권이 나이가 들어 위험하지 않은 존재가 된 시민에게는 나라를 떠날 수 있는 관용을 베풀었기 때문이다. 메르켈의 내면에 숨어 있던 이 어린 시절의 욕망은 훗날 그를 뿌리 깊은 범대서양주의자*로 만들어주었다.

장벽이 무너지면서 메르켈은 은퇴를 기다릴 필요가 없게 되었다. 1990년, 동독 정권이 막 무너졌을 때 메르켈은 동료인 자우어와 로스앤젤레스로 가는 비행기를 탔다. 당시 그는 서른여섯 살이었다. 그로부터 20년 후인 2009년 11월 2일, 메르켈은 미국 의회 연설에서 이 미국 여행을 이야기하게 될 것이다. "무엇이 제게 그런 열정을 불러일으켰을까요? 바로 아메리칸 드림입니다."

메르켈은 감격한 목소리로, 그만큼 감격한 의원들 앞에서 말할 것이다. "모든 사람이 성공할 수 있는 기회, 자신의 노력으로 목표

* 대서양을 사이에 둔 서유럽과 미국 간의 긴밀한 협력을 주장하는 사람.

를 이룰 수 있는 기회 말입니다. 많은 청년처럼 저 또한 동독에서 살 수 없는 특정 브랜드의 청바지를 좋아했습니다. 하지만 저는 서독에 사는 이모가 그 청바지들을 보내줘서 입을 수 있었죠. 저는 자유와 독립의 정신이 숨 쉬는 미국의 광대한 풍경을 정말 동경했습니다. 1990년, 남편과 저는 생애 처음으로 미국행 비행기를 탔습니다. 캘리포니아로 갔어요! 그때 처음 본 태평양을 우린 결코 잊지 못할 겁니다. 정말 아름다웠습니다."

메르켈은 열아홉 살에 템플린을 떠났다. 라이프치히에서 공부할 물리학이 그를 기다리고 있었다. 메르켈은 과학자의 삶을 향해 출발했다. 현명하고, 신중하며, 규칙에 따르는 과학자의 삶.

4 템플린, 나토의 수도

"양심과 관련된 문제에서는
가치관이 중요합니다."
–앙겔라 메르켈

브뤼셀 날씨는 맑고 따뜻했다. 새로운 NATO 본부 앞 야외 통로에 발표대가 설치되었다. 2017년 5월 25일 대서양동맹 국가 정부수반이 모인 미니 정상회의는 여느 때와 달랐다. 새로 선출된 다소 괴짜 같은 도널드 트럼프(Donald Trump) 미국 대통령이 처음 참석할 뿐 아니라 상징적인 기념물 두 개가 공개되었기 때문이다. 하나는 세계무역센터 건물의 잔해였다. 2001년 9월 11일 뉴욕 맨해튼에서 일어난 테러 공격의 희생자를 기리는 의미이자 NATO 회원국 중 하나가 공격받으면 동맹국들 간 군사 연대와 무조건적 보호를 보장한다는 NATO 조약 제5조를 서약하는 의미였다. 다른 하나는 베를린 장벽의 일부로, 냉전을 되새기고 통합된 유럽을 대표하는 의미가 담겼다. 첫 번째 기념물을 공개하는 일은 트럼프가 맡았고, 두 번째 기념물은 메르켈이 소개했다.

메르켈은 붉은색 재킷을 입고 발표대 앞에 홀로 서서 NATO

29개 국가 및 정부수반과 NATO 사무총장을 마주했다. 브뤼셀의 햇빛은 눈부셨고, 5월치고 이례적인 더위가 대서양동맹의 본부를 짓눌렀다. 이로부터 일주일 후, 2015년 체결한 파리기후협약을 내 팽개칠 예정인 미국 대통령에게 지구 온난화를 느끼게 해주려는 것처럼. 트럼프는 자신의 휴대전화 자판을 두드리며 조용히 메르켈의 말을 들었다. 브렉시트 집행자임이 그다지 자랑스럽지 않은 테리사 메이(Theresa May) 영국 총리도 있었다.

메르켈은 가늘고 카리스마 없는 목소리, 특징 없이 단조로운 톤, 작지만 단호한 고갯짓과 시선을 사용해 연설하고 있었다. 그는 주어진 2분 30초 동안 자신의 말을 신경 쓰지 않는 척하는 미국인 동료에게 몇 가지 진실을 이야기했다. "우리는 신뢰 속에서 단결해야 합니다. 우리를 성공으로 이끄는 것은 스스로 고립하고 벽을 쌓는 것이 아니라 동일한 가치를 공유하는 열린 사회이기 때문입니다."

벽을 쌓고 싶은 남자 그리고 벽이 무너지는 것을 보았으며 그 벽이 마지막이기를 바랐던 여자 사이에는 양립할 수 없는 모순이 있었다. NATO를 위해 세워진 베를린 장벽의 파편 앞에서, 독일 총리는 마치 익숙한 그 장소에 서 있는 듯한 느낌을 받았다. 그리고 이를 이용해 자신이 소중히 여기는 그리고 자신을 구성한 가치들을 상기시켰다. 미국 대통령을 포함해 그 가치들을 무시하는 이들을 향해서.

메르켈은 다음과 같은 개인 이야기로 연설을 시작했다. "미래를 위한 설득력 있는 답을 제시하려면, 우리는 과거에 성취한 것과 앞으로 건설할 수 있는 것을 기억해야 합니다. 이 베를린 장벽 파편은 냉전 시대의 역사를 상징합니다. 그 전쟁은 수년간 제 삶에 결정적 요인이었습니다. 저는 이 장벽의 동쪽에 살았기 때문입니다…" 메르켈은 연설을 마무리하면서 핵심을 찔렀다. "여러분, 동서 갈등의 종식과 함께 새로운 시대가 시작되었습니다. 이는 새로운 도전과 새로운 위협을 가져오지만, 우리는 계속 공동의 가치를 바탕으로 동맹을 이어가고 있습니다. 독일은 독일 통일을 위해 NATO가 보여준 헌신을 결코 잊지 않을 것입니다."

트럼프가 메르켈의 뒤를 이어 발표대에 섰다. 그는 또 다른 기념물인 세계무역센터 건물의 잔해를 언급했다. 이 기념물은 NATO 조약 제5조의 상징이자 단 한 번 그 제5조가 발동되었던 순간의 상징이었다. 이슬람주의 세력이 미국에서 벌인 9·11 테러 이후 아프가니스탄에 대한 동맹국 간의 군사적 연대로 유럽군 1,000여 명이 목숨을 잃었다.

그런데 메르켈의 연설이 존경과 낙관을 불러일으킨 것과 반대로, 트럼프의 연설은 낭패감을 불러일으켰다. 그는 희생자들을 추모하지도 않았고, 회원국이 공격을 받을 경우 집단 연대의 원칙을 규정한 NATO 조약 제5조를 언급하지도 않았다. 동맹국들이 미국 대통령에게 기대하는 유일한 발언이었는데 말이다. 불안감이 참석자들을 엄습했다. 트럼프의 무언의 타깃은 메르켈과 독일임을 모두가 알고 있었다. 트럼프는 엄청난 재정 흑자로 경제 호황을 누리는 나라들이 모든 재정적 의무를 미국에 떠넘긴 채 극히 적은 금액만을 NATO 방위비에 지출한다며 비판했고, 이로써 동맹국 간 내전이 선포되었다.

1945년 이후 처음으로 미국은 유럽과 세계에 등을 돌렸다. 독일 지도자들 가운데 가장 열성적인 범대서양주의자이며, 서방 모든 국가 지도자 중 자유에 가장 집착하는 메르켈은 세 번째 총리 임기가 끝나는 시점에 와 있었다. 메르켈은 전후 질서의 수호자이자 한 세기 가까이 서방을 수호해온 미국이 유럽과의 관계를 저버렸다고 생각했다.

2017년 1월 20일 워싱턴에서 트럼프가 자신의 취임을 축하하는 바로 그 순간에 다른 곳에서 모네 그림을 바라보는 메르켈의 멋진 사진은 총리의 환멸을 상징했다. 독일 총리는 전 세계에 텔레비전으로 중계되는 미국 대통령 취임식보다 다른 기념식에 관심을 보였다. 메르켈은 포츠담의 바르베리니궁전에 새로 문을 연 인상주의 박물관 개관식에 참석해 유럽 문화의 화려함을 감상했다.

몇 달 전 트럼프가 당선된 직후, 대통령직에서 물러나는 버락 오바마는 유럽에 작별 인사를 하고 자신의 '특별한 파트너' 메르켈에게 경의를 표하려고 베를린으로 오면서 비슷한 상징을 드러냈다. 오바마와 메르켈은 2013년 동맹인 미국이 메르켈의 휴대전화를 도청했던 스캔들을 충분히 극복할 만큼 둘의 관계가 긴밀함을 보여주었다. 오바마와 메르켈을 결속하는 자유, 개방성, 인간애라는 서구의 가치는 트럼프의 고립주의적 연설과 그가 쌓아올린 벽과 정반대에 있었다. 오바마의 방문은 메르켈에게 지휘봉을 전달하는 의미가 되었다.

2017년 3월 백악관에서 열린 공동 기자회견에서 메르켈은 경악과 공포가 담긴 눈빛으로 트럼프를 바라보았다! 트럼프는 그날 메르켈에게 아주 다정하게 대했지만 사진기자들이 트럼프와 메르켈에게 악수를 요구했을 때 트럼프는 이를 거부하면서 언짢은 기분을 드러냈다. 언론이 바이러스처럼 퍼뜨린 영상으로 둘 사이의 '악수 사건'이 완전히 왜곡되긴 했지만, 메르켈은 전에 트럼프에게 그가 듣기 싫어하는 공동체 정신을 상기시킨 적이 있다. "독일과 미국은 민주주의, 자유, 법치 존중, 출신·피부색·종교·성별·성적 취향·정치적 견해와 무관한 인간의 존엄성 존중과 같은 가치로 연결되어 있습니다." 미국 대선에서 트럼프가 승리한 후 독일 총리는 이렇게 메시지를 전했다.

"이러한 가치를 바탕으로 미국의 새로운 대통령에게 긴밀한 협력을 제안합니다. 미국과의 파트너십은 독일 외교 정책의 기초이며 지금도 계속되고 있습니다." 서방 지도자들 중 메르켈만이 유일하게 이러한 강경한 메시지를 보냈고, 외교적이지만 직설적으로 자신의 우려를 드러냈다. 메르켈에게 민주적 가치는 강박관념 같은 것이다. 그 증거가 메르켈이 2017년 NATO에서 한 연설 그리고 2015년 말 100만 명에 달하는 난민에게 독일의 문을 열어준 일이며, 모두 그의 어린 시절에 형성된 가치에 바탕을 두고 있다.

그러므로 메르켈이 자신이 자란 곳에서 그리고 동독의 개신교도들 앞에서 그 가치를 상기시키기로 결정한 것은 우연한 일이 아니다. 메르켈은 세 번째 총리 임기를 시작한 후인 2014년, 일종의 설교이자 정치·종교적으로 놀라운 고백을 하려고 템플린으로 향했다.

랄프-귄터 샤인 목사는 메르켈을 교구로 초청해 '기독교인이 되고 정치를 하는 것'을 주제로 강연을 요청하기로 했다. 그는 베를린 빌리-브란트 거리 1번지의 연방총리 관저로 편지를 보냈다. 2주 후 그는 총리가 아닌 하원의원 메르켈에게서 2014년 5월 3일자 자필 편지를 받았다. 봉투에는 발송인의 이름과 연방의회의 주소가 적혀 있었다. '앙겔라 메르켈 박사, 독일 연방의회 의원, 레푸블리크광장 1번지, 11011 베를린.' 목사는 종이함에 조심스럽게 보관해둔 편지를 꺼내 내게 보여주며 자랑스러워했다.

편지는 '친애하는 샤인 목사님'으로 시작했고 글씨체는 둥글고 귀여웠다. 메르켈은 총리가 아닌 기독교민주연합(CDU) 대표로 오겠다고 밝히면서, 앞으로 우편물은 총리 관저 주소가 아닌 베를린 '암 쿠퍼그라벤'에 있는 사저 주소로 보내달라고 목사에게 요청했다. 메르켈의 방식은 그 자신과 매우 닮았다. 항상 느리게 판단하고 어떤 일도 가볍게 결정하지 않는다. '제가 갈 수 있으리라 확신할 수 있을 때까지는 목사님께 답을 드리고 싶지 않습니다. 하지만 제가 일단 예라고 말씀드린다면, 그건 예입니다. 마음을 담아. 앙겔라 메르켈.'

메르켈은 종교에 대해 공개적으로 말한 적이 한 번도 없다. 스스로 신앙심이 있다고 밝히고, 기독교 가치가 요구되는 정당인 CDU에 속해 있지만 말이다. 1977년 메르켈의 첫 번째 결혼은 종교의식에 맞게 진행되었으나 두 번째 결혼은 그렇지 않았다. 메르켈은 그 이유를 아주 실용적으로 설명했다. "한 번 실패하고 나면 다른 방식으로 시도하게 되죠." 그러나 정치는 신앙은 물론 그가 목사의 딸로서 받은 교육과 분리될 수 없다. "난 신앙을 조심스럽게 다뤄요. 이런 문제를 이야기하는 걸 좋아하지 않습니다." 메르켈이 뮐러-포그에게 한 말이다. "처음에는 당 일정을 시작하기 전에 예배를 본다는 게 꺼려졌어요. 내게 종교 예배는 사적인 영역에 속하니까요. 하지만 지금은 그렇게 생각하지 않아요. 예배는 모든 상황을 고려할 수 있게 그리고 중요한 것과 무의미한 것을 구분할 수 있게 도와줍니다."

메르켈은 이어 말했다. "하나님이 존재한다는 믿음은 겸손하게 살도록 해줘요. 항상 자신이 세상의 중심이라 믿지 않고, 타인을 받아들이고, 자기 결점과 잘못을 스스로 의식하게 되죠. '네 이웃을 너 자신과 같이 사랑하라'니, 정말 훌륭하다고 생각해요. 정치에서도, 이웃을 사랑하는 마음이 있으면 타인을 고려해야 한다는 생각이 굳건해집니다. 신앙은 내가 나 자신과 타인에게 더 관대해지도록 해주고, 책임감에 짓눌리지 않게 해줘요. 내가 무신론자라면 그런 짐을 지는 게 훨씬 어렵게 느껴질 거예요. 믿음은 내게 위안을 줍니다."

2014년 10월 31일, CDU 대표 메르켈은 약속대로 템플린에 도착했다. 메르켈은 샤인 목사에게 예라고 말했고, 그러니 그건 예였다. 아주 적절한 이름인 마틴-루터 거리에 있는 마리아-막달레나 교회는 초만원이었다. 메르켈의 어머니 헤를린트는 목사가 권하는 첫째 줄에 앉기를 거절하고 군중 사이에 자리 잡았다. 겸손은 여전히 카스너 가족의 강박관념이었다. 그런 어머니를 닮은 메르켈은 하얀 플라스틱 발표대가 너무 엄숙한 분위기로 놓여 있다는 생각이 들어 발표대를 직접 옮기기로 결심했다. 메르켈은 발표대를 들고 성가대를 가로질러 가서 한쪽 구석에 놓았다. 덜 거만하고 덜 권위적인 위치, 질문에 잘 답할 수 있도록 청중과 더 가까운 자리로 말이다.

이날 메르켈은 평소보다 한층 더 자신을 내보였다. 그는 "기독교인이 되는 것은 놀라운 보호 장치입니다"로 연설을 시작했다. "실수를 저지를 권리가 있다는 생각으로, 편안한 마음으로 살 수 있게 해줍니다. 우리가 완벽한 존재가 아님을 인정하기 때문입니다. 우리는 우리가 가진 의심을 고백할 수 있습니다." 총리는 자신의 '인생 문장'과 유명한 고린도전서를 기억하고 있었고, 그 안에 있는 자유에 관한 구절 '하나님의 뜻을 따라'를 언급했다. 그런 다음 총리로서 자신이 갖고 있는 의심을 하나씩 이야기했다. 정치적 문제들에 대해 놀라운 자기성찰을 보여준 날이었다.

먼저 우크라니아 분쟁이다. "우크라이나 문제에 대한 대응이요? 곰곰이 생각하고 있습니다. 어떤 선택을 하는 것은 그것이 완벽하지 않더라도 가능한 최선의 선택이기 때문입니다. 사람들은 제게 말합니다. '좋아요, 하지만 러시아 제재는 우리 경제에 불이익을 주잖아요!'라고요. 저는 이렇게 대답합니다. '그렇습니다. 하지만 우리에게 불리할 수 있다는 핑계로 우리가 우리의 원칙과 가치에 너무 융통성을 보인다면, 더 중요한 분쟁이 있을 때 아무도 우리 말을 진지하게 받아들이지 않을 것입니다. 양심과 관련된 문제에서는, 가치관이 중요합니다.'"

다음으로 난민 문제다. 총리는 이 자리에서, 그러니까 2014년에 자기 의견을 밝혔다. 난민의 유럽 유입이 절정에 달하기 1년 전이다. 메르켈이 2015년 가을 급작스럽게 국경을 개방했을 것이라는 나중의 분석과 달리, 이 문제에 대한 우려를 이미 표명한 것이다. "2014년 올해, 우리는 20만이 넘는 난민을 받아들였습니다." 그가 말했다. "아프리카에서는 10억 명이 우리보다 훨씬 고된 환경에서 살고 있습니다. 우리의 기준은 무엇입니까? 우리는 마음을 열어야 합니다. 하지만 어려움에 처한 모든 이를 수용할 수는 없다는 것을 알고 있습니다." '세상에서 가장 영향력 있는 여성'은 다음과 같은 놀라운 고백으로 끝을 맺었다. "저는 아직 이 질문들에 대한 답을 갖고 있지 않습니다."

랄프-귄터 샤인 목사가 커다란 검은색 장부를 꺼냈다. 마리아-막달레나 복음주의 교회의 선반 위에 잘 정리되어 있던 것이다. 여기에는 개신교 교육의 필수 단계인 입교가 기록되어 있다. 펜으로 적어 넣은 이름이 칸칸이 들어찬 페이지들을 넘기다 목사의 손가락이 1970년의 한 페이지에서 멈췄다. '앙겔라 카스너.' 옆에는 '1.

Kor. 13,13'이라고 적혀 있었다. 메르켈이 열여섯 살 때 배운 고린도전서였다. '그런즉 믿음, 소망, 사랑 이 세 가지는 항상 있을 것인데 그중의 제일은 사랑이라.' 목사가 암송했다. "이게 앙겔라의 '인생 문장'이에요." 그런 다음 목사는 장부를 덮고 마치 소중한 마법서를 다루듯 조심조심 제자리에 올려놓았다.

정치적이고도 종교적인 설교를 마친 메르켈은 템플린을 떠났다. 열아홉 살 때 대학 입학 자격시험에서 최고 점수를 받고 라이프치히의 카를마르크스대학으로 물리학을 공부하러 떠났던 때처럼.

5 미스 카스너에서 메르켈 박사로

"체제 반대편에서 제 삶을
건설하고 싶지 않았습니다."
─앙겔라 메르켈

리놀륨 바닥 위에 동독이 놓고 간 작은 상자가 있었다. 회색 마
분지로 된 빈 갑에 적힌 구식 글씨체를 보니 칠판용 분필 열두 개
가 들어 있었음을 알 수 있었다. 1986년에 바로 이곳 동베를린 아
들러스호프 지역에 있는 구동독 과학 아카데미의 연구실에서, 메
르켈은 양자물리학 박사학위 논문 심사를 통과했다. 2016년 가을
이 작은 건물이 파괴되기 전까지는 그 시절이 이곳에 오롯이 남아
있었다. 텅 빈 방, 칠판, 낡은 플라스틱 냄새가 나는 리놀륨 바닥,
그 위에 떨어진 분필 상자.

나는 불도저가 이 역사의 단편을 쓸어버리기 전에 이곳을 찾
았다. 오늘날의 아들러스호프는 이러한 과거 시절과 아무 관련이
없다. 여전히 베를린에 속하는 구역이지만 1950~60년대의 건물
200개 이상이 통일 후에 철거되었고, 지금은 독일 최대의 과학기
술단지가 되어 있다. 하이테크 기업과 연구시설이 모여 있고, 명문

훔볼트대학의 일부 캠퍼스도 이곳에 있다. 독일민주공화국은 연기처럼 사라졌다. 머지않아 소수의 전기 작가들만이 이곳에 있던, 난방도 들어오지 않는 허름한 건물 한 곳에서 일어난 일을 기억할 것이다.

메르켈이 논문 심사를 받고 3년 후인 1989년 겨울 어느 저녁, 자신을 묶고 있던 밧줄을 풀어 던졌음을. 그리고 같은 해 11월 9일 베를린 장벽이 무너지면서 촉발한 범세계적 해방 운동을 향해 이곳을 떠났음을. 양자물리학 연구는 이제 끝났다. 메르켈은 떠나기 전에 같은 부서의 러시아인 동료에게 마음을 털어놓았다. 감정을 드러내지 않고 간결하게 메르켈이 말했다. "정치가 나를 사로잡아요." 그리고 그는 사라졌다.

사실 정치는 당시 메르켈에게 큰 관심사가 아니었다. 그가 실용주의적 성향이라 정치를 별로 걱정하지 않았다고 말하는 편이 나을 것 같다. 돈키호테처럼 풍차에 맞서 안간힘을 쓴다고 무슨 소용이 있겠는가? 메르켈이 템플린에서 중고등학교를 다니던 시절에는 그 누구도 베를린 장벽이 붕괴되고 소비에트제국이 무너지고 동독 독재 권력이 종말을 맞으리라고 상상하지 못했다. 메르켈이 곧 합류하게 될 반체제 세력도 당시에는 거의 존재하지 않았고 그들조차 자신들의 투쟁이 성공할 거라고 믿지 않았다.

교회에 적대적인 독재 권력 아래서 목사의 딸 앙겔라는 경계를 넘지 않으며 자신의 길을 가고, 학업에서 뛰어난 성적을 내고, 신중함이라는 기술을 다루고, 완벽한 공산주의자의 틀에 맞아야 했다. 이는 평화롭게 사는 조건이었다. 어떤 이들은 영웅적 행위로 두각을 나타냈지만, 메르켈은 전혀 그렇지 않았다. 그는 영웅적이지도 무모하지도 않았으며, 밝은 미래를 믿지 않았을 뿐 아니라 대학생들이 가입하는 동독 정권의 청년단체 '자유독일청년동맹'(FDJ)에 서른 살까지 속해 있었다. 아들러스호프의 과학 아카데미에 들어가서도 FDJ 활동을 열심히 했고, 나중에는 FDJ 사무국에서 공식적으로 '홍보 및 선전', 더 구체적으로는 문화부서를 맡아 일했다.

메르켈은 러시아어 공부를 계속해서 러시아어 교사가 되겠다는 생각을 한 적도 있지만, 그 직업은 스스로 거부했을 것이다. 그는 자기 어머니가 목사의 부인이라는 이유만으로 교사로 활동하지 못하는 것을 보았고, 교회 관계자의 아이들은 모두 같은 운명을 겪었다. 그러면 메르켈은 어떻게 동독에서 공부하며 난처한 일을 피했을까? 이데올로기적 선전 활동과 국가의 부당한 간섭을 피할 유일한 분야, 그가 훗날 '진실은 왜곡하기 쉽지 않다'라고 표현한 분야, 즉 과학을 택했기 때문이다. 메르켈은 열아홉 살이던 1973년, 템플린에서 남쪽으로 300킬로미터 떨어진 라이프치히로 이사했다. 그는 5년 동안 카를마르크스대학에서 물리학을 공부했다. 물리학은 정치적으로 중립을 유지할 수 있는 분야로 메르켈에게 아주 잘 어울렸다.

템플린에서와 마찬가지로, 라이프치히에서 사는 삶은 여전히 아름다웠다. 발트호프에서 어울려 놀던 친구 무리는 각기 흩어졌

1982년 체코슬로바키아 시절의 프라하에서 물리학 인턴십에 참여했을 때.
메르켈은 양자화학 교수 루돌프 자흐라드닉(왼쪽에서 두 번째)이
2020년 10월 사망할 때까지 그를 정기적으로 찾아갔다.
메르켈은 체코슬로바키아에서 인턴십에 참여하던 시절
자흐라드닉의 양자화학 강의를 들은 후부터
그를 존경하며 따랐다.

다. 하르트무트와 다른 남학생들은 군 복무를 마친 후 동독 곳곳으로 또는 소비에트 블록의 위성 국가들로 흩어져 학업을 계속했다. 메르켈은 친구들과 바에 가길 좋아하고, 먹고 마시고 노래하기를 즐기는 활달한 젊은이였다. 가끔 디스코 파티에서 바텐더로 일하기도 했다. 정치적으로는 여전히 신중한 태도를 보였다. 예전과 같은 판단, 그러니까 '개인보다 강한 독재 권력과 싸우면 뭐 하겠는가? 싸운다 한들 아무 소용이 없고 삶도 대체로 견딜 만하다면 말이다'라고 생각한 것이다. 이는 메르켈에게 단순한 핑계가 아니었다. 메르켈은 자기 안에 숨어 있는 영웅주의를 자랑한 적이 없고, 자신에겐 용기가 없다고 말했다.

훗날, 처음 총리에 도전하고 선거운동을 하던 2005년에 메르켈은 이렇게 설명했다. "저는 그 체제가 너무 끔찍하게 느껴지면 도망가야겠다고 결심했습니다. 하지만 사실은 체제 반대편에서 제 삶을 건설하고 싶지 않았습니다. 그러면 제게 해가 될까 봐 두려웠기 때문입니다." 그리고 더 먼 훗날인 2009년, 베를린 장벽 붕괴 20주년을 맞아 공영 텔레비전 ARD에 출연한 메르켈 총리는 한 가지 에피소드를 이야기했다. 대학을 졸업하고 일메나우공과대학의 물리학 조교 채용에 지원했을 때 있었던 일이다. 면접이 끝난 후 슈타지의 남성 요원 두 명이 메르켈에게 다가와 제안했다. "우리에게 협력하는 게 어떻겠습니까…" 메르켈은 그 어려운 상황에서 빠져나왔고, 방송에서 그 방법을 들려주었다. "그건 제가 할 일이 아니라고 즉시 대답했습니다."

메르켈의 부모님은 이와 비슷한 일이 생길 경우 일관성 있게 대처하는 방법을 조언해준 적이 있고, 메르켈은 그 조언을 그대로 따랐다. 자신은 입을 다물 수 있는 성격이 아니라서 결국 모든 걸 털어놓게 될 거라고 말하라는 조언이었다. 메르켈은 그 슈타지 모집원들이 자신을 비밀도 못 지키는 수다쟁이로 믿게 만들었고, 그 덕분에 그들을 단념시킬 수 있었다.

1977년, 메르켈은 3년 전 만난 대학 동기 울리히 메르켈(Ulrich Merkel)과 결혼했다. 그는 부모님이 있는 템플린으로 잠시 돌아가 이 사회적이자 종교적인 의식을 치렀지만, 결혼을 그리 중요하게 여기지 않았고 결국 1982년 이혼했다. 훗날 메르켈은 한 기자에게 이렇게 고백했다. "열렬히 사랑하지는 않았어요. 모두 결혼해서 저도 해야겠다고 생각했어요." 그의 전남편은 언론에 당시 마음이 아팠다고 말한 적이 있다. 그 결혼에 그리고 당시 학생으로서 즐겁고 가뿐했던 삶에 메르켈보다 더 애착이 많았음이 분명했다.

그 후 드레스덴에 정착한 물리학자 울리히에게는, 지금은 유명해진 전 부인이 서로 만날 일도 없는데, 자기 성을 그대로 쓴다는 사실이 족쇄처럼 붙어 다녔다. 나는 울리히를 만나 보려고 노력했다. 그는 친절하지만 지친 목소리로 전화기에 대고 이렇게 말했다. "제발요, 우린 이혼한 지 30년이 넘었습니다. 앙겔라의 일로 나를 귀찮게 하지 말아줘요…"

정치인 메르켈은 신중하게 생각한 뒤 메르켈이라는 이 멋진 성을 유지하기로 했다. 현재 남편의 성인 '자우어'(Sauer)는 독일어로 '신맛'을 뜻하기 때문이다. 이 긴 사연에 대해 알아보려고 애쓰지 않은 니콜라 사르코지(Nicolas Sarkozy) 전 프랑스 대통령이 요아힘 자우어를 만나 '미스터 메르켈'이라고 부르는 실수를 저질렀을 때, 메르켈은 소리 없이 웃었을 것이다. 덧붙여 말하면 자우어는 세계적으로 저명한 물리학자로 오랫동안 훔볼트대학에서 이론화학 교수로 지내왔다.

울리히와 결혼한 이듬해 메르켈은 졸업 시험을 치렀다. '매우 좋음'이라는 평을 얻은 메르켈의 논문 「고밀도 매체에서 이분자 반응 속도에 대한 공간적 상관관계의 영향」은 슈타지 요원들이 그를 단념하게 만들기 어려웠을 것이다. 어쨌거나 타당한 설득으로 슈타지의 선택을 받지 못한 결과, 한 여정이 끝나고 새로운 삶이 시작되었다.

일메나우공과대학 조교로 채용되지 못한 메르켈은 1978년 울리히와 함께 베를린으로 떠나 프리드리히슈트라세역 옆의 마리엔 거리에 있는 아파트에 정착했다. 메르켈은 아들러스호프 과학 아카데미의 '이론화학' 부서에 자리를 얻어 앞서 언급했던 그 건물에서 일하게 되었다. 사실 건물이라기보다는 노후된 설비로 가득한 임시 건물로 컴퓨터조차 없었다. 메르켈이 합류한 이론화학 부서의 구성을 살펴보면 그의 미래 정치 인생을 보는 것 같다. 해당 부서 연구원 열두 명 중 메르켈만 여성이었기 때문이다. 그는 앞으로 기독교민주연합(CDU)에서도 그리고 전 세계 동료 지도자들 사이에서도 항상 유일한 여성인 상황에 익숙해질 것이다.

메르켈을 둘러싼 남성들에는 훗날 그의 남편이 되는 요아힘 자우어와 1984년 이 남성 무리에 합류한 젊은 남성도 포함된다. 이 젊은 남성은 소비에트사회주의공화국 연방에서 이제 막 공부를 마치고 돌아와 자신보다 나이가 많은 이론화학 부서 동료들 앞에서 연구 결과를 발표했다. 메르켈은 그를 가장 열렬하게 환영했다. 메르켈은 쇠퇴하는 소비에트연방, 그 나라의 경제적 쇠약, 미하일 고르바초프의 당선과 페레스트로이카*로 이어지는 체제 균열, 동유럽 공산주의 정권의 붕괴에 대해 그에게 끝없이 질문했다.

이보다 나중의 일이지만, 결국 이 젊은 남성 미하엘 신트헬름과 메르켈은 깊은 우정을 쌓는다. 메르켈은 동독 북부 출신이고, 미하엘은 독일 중부 튀링겐 출신이다. 둘은 공통적으로 러시아어, 연극, 음악, 회화, 특히 개신교에 열정이 있었다. 종교가 도덕에 기초하다 보니 독재정권은 종교를 적으로 규정하지만, 종교는 그것을 받아들이는 사람들 사이에 즉각적인 신뢰관계를 형성한다. "국가가 개인의 일상에 간섭하고 침투하려 애쓰는 독재정권 아래서 개신교는 연대와 보호 의식을 불러일으켰습니다"라고 미하엘이 분석했다.

작가, 영화 제작자, 박물관 큐레이터로 활동하는 그는 현재 스위스의 이탈리아계 지역과 싱가포르를 오가며 살고 있다. "항상 경계하고 누구와 대화하는지 신경 써야 했지만, 적어도 그 틀 안에서

---

* 고르바초프가 실시한 개혁 정책.

는 안전하다고 느꼈습니다. 앙겔라와 나는 우리끼리는 자유롭게 이야기를 나눌 수 있다는 걸 알았어요. 앙겔라도 나처럼 개신교도들끼리 있을 때는 안심했어요. 어떻게 보면 대안적인 삶의 방식이었죠.”

1986년에 찍은 사진(이 책 41쪽)에는 이론화학 부서가 쓰는 임시 건물에서 메르켈의 논문 심사 통과를 축하하는 저녁식사 풍경이 담겨 있다. 수염을 기른 미하엘 얼굴이 메르켈 옆에, 소시지와 맥주병 뒤로 보인다. “앙겔라는 사람들에게 놀라울 만큼 관심이 많았고 모든 걸 궁금해했어요. 아주 직관적이면서 공감할 줄 알았죠. 앙겔라와 대화하는 건 항상 흥미롭고 즐거웠어요.” 미하엘이 내게 말했다.

동독이 저물어가는 6년 동안, 메르켈과 미하엘은 베를린을 돌아다니며 콘서트, 극장, 영화관에 함께 가고, 각자의 집 또는 다른 사람들의 집에서 어울렸다. 음식 맛이 별로이거나 옆 테이블이 가까워 대화하기 위험한 레스토랑은 피했다. 미하엘은 “옆 테이블에 누가 앉는지 전혀 알 수 없었죠. 레스토랑과 카페는 피해야 할 장소였어요”라고 말했다.

동독에서 보내는 일상은 다음과 같은 질문에 끊임없이 직면하는 일이었다. “저 사람이 나를 염탐하나?” 동독 시민들은 이 의구심을 항상 품고 살았다. 메르켈은 신중함이라는 전략을 침착하게 유지했다. 라이프치히에서 쓴 졸업 논문의 제목과 마찬가지로, 다분히 과학적인 박사학위 논문 제목 덕분에 메르켈은 전복적인 정치사상에 대한 비난을 면할 수 있었다. 「단일 결합 분해 반응의 메커니즘과 양자화학 및 통계적 방법에 기초한 속도상수 계산에 관한 연구」였다.

1980년대에 메르켈은 조지 오웰의 『1984』를 읽었고, 그가 묘사한 전체적인 감시 체제의 중심에 자신이 서 있다는 데 두려움을 느꼈다. 같은 시기에 메르켈은 다른 이들처럼 소련의 선전 일간지 『프라우다』(*Pravda*)도 구입했다. 독재 권력이 무너지고 나면 메르켈은 알게 될 것이다. '친구들끼리' 있다고 믿으면서 동독에 대한 불편한 마음을 가끔 입 밖으로 꺼냈지만, 연구소 동료들이 그 발언을 당국에 보고했다는 사실을 말이다. 메르켈의 '친구'가 건넨 정보를 바탕으로 한 1984년 슈타지의 기록을 보면, 그는 '국가에 매우 비판적'이며 폴란드의 솔리다르노시치*에 '열광한다.'

메르켈은 밀러-포그에게 이렇게 설명했다. "죄를 '조금' 지은 사람과 '많이' 지은 사람을 구분하기는 어려워요. 저를 포함한 모두가 타협하며 살아야 했어요." 메르켈은 거짓말, 끊임없는 속임수, 밀고로 점철된 동독을 자신 안에 품었다. 사람들의 얼굴과 장벽에 비치는 음울한 잿빛, 보이든 보이지 않든 곳곳에 퍼져 있는 동독의 정치 경찰 슈타지, 어디서나 두려움을 느끼게 만드는 미묘한 위험과 그에 따른 공포, 감시와 의심이 주는 무거운 억압감. 이것이 동독의 모습이었다.

* Solidarność, 1980년대 폴란드 민주화 운동을 이끈 반체제 자유노조 연합.

훗날 메르켈이 총리가 되었을 때, 사르코지 전 프랑스 대통령의 외교 고문 장-다비드 레비트(Jean-David Levitte)는 메르켈에게 슈타지의 감시를 받는 예술가를 그린 영화 「타인의 삶」에 대해 물었다. 플로리안 헨켈 폰 도너스마르크 감독의 명작으로, 2007년 오스카상을 수상한 영화다. "일상생활이 이 영화와 비슷했나요?" 레비트가 질문하자 메르켈은 이렇게 답했다. "아니요. 훨씬 더 나빴습니다. 영화에서처럼 결국 우리가 애착을 갖게 되는, 그런 마음이 선한 슈타지 요원은 본 적이 없어요."

미하엘은 "다른 곳과 마찬가지로 아들러스호프에도 '카르더'(Karder)라 불리는 사람들이 있었다"라고 설명했다. "과학자들 사이에 섞여서 우리를 감시하고 그 대가로 체제의 혜택을 누린 당관료들이요. 우린 그 사실을 알았어요. '카르더'가 아니라고 확신할 수 있는 사람이 한 명 있다면, 앙겔라가 그해에 사귀기 시작한 사람이에요." 나중에 메르켈의 남편이 될 자우어는 그보다 다섯 살 많다. 미하엘의 회상에 따르면 "이론화학 부서 연구원 열두 명 가운데 자우어의 공정함과 독립심은 절대적이었어요. 강인한 성격이 눈에 띄었죠."

자우어는 메르켈에게 자신이 좋아하는 오페라 음악을 소개했다. 훗날 베를린 장벽이 무너진 후에는 바이로이트 바그너 페스티벌에 해마다 함께 참석할 것이다. 둘은 프렌츨라우어 베르크 지역의 버려진 아파트 중 하나로 함께 이사했다. 사람들은 이 지역의 빈 아파트에 무단으로 거주했지만 관계 당국은 묵인했다. 메르켈이 들어간 아파트는 우연하게도 '템플린 거리'에 자리했다. 마치 메르켈은 브란덴부르크의 뿌리를 결코 떨쳐낼 수 없다는 것처럼.

메르켈과 자우어는 물리학, 음악, 산행을 좋아했다. 그에게는 아이가 둘 있었는데, 메르켈은 훗날 이 아이들을 자신의 아이들로 키우지만 함께 살지는 않았다. 메르켈은 자신이 1989년부터 정치에 너무 빠져버렸다는 것 말고는 이에 대해 어떤 설명도 하지 않았다. 어떻든 메르켈과 자우어는 결국 1998년 12월 30일에 조용히 결혼했다. 하지만 그보다 훨씬 전에 그들 삶을 바꿔놓을 두 가지 대변동이 있었다는 사실을 둘은 아직 알지 못했다. 1989년 베를린 장벽이 무너지는 것 그리고 메르켈이 그전까지 별로 신경 쓰지 않던 정치라는 분야에 갑자기 집착하게 된 것이다.

1980년대 동베를린은 1960~70년대 템플린과 달랐고, 발트호프의 낙원과는 더욱 달랐다. 이 도시는 분명 브란덴부르크의 시골보다 덜 가난하고 덜 낙후되어 있었지만 낙관적이고 젊은 동독의 시대는 이미 지나갔다. 메르켈 아버지 같은 이들이 여전히 믿은 진정한 사회주의의 빛나는 미래는 없었다. 정의롭고 더 나은 세상에 대한 희망은 시든 지 오래였고, 경제는 쇠퇴와 몰락을 향해 엄청난 속도로 곤두박질쳤다. 무엇보다 베를린은 순교자 같으면서도 이상한 도시였다. 난폭하게 둘로 갈라져 서로 노려보며, 누가 더 쇼윈도를 잘 꾸미나 경쟁하듯 살아갔다. 이 도시에서는 모두 금단의 반대편, 그 유령 같은 존재와 함께 살아가야 했다.

메르켈과 자우어처럼 미하엘도 이 도시의 중심에 있는 프렌츨라우어 베르크에서 살았다. 이들은 아침저녁으로 아파트와 남동쪽의 아들러스호프 연구실을 오가려고 베를린 장벽을 따라 달리는 S-반 열차를 탔다. 아주 작은 탈출 시도도 적발할 수 있게 철조망, 감시탑, 넓게 펼쳐진 모래밭이 베를린 장벽을 지켰다. 동독 시민 대부분이 그랬듯, 이들도 억압감에 대해 체념한 상태로 열차 창밖을 바라보곤 했다. "베를린에 살면서 동독과 서독 사이에 점점 격차가 벌어지는 것을 보는 일은 비극이었어요. 너무 자명했으니까요"라고 미하엘이 말했다. "우리의 적인 반대편은 계속 번영하고 밝아지는 걸 받아들여야 했어요. 반면에 동독 선전기관은 우리에게 반대되는 말만 늘어놨죠. 우린 끊임없이 허구 속 현실과 마주하며 살았어요." 1980년대 초반 동독인이 서독으로 탈출한 횟수는 기록적이었다.

그들은 자유를 부러워했고, 자유는 손닿을 만큼 가까운 저 반대편에 있었다. 그럼 메르켈은 왜 떠나지 않았을까? 그는 떠날 수도 있었다. 1980년대 중반부터 상황이 바뀌었다. 별문제를 일으키지 않고 과학자의 길을 가던 메르켈은 분명히 아무 관련이 없는데도 그러한 변화에 기뻐했다. 동독 정권은 유화적 태도를 보였고, 다시 굳어지기 전에 나타나는 관용의 순간도 가끔 있었다. 서독과 동독의 관계가 완화되고 있었다.

1982년부터 서독 총리로 있던 헬무트 콜과 1979년부터 동독 서기장으로 있던 에리히 호네커는 1985년 소비에트사회주의공화국연방의 지도자 콘스탄틴 체르넨코의 장례식에서 처음 만났다. 이제 서독으로 여행하기가 조금 수월해졌다. 1986년 메르켈은 슈바벤에 있는 이모의 생일을 핑계로 이모를 찾아가 서독을 여행했다. 동독 정부는 필요한 경우 또는 (코로나바이러스로 이제 우리에게도 익숙해진 표현인) '설득력 있는 이유'가 있으면 예외적으로 출국을 허가했다. 이모 생일이 국경을 통과하는 데 충분히 설득력 있는 이유로 인정받은 것이다.

메르켈은 소비에트 블록에 속하는 러시아나 체코슬로바키아를 자주 여행했고, 베를린 장벽이 세워지던 1961년에는 함부르크로 가족 여행을 떠났다. 하지만 철의 장막을 넘은 것은 성인이 된 후 처음이었다. 그는 서독과 그곳 도시들의 아름다움, 세심하게 가꾼 풍경, 생활 수준, 자유에 깊은 인상을 받았다. 메르켈은 이혼했고, 자녀가 없었고, 책임이나 의무도 없었으니 그곳에 머무를 수도 있었다. 하지만 그는 돌아왔다. 미하엘이 그 이유를 묻자 그는 간단히 대답했다. "여기가 내 자리니까." 미하엘이 알기에 메르켈은 단 한순간도 조국을 떠나는 일은 상상한 적이 없었다. "앙겔라는 서독에 감탄했지만, 자신이 그곳에 속하지는 않는다고 느꼈어요"라고 미하엘이 말했다. "나와는 다르게 앙겔라는 동독인으로서 자기 정체성을 의심한 적이 없어요."

그러나 총리는 2006년 10월 3일 열리는 독일 통일의 날 기념식 연설에서 '친구 미하엘 신트헬름'을 지명해 그에게 경의를 표할 것이다. 그 자리에서 메르켈은 친구가 선물한 책에 적혀 있던 헌사를 언급할 것이다. "게헤 인스 오프너!"(Gehe ins Offene!, 열린 세상으로 나아가길!) 그리고 이렇게 덧붙일 것이다. "그 시절 제가 들은 말 중 가장 멋진 말이었습니다. 다른 많은 사람과 마찬가지로 저는 먼바다를 향해, 새로움을 향해 나아갔습니다."

1989년 11월 9일 오후, 동독 공산당 대변인 귄터 샤보프스키는 서쪽으로 자유로운 이동을 허용한다는 개혁을 발표했다. 지난 몇 달 동안 혼란스러운 상황이 지속되었고, 메르켈은 뒤늦게 반대 세력에 합류했다. 그는 텔레비전에서 흘러나오는 대변인의 연설을 듣고 어머니에게 전화를 걸었다. "어머니와 저는 장벽이 무너지면 켐핀스키*에 가서 굴 요리를 먹자고 항상 얘기했거든요." 메르켈이 밀러-포그에게 말했다. "때가 왔다고 어머니께 말씀드렸죠. 그리고 난 매주 그랬듯 사우나에 갔어요."

그에게는 습관이 있었다. 매주 목요일 저녁이면 친구와 함께 자신이 사는 프렌츨라우어 베르크 지역에 있는 사우나에 가고 맥주를 마시며 저녁 시간을 즐겼다. 11월 9일 목요일 메르켈과 친구가 사우나에서 나와 보니, 보른홀머 거리에 있는 국경 검문소가 열려 있었다. 메르켈과 인터뷰한 밀러-포그 기자처럼 우리도 조바심이 나는 대목이다. 그래서? 국경 검문소가 열려 있는 것을 보고 그는 무엇을 했을까? 그가 차분하고 간결하게 답했다. "그래서 평소처럼 맥주를 마시러 가는 대신 서쪽으로 걸어갔어요."

전 세계에 혁명을 일으킬 이 역사적인 저녁에 메르켈이 그토록

---

* 당시 서베를린 지역에 자리한 고급 호텔.

1989년 11월 9일 동독 공산당의 귄터 샤보프스키가 서독으로의
자유로운 여행을 보장하는 성명을 발표하자 동독과 서독의 시민들이
베를린 장벽으로 몰려들었고, 양쪽 시민들에 의해 베를린 장벽이 붕괴됐다.
베를린 장벽이 세워진 지 약 30년 만에 그 장벽이 무너진 것이다.
베를린 장벽이 무너진 그날 온 세상이 흥분했지만 메르켈은 평소처럼
맥주를 마시러 가는 대신 서쪽으로 산책을 갔을 뿐이다.
그는 이 일을 과도한 열정 없이 담담하게 받아들였다.

담담했다니 놀라운 일이다. 그는 서른다섯 살이었고 조국은 40년 넘게 둘로 나뉘어 있었다. 국민을 숨 막히게 한 독재 권력이 드디어 패배했고 동서독 군인들은 눈물을 흘리며 얼싸안았다. 베를린 시민들은 장벽에 올라가 기쁨을 만끽했고, 서독은 장벽 뒤 동쪽에 갇혀 있던 브란덴부르크 문을 다시 볼 수 있게 되었다. 온 세상이 흥분한 이때, 그는 그저 다른 편으로 걸어갔을 뿐이다. 맥주를 마시러 가는 대신 산책을 갔다. 과도한 열정은 없었다. 메르켈은 그런 사람이었다.

서베를린에 도착한 메르켈은 함부르크에 사는 이모에게 전화를 걸려고 했지만 공중전화 부스가 보이지 않았다. 곧 공중전화 부스를 찾았지만 아무 소용없음을 알게 되었다. 외화를 갖고 있지 않았기 때문이다. 그는 주위의 무질서한 분위기에 휩쓸려 낯선 사람들과 한 아파트에 들어갔다. "그 사람들 집에서 전화를 걸 수 있었어요. 그리고 모두 쿠담을 구경하고 싶어 했어요." 쿠담, 즉 쿠어퓌르스텐담은 서베를린에 있는 유명한 대로로 자본주의의 풍요를 상징하는 곳이었다. "난 그냥 집으로 돌아왔어요. 다음 날 아침에 일찍 일어나야 했거든요. 그리고 그날 저녁에 모르는 사람들을 이미 충분히 만나기도 했고요. 그 대신 다음 날 여동생이랑 쿠담을 거닐었어요."

자, 이것이 그날 이야기의 전부다. 하지만 사실은 전부가 아니다. 메르켈은 여느 때처럼 자신의 감정이 드러나지 않도록 억제했다. 서두르지 말고, 먼저 분석하고, 그다음에 행동하라. 이것이 메르켈 리더십의 비밀이다. 신중함을 가르치는 동독이라는 학교에서 배운 것이다. 베를린 장벽이 무너진 후 메르켈이 친구 미하엘과 나눈 대화는 앞의 이야기와 달랐다. "앙겔라는 전혀 태연하지 않았어요. 무관심하지도 않았고요"라고 미하엘이 단언했다. "그 반대였죠. 열려 있는 삶 앞에서 크게 흥분했고 무척 행복해했어요."

'마침내, 그대는 이 낡은 세상이 지겹다.' 시인 아폴리네르는 이렇게 노래했다. 그날 이후로 메르켈의 삶은 예전과 같지 않았다. 신중하고 사려 깊게 분석한 결과, 절대적인 필요성 면에서 정치인이 물리학자보다 우위에 있었다. 1990년 3월 이후, 그 누구도 과학 아카데미에서 메르켈을 다시 볼 수 없었다.

6 프렌츨라우어 베르크의 혼란

"여러분이 하는 운동에 관심이 있어서요."
"컴퓨터를 다룰 줄 아나요?"
"네."

메르켈의 결정이 무르익기까지는 다섯 달이 걸렸다. 1989년 12월 초, 그는 베를린 마리엔부르거 거리 12, 13번지에 있는 건물 1층의 한 문으로 들어섰다. 그도 이곳 프렌츨라우어 베르크 지역에 살고 있었다. 당시에는 노동자 계급이 모여 사는 황폐한 지역이었다. 동베를린에 도착한 지 얼마 안 된 사람들은 전기가 들어오지 않고 석탄으로 난방을 하는 널찍한 아파트에서 예술가들 그리고 온갖 유형의 반순응주의자와 이웃하며 살았다. 반체제 인사들은 안마당이 줄지어 붙어 있어 은신처와 출구 역할을 하는 이 지역을 좋아했다. 낡고 숨 막히는 경찰국가 동독에서 프렌츨라우어 베르크는 수도의 그늘 아래 언더그라운드 문화와 반목이 뒤섞인 채 존속했다. 베를린 장벽이 무너지면서 이곳은 더 많은 사람이 모이는 집결지가 되었다. 슈타지는 계속 사회 곳곳을 감시했지만 사회는 들끓었고 정권은 곳곳에서 무너졌다.

1989년 12월 마리엔부르거 거리. 혁명적 격동 속에서 민주약진(DA, Demokratischer Aufbruch)이라는 이름으로 10월에 창설된 소규모 야권 단체는 이제 정당으로 바뀌어 한 공예가가 빌려준 눅눅한 건물에 기반을 마련했다. 격동의 시기였던 만큼 호기심 많은 이들이 이곳을 자주 찾았고, 직원들도 이런 일에 익숙했다. 이번에는 소년 같은 머리와 옷차림을 한 젊은 여성이 들어섰다. "안녕하세요…" 창당인 중 한 명인 귄터 노케(Günter Nooke)가 책상에서 고개를 들어 올려다보았다. 그는 메르켈을 어렴풋이 기억해냈다. 개신교도인 귄터 노케는 메르켈의 아버지를 알고 있었고, 라이프치히에서는 누나보다 덜 정치적인 메르켈의 남동생 마르쿠스와 함께 물리학을 전공했다. "여러분이 하는 운동에 관심이 있어서요"라고 젊은 여성이 말했다. "제가 어떻게 도울 수 있는지 알고 싶어요."

"컴퓨터를 다룰 줄 아나요?" 노케가 물었다.

"네."

"마침 잘되었네요. 지금 막 컴퓨터 한 대를 받았는데 아무도 작동시킬 줄을 몰라요."

그는 메르켈을 프리드리히 거리에 있는 '민주주의의 집'으로 데려갔다. 동독 집권당인 사회주의통일당(SED)의 건물인데, 베를린 장벽이 무너진 후 자유 총선거를 치르게 되면서 SED는 야권 단체들에 이 장소를 양보할 수밖에 없었다. 메르켈이 맡은 첫 번째 임무는 서방에서 보내온 컴퓨터를 설치하고 다른 사람들에게 컴퓨터 사용법을 설명해주는 것이었다. 아들러스호프에서 컴퓨터가 없다고 불평하고 항상 먹통인 낡아빠진 기계 앞에서 몇 시간씩 씨름해야 했던 메르켈에게는 그저 감탄할 일이었다.

이 대혼란의 시절에 메르켈은 어떻게 서독 최대 보수 정당인 기독교민주연합(CDU)의 당수가 되었을까? 그는 아직 확고한 의견이 없었지만 언제나 그렇듯 서두르지 않았다. 메르켈은 독재정권으로부터 신중함을 배웠다. 과학에서는 느림을 받아들였다. 가설, 실험, 이론화 그리고 결론을 내리기 전에 항상 시간을 가지며, 한번 결정하면 단호하게 고수하는 것이다. 메르켈은 아들러스호프 화학물리학 연구소 직속 상사인 클라우스 울브리히트와 상의하는 것으로 시작했다. 그는 동독에서 사회민주당(SPD) 창당에 참여했다. 그러나 메르켈은 SPD에서 사용하는 표현 방식과 혁명적인 노래가 별로 마음에 들지 않았다. 예전의 그 유일한 정당을 떠올리게 하는 음악이었다. 하지만 그는 결정을 내리지 않았다. "여기 온 걸 환영해요." 울브리히트가 그에게 말했다. "하지만 민주약진에도 가보고 생각해요."

그래서 메르켈은 민주약진에 가게 되었고, 그곳에 만족했다. 민주약진은 주로 개신교 신자들로 구성되어 심지어 신학자들도 포함되어 있었다. 동독의 유명한 반체제 인사이자 민주약진의 공동 설립자인 라이너 에펠만은 메르켈의 아버지가 운영하는 신학교를 다닌 목사였다. 목사의 딸은 그곳이 가족 또는 도덕적 공동체처럼 느껴졌다. 메르켈을 이해하는 것은 그가 어디서 왔고 어디서 자랐는지를 기억하는 것이다. 그는 동독 그리고 공산주의 독재 아래서뿐만 아니라 독재 국가 내 복음주의 세력 안에서 자랐다. "앙겔라가 민주주의의 집에 오는 모습을 봤어요." 민주약진의 공동 설립자이자 전 회장인 안드레아스 아펠트(Andreas Apelt)가 회상했다. "마치 늦게 도착한 학생 같았죠. 화장기 없는 얼굴, 짧은 머리, 녹색 스웨터, 갈색 벨벳 바지. 외모에는 전혀 신경 쓰지 않았어요. 우린 앙겔라가 큰 정치적 야망은 없지만 진지해 보인다고 생각했어요. 앙겔라는 자존심을 세우지 않고 대의를 위해 봉사하면서 금방호감을 얻었죠. 일을 위해 살았어요."

메르켈은 열심히 배워 흡수했고 듣고 싶어 했다. 그는 먼저 12월 초에 열린 민주약진 회의에 참석했지만 단지 테이블 끄트머리에 앉아 있고 싶어 했다. "앙겔라는 조용히 앉아서 질문도 하지 않았어요." 아펠트가 말을 이었다. "앙겔라는 처음 민주약진에 도착했을 때처럼 조용히 떠났어요. 그 당시엔 많은 사람이 그렇게 찾아오곤 했기에 앙겔라를 다시 볼 수 없을 거라 생각했죠." 하지만 메르켈은 다시 돌아왔다. 그리고 돌아온 것만으로 그치지 않았다. 1990년 3월 18일에 치러질 동독 최초의 자유 총선을 위해 1990년 1월 민주약진은 정치적 정당으로 변모했고, 메르켈에게 입당할 의향이 있는지 물었다. 자신에게 충실한 사람인 메르켈은 과학적 사고방식과 역사적 신중함을 발휘해 생각할 시간을 하루 달라고 요구했다. 24시간 후 메르켈은 대답했다. "네."

새로운 정당의 당원들, 그러니까 도처에서 모인 전직 반체제 인사들은 정치에 대해 아무것도 모르고 선거운동이 무엇인지도 몰랐다. 민주약진 직원 열두 명이 동독 공산당의 직원 약 6,000명에 맞서 모든 일을 해내야 했다. 공동의 목적이 독재정권을 제거하는 것일 때는 정권에 반대해 의기투합하기 쉽다. 그러나 독재정권이 무너진 다음에 단결을 유지하는 문제는 훨씬 더 복잡하다. 반대를 위해 탄생한 민주약진은 베를린 장벽 붕괴 이후 모호한 상태가 되었으므로 계획을 세우고 동맹을 찾을 뿐 아니라 우리가 누구이며 무엇을 원하는지 명확히 규정해야만 했다.

직원 열두 명은 커뮤니케이션을 조직화할 필요가 있음을 인정했고, 그 임무는 아펠트와 메르켈에게 맡겨졌다. 아펠트는 이렇게 설명했다. "지하 활동에서 벗어났을 때 우린 서로가 너무 다르다는 걸 깨달았어요. 그래서 집단적 정체성을 형성해야 했어요. 아침부터 저녁까지 정말 카오스였죠. 그러는 동시에 선거운동을 이끌어야 했고 하나에서 열까지 당을 만들어가야 했어요. 앙겔라는 놀라운 방식으로 그 혼란을 극복했어요. 그런 폭풍 속에서 침착한 앙겔라에게 모두 감탄했죠. 감정에 얽매이지 않고 조용히, 이성적으로 생각했어요. 침착함, 그게 앙겔라의 가장 큰 강점이죠."

정치적 노선을 정하는 순간 민주약진은 필연적으로 분열되었다. 우리는 통일된 독일을 원했는가, 아니면 개혁한 동독을 원했는가? 서독의 사회적 모델을 받아들일 것인가, 아니면 동독의 정체성을 유지할 것인가? 민주약진 내 극좌파는 통일에 유보적이 사회민주당(SPD)에 합류했다. 극보수파는 통일을 주창하는 유명한 총리 헬무트 콜이 대표로 있는 서독 CDU에 합류하길 원했다. 메르켈은 실용주의적인 명분으로 다수가 찬성하는 편에 섰다. 즉 동독은 명이 다했고 통일 없이는 살아남을 수 없으리라는 쪽으로 말이다.

민주약진의 반체제 운동에 참여하는 사람 중에는 남성이 여성보다 많았다. 하지만 메르켈이 눈에 띈 것은 여성이어서가 아니었다. 동독은 원래 성차별 사회가 아니었고 여성도 얼마든지 버스나 크레인 운전사로 일할 수 있었다. 메르켈이 조금씩 두각을 나타낸 것은 그의 분석적 사고, 논거에 기초한 결정, 침착함, 겸손함 덕분이었다. 공산주의 청년 조직에 몸담았던 메르켈을 원래부터 반체제 인사였던 이들이 그렇게 따뜻하게 맞아줬다는 사실은 동독 정권에서 메르켈의 활동이 제한적이었음을 보여준다.

그들은 영웅적 행위가 누구에게나 가능한 것은 아니며, 독재정권에서는 각자 자기가 할 수 있는 일을 한다는 사실을 겸허히 받아들였다. "모두가 앙겔라를 높이 평가했어요. 극단적인 사람이 아니었기 때문이죠." 아펠트가 말했다. "앙겔라는 사람들을 당파적으로 분류한 적이 없어요. 집단 토론이 있을 때면 항상 뒤로 물러나 있었고, 마지막이 되어서야 개입해서 모두가 동의하는 해결책을 제시했어요." 메르켈의 조용한 힘은 사람들을 안심시켰다. 그들은 메르켈에게 당을 홍보할 전단지를 만드는 일을 맡겼다. 그리고 1990년 2월, 민주약진의 대표 볼프강 슈누어(Wolfgang Schnur)는 이 신입 여성에게 대변인 자리를 주었다.

이제 막 당에 합류한 메르켈은 큰 위기와 맞닥뜨렸다. 3월 총선을 일주일 앞두고 슈누어가 슈타지의 비밀요원이었다는 의혹을 받게 된 것이다. 타인에 대한 두려움을 이용하고 스파이 활동을 확산하면서 시스템을 유지해온 전체주의 체제에서 비단 슈누어만이 비밀요원은 아니었다. 하지만 '깨끗함'과 구체제 제거를 내세워 선거운동을 벌이는 민주약진에서 이 사건은 혼란을 일으켰다. "엄청난 충격이었어요." 아펠트가 회상했다. "우린 모두 지쳐 있었고 선거운동 때문에 하루 열일곱 시간씩 일했는데 말이에요. 너무 화가 났고 믿고 싶지 않았어요."

에펠만은 슈누어의 설명을 들어보려 했지만 슈누어는 병에 걸린 데다 대화를 거부했다. 서독 측의 헬무트 콜은 새로운 독일을 건설하려고 동맹을 맺은 민주약진에서 이런 사건이 터지자 불안감을 느꼈다. 콜은 슈누어에게 밀사를 두 명 보냈고, 슈누어는 마지못해 그들에게 '슈타지에 관한 건 사실'이라고 입을 열었다. 민주약진은 공황에 빠졌고 대책 회의를 열어야 했다. 동독의 첫 자유 총선을 사흘 앞둔 3월 15일, 수많은 기자가 회견을 기다리며 프리드리히 거리에 서 있었다. 메르켈이 직접 작성한 공식 성명서를 읽어 내려갔다. "앙겔라가 일을 확실하게 마무리 지었어요." 아펠트가 말했다.

슈누어 사건으로 패색이 짙어진 민주약진은 1990년 3월 18일 동독 의회의 자유선거에서 1%도 안 되는 득표율로 처참한 결과를 얻었다. 에펠만을 비롯한 네 명만이 의원으로 선출되었다. 그러나 민주약진이 통일을 하려고 동맹을 맺은 기독교민주연합(CDU)이 승리했다. 변호사이자 동독 CDU 당수 로타이 데메지에르가 이제 헬무트 콜의 분신이 되어 자유의사로 선출된 최초의 동독 정부를 이끌게 되었다. 그는 사회민주당(SPD)과 대연정을 해서 정부를 구성해야 했다. 민주약진의 신뢰할 만한 지도자 에펠만은 아직 알려지지 않은 이름을 데메지에르에게 속삭였다. "앙겔라 메르켈."

여기까지가 미래의 독일 총리 메르켈이 1989년 12월 어느 날 프렌츨라우어 베르크에서 문 하나를 지나 CDU에 도착하기까지를 정리한 내용이다. 에펠만은 이렇게 말했다. "오늘날의 정치인 메르켈을 보면 알 수 있죠. 그는 SPD에 있었더라도 지금 같은 정치 경력을 쌓을 수 있었을 거예요."

7 발트해에서 받은 수업

"결국 '우리가 함께하고 싶은
사람은 앙겔라'라고 말했어요."
－볼프하르트 몰켄틴

일흔일곱 살인 로타어 데메지에르는 항상 위그노*의 자손다운
근엄한 분위기를 풍긴다. 베를린에 변호사 사무실이 있는 데메지
에르는 늘 같은 소련 스타일의 직사각형 안경을 쓴다. 붉은 기가
도는 얼굴에는 예전보다 하얗게 세었지만 여전히 짤막한 턱수염
이 나 있다. 동독에서 민주적으로 선출된 정부의 처음이자 마지막
수장인 데메지에르에게는 특별한 임무가 있었다. 바로 나라를 사
라지게 할 목적으로 나라를 통치하는 것이었다. 베를린 장벽이 무
너진 후 그는 헬무트 콜 서독 총리와 함께 두 독일의 통일을 준비
하고 그 이행을 보장하는 임무를 맡았다. 이것이 유명한 '2+4 조
약'이다. 독일의 주권 보장, 점령국의 철수, 베를린 네 개 지역 분
할 점령의 종결을 목적으로 1990년 두 독일과 네 연합국 사이에

---

* 프랑스 개신교도.

체결되었다. 독일민주공화국(동독)은 독일연방공화국(서독)에 흡수되어 둘은 하나가 되었다.

베를린 쇼제 거리, 온갖 물건으로 가득한 구식 아파트에서 만난 데메지에르는 책장에서 닳고 닳은 문고본과 주석이 달리고 노랗게 바랜 종이 더미를 꺼냈다. 그가 세심함을 발휘해 공동 저술한 통일조약이다. 데메지에르는 해당 조약에 서명한 1990년 9월 12일 모스크바에서 먹은 아침식사 메뉴를 액자에 끼워 벽에 걸어 두었다. 구식 타자기로 타이핑해 만든 것이었다. 동독의 산증인인 데메지에르는 골동품이 된 액자를 떼어내 바라보았다.

당시 메뉴는 캐비어, 크랩 샐러드, 와인에 조린 배, 함께 식사한 손님들은 다름 아닌 1945년 이후 베를린을 점령했던 4대 열강 대표들이었다. 그들은 기념으로 메뉴 뒷면에 각자 서명을 했다. 소련 대통령 미하일 고르바초프와 각국의 외무부 장관 이름이 적혀 있다. 소련의 에두아르드 셰바르드나제, 미국의 제임스 베이커, 서독의 한스-디트리히 겐셔, 프랑스의 롤랑 뒤마, 마지막으로 영국의 더글러스 허드. 메르켈은 당시 이들의 사전 협상에 독일 대표단과 동행했고, 그곳에서 세계 정치에 첫발을 내디뎠다. 데메지에르가 역사를 만든 이 서명들을 바라보며 잠시 생각에 잠겼다가 말했다. "처음부터 앙겔라의 지적 능력이 그를 먼 곳까지 이끌 거라고 생각했어요. 하지만 권좌에 오르는 능력까지 있을 거라고는 상상도 못 했어요." 데메지에르는 모스크바의 추억이 담긴 소중한 소장품을 다시 벽에 걸었다.

에펠만이 데메지에르에게 동독의 마지막 정부를 이끄는 데 도움을 줄 사람으로 무명의 젊은 여성 메르켈을 추천했을 때, 데메지에르는 사실 이미 그를 점찍어둔 상태였다. 하지만 그는 아직 눈치채지 못했다. 훗날 베를린 쿠퍼그라벤 거리에 있는 메르켈과 그 남편이 사는 건물에 자신도 우연히 집무실을 차리게 될 거라는 사실, 자신의 사촌 토마스 데메지에르가 메르켈 정부의 장관이 될 거라는 사실, 게다가 메르켈이 독일 총리가 될 거라는 사실을 말이다.

데메지에르는 1990년 3월 18일에 열릴 동독의 첫 자유선거를 앞두고 라이프치히에서 헬무트 콜과 민주약진의 라이너 에펠만을 포함한 모든 야당 단체가 만난 날, 메르켈의 자질에 강한 인상을 받았다. 당시 메르켈은 민주약진 대변인이었는데, 데메지에르는 회의가 열리는 동안 그를 관찰했다. 메르켈에게는 모든 사람과 나지막한 소리로 이야기하고 모두가 동의하도록 만드는 아주 특별한 재능이 있었다.

"나는 그를 찾아갔어요." 데메지에르가 회상했다. "동독의 전형적인 과학자였죠. 샌들을 신고 큼지막한 스커트를 입었는데, 우아함과는 거리가 멀었어요. 돋보이려고 꾸민 데가 하나도 없었죠. 앙겔라는 자신의 박사학위 논문에 대해 말했어요. 나는 그 주제조차 이해하지 못했지만요. 하지만 그가 동맹 단체들 사이의 갈등에 대처하는 방식을 조용히 이야기했을 때는 깜짝 놀랐어요. 게다가 앙겔라는 감탄스러울 만큼 명확하고 핵심에 집중한 기자회견은 했어요." 그러므로 에펠만이 그 이름을 입에 올렸을 때 데메지에르

베를린 장벽이 무너진 지 4개월이 지난 1990년 3월.
1990년 동독 인민회의 총선이 마지막으로 실시된 뒤
메르켈은 로타어 데메지에르 정부의 부대변인이 되었다.
데메지에르는 그때의 메르켈을 다음과 같이 회상했다.
"동독의 전형적인 과학자였죠. 샌들을 신고 큼지막한
스커트를 입었는데, 우아함과는 거리가 멀었어요.
돋보이려고 꾸민 데가 하나도 없었죠.
그러나 앙겔라가 기자회견을 할 때는 감탄스러울 만큼
명확하게 핵심을 꿰뚫었어요. 그래서 에펠만이 대변인으로
앙겔라의 이름을 입에 올렸을 때 1초도 망설이지 않았습니다."

는 1초도 망설이지 않았다. 그렇게 메르켈은 데메지에르 정부 부대변인으로 임명되었다.

곧 사라질 운명인 이 이상한 동독 정부를 이끌게 된 데메지에르는 내각 첫 회의를 소집한 자리에서 자기 의중을 드러냈다. "우리임무는 우리 자신을 혁파하는 것입니다." 메르켈도 그 자리에 있었다. 그들의 과업은 서독의 헬무트 콜과 함께 통일조약을 구상해완성한 다음, 동독 정부의 전환을 보장하고는 해산하는 것이었다. 따라서 데메지에르는 콜과 긴밀히 협력했다. "헬무트 콜을 존경했나요?" 내 질문에 대한 그의 대답은 솔직하고 명확했다. "아니요!" 16년 동안 기독교민주연합(CDU)과 독일 정부를 이끈 독일연방공화국의 전설적인 총리이자 2017년 봄에 사망한 헬무트 콜에 대해 데메지에르는 거침없이 말했다.

"콜은 교양도 감수성도 없는 가톨릭 신자였어요. 난폭하고 거만하고 건방져서 모든 사람을 하대했어요. 그 사람이 방에 들어가면방이 꽉 차는 것 같은 사람 있잖아요. 콜 옆에 있으면 숨을 쉴 수없었어요." 데메지에르는 콜에 대해 더 광범위한 진실을 이야기했다. 번영의 편에 안락하게 정착한 서독의 유력자들 앞에서 동독인들이 느껴야 했던 굴욕감에 대해서. 그리고 역사에서 잊힌 동독 사람들에 대해 서독인들이 내보인 우월함과 거만함에 대해서. 회의가 끝난 후 콜의 건방진 태도를 더는 참지 못한 데메지에르가 콜에게 한마디 던졌다. "총리님, 제가 당신을 '총리님'으로 존중하는것처럼 총리님도 저를 '미스터 데메지에르'로 존중해주시길 바랍니다. 콜은 거의 받아들이지 않았어요"라고 데메지에르가 여전히 화난 표정으로 말했다.

데메지에르 정부는 1990년 4월 12일부터 독일이 통일된 10월 3일까지 약 180일간 지속되었다. 메르켈은 이상적인 대변인이었다. 교육자 자질이 있고 사고가 유연했으며, 명확하고 간결할 뿐 아니라 변덕스럽지 않았기 때문이다. 메르켈은 데메지에르의 출장에 동행하면서 서독을 발견해 나갔다. 둘은 스트라스부르에 있는 유럽 의회에 가고, 런던 다우닝가에서 마거릿 대처 총리를 만나고, 파리 엘리제궁에서 프랑수아 미테랑 대통령을 만났다. 미테랑은 1990년 7월의 이 만남에서 메르켈에게도 잊지 못할 추억을 남겼다.

미테랑과 데메지에르는 테오도어 폰타네*와 베를리오즈**에 대한 의견을 주고받으며 두 시간 동안 문학과 음악 이야기를 나눴지만, 메르켈은 너무 수줍어서 대화에 끼어들지 못하고 듣기만 했다. 미테랑 대통령은 엘리제궁 현관 앞 층계까지 나와 데메지에르와 메르켈을 배웅했다. "미테랑은 내게 '드디어 교양 있는 독일 정치인을 만났군요!'라고 말했어요." 데메지에르가 말했다. 당시 미테랑은 간파했던 것이다. 콜 총리에 대한 약간의 짓궂은 말보다 데메지에르를 즐겁게 만들 수 있는 것은 없음을 말이다. 데메지에르는 이 일을 여전히 즐거워했다. "그리고 나는 콜에게 미테랑의 말을

* 19세기 독일 소설가이자 시인.
** '환상 교향곡'으로 유명한 프랑스 낭만파 작곡가.

1990년 로타어 데메지에르와 언론 기사를 살펴보는 메르켈.
동독에서 민주적으로 선출된 정부의 처음이자 마지막 수장인
데메지에르에게는 특별한 임무가 있었다. 바로 나라를 사라지게 할
목적으로 나라를 통치하는 것이었다. 베를린 장벽이 무너진 후
그는 헬무트 콜 서독 총리와 함께 두 독일의 통일을 준비하고
그 이행을 보장하는 임무를 맡았다.
이것이 유명한 '2+4 조약'이다. 독일의 주권 보장,
점령국의 철수, 베를린 네 개 지역 분할 점령의 종결을
목적으로 1990년 두 독일과 네 연합국 사이에 체결되었다.
독일민주공화국(동독)은 독일연방공화국(서독)에
흡수되어 둘은 하나가 되었다.

전해줬어요." 신의 없는 데메지에르가 이렇게 덧붙였다.

데메지에르는 모스크바로 가는 첫 여행에 부대변인을 네러가기로 결정했다. 메르켈은 러시아어를 잘했지만 데메지에르를 신경 쓰게 만드는 점이 딱 하나 있었다. 하지만 데메지에르는 그에게 차마 말할 수 없었다. 바로 샌들, 원피스 아니면 헐렁한 바지가 전부인 메르켈의 옷차림이었다. "그런 차림으로는 소련의 수도에서 동독을 대표할 수 없었어요!" 그가 말했다. "나는 메르켈에게 대놓고 말할 수 없어서 비서에게 메시지를 좀 전해달라고 했어요. '실비아, 메르켈에게 좀더 품위 있는 옷을 사라고 말해줄 수 있나? 메르켈이 그런 차림으로 나타나면 우린 크렘린궁에 들어가지 못할 거야'라고요." 얼마 후 앙겔라는 정장 스커트에 체크무늬 재킷을 입고 사무실에 나타났다. 더 잘 어울린다고 단언할 수는 없었지만 그의 지위에 더 잘 맞는 것은 분명했다. "아, 멋지네요!" 데메지에르의 한마디에 메르켈은 얼굴을 붉혔다.

1990년 4월 29일 데메지에르와 메르켈은 모스크바로 떠났다. 데메지에르는 러시아어에 능통한 이 부하 직원에게 러시아 분위기를 짚어보라고 지시했다. "버스와 지하철을 타고 사람들과 이야기해봐요. 러시아인들이 독일 통일을 어떻게 생각하는지 알고 싶네요." 그날 저녁 메르켈은 임무를 마치고 돌아와 데메지에르에게 단 한 문장을 내놓았다. "러시아인들은 '스탈린은 제2차 세계대전에서 승리했는데 고르바초프는 그 성과를 갉아먹고 있다'고 말하더군요." 체구가 자그마한 데메지에르가 자신의 아파트에서 그 심오한 문장을 다시 한번 떠올렸다. "오늘날의 러시아인들도 같은 의견일 거라고 생각해요." 그리고 덧붙였다. "유럽인들은 고르바초프를 아주 좋아하죠. 그런데 러시아인들은 고르바초프를 싫어하고 푸틴을 좋아해요. 푸틴이 자기들의 명예를 회복해준다고 생각하니까요."

데메지에르는 예정된 대로 떠나야 했지만 1990년 10월 3일 두 독일이 공식 통일된 날부터 12월 2일 통일 독일이 첫 선거를 치를 때까지 3개월간 대리 업무를 더 하기로 했다. 계약은 끝났지만 그에게는 부대변인을 가까이에서 관찰할 시간이 있었다. "앙겔라는 정말 열심히 일했는데, 그건 그가 아버지에게서 물려받은 거예요. 명료하고 분명하고 정확한 논리에서는 앙겔라를 이길 사람이 없었어요. 당시 우리 정부에서는 매일 아침 두 사람씩 언론을 훑어보고 뉴스를 공유했어요. 메르켈 차례가 왔을 때 그는 다른 사람의 절반 정도 되는 시간에 그 많은 정보를 다 정리했어요. 가끔은 공유하지 않는 게 낫겠다 싶은 뉴스도 있었는데, 메르켈은 그걸 판단하는 순발력이 뛰어났어요. 예를 들면, 동독이 처한 재정적 파탄에 대한 기사요. 콜 앞에서 최소한의 권위는 유지해야 했으니까요."

새로운 독일의 임시 수도 본에 자리한 총리실에서 헬무트 콜은 데메지에르에게 이렇게 물었다. "동독 출신 여성을 '소프트한' 부처에 장관으로 앉히고 싶어요. 누가 있을까요?" 데메지에르가 대답했다. "메르켈을 데려가세요. 가장 똑똑해요." 데메지에르는 가까운 공원에서 메르켈을 만나 이렇게 말했다. "빨리 전화기 옆에

가 있어요. [휴대전화가 없던 시절이다!] 콜이 당신에게 전화할 거예요." 메르켈에게 맡길 '소프트한' 부처는 바로 여성, 청소년, 스포츠를 담당하는 곳이었다. 콜 총리는 먼저 장관직을 맡길 사람에 관한 슈타지 문서를 검토하도록 지시했다. 의심스러운 인물이 아닌지 확인하기 위해서였다. 동독 사람들은 통 알 수 없었으니까⋯ 이후 콜은 1990년 12월에 있을 총선을 몇 주 앞두고 메르켈을 본으로 불러들였다. 메르켈은 하원의원 선거운동을 이미 시작했다. 이는 장관이 되는 조건이자, 특히 정치에서 입지를 다지는 데 필요한 조건이었다.

그리고 이보다 몇 달 전부터 독일 동부 포어포메른-뤼겐 지역의 CDU 열성 당원들은 12월 2일에 국회의원으로 출마할 후보를 찾고 있었다. 이 지역 CDU 간부 볼프하르트 몰켄틴(Wolfhard Molkentin)은 한 가지 문제 때문에 동지들과 고민하고 있었다. 당에서 파견하는 후보들은 서독 출신인데, 그들은 이 기회에 서독에서 얻지 못한 자리를 동독에서 얻으려고 했다. 동독에는 정치 교육을 받은 사람이 없었고, 만약 있다고 해도 슈타지 학교에서 교육을 받았을 뿐이다. 어떻게 하면 동독에서 자랐으며 유능하고 이전 독재정권과 아무 관련 없는 CDU 후보를 찾아낼까?

몰켄틴이 이 문제를 떠맡았다. "그가 없었다면 나는 총리가 되지 못했을 것이다"라고 메르켈이 언급한 사람이었다. 발트해 연안에 자리한 포어포메른-뤼겐 지역의 중심 도시 슈트랄준트에서 메르켈의 멘토 역할을 했던 몰켄틴을 만났다. 시장 광장에 자

Kohl　　Merkel

1992년 헬무트 콜 총리와 함께.
메르켈은 1990년 12월 메클렌부르크-포어포메른주
하원의원으로 선출되었고, 자신과 배경이 정반대인
콜 총리의 측근으로 발탁되었으며, 여성청소년부 장관으로 임명되었다.
'콜의 메트헨' '콜의 딸'이라는 별명을 얻은 메르켈이
걷잡을 수 없을 정도로 출세한 것은 헬무트 콜이 그를
여성청소년부 장관으로 임명한 다음부터다.
콜은 자신의 개방적 면모를 과시하려고
그리고 메르켈이 여성, 젊은이, 오시라는 세 가지 기준을
충족했으므로 그에게 장관직을 주었다.
하지만 여성청소년부 장관 말기에 이르면서 자기 실력을
발휘한 메르켈은 더는 '할당량'의 대상이 아니었다.

리한 카페에서 눈썹이 짙은 몰켄틴이 회상했다. "역사상 처음으로 우리 운명을 우리 손에 쥘 기회인데, 우리 편엔 적당한 사람이 없었어요. 그런 상황에 놓이다니 비통했죠. 그래서 귄터 크라우스(Günther Krause)에게 전화를 걸었어요." 귄터 크라우스는 데메지에르 정부의 국무장관이었다.

"문제가 있는데 좀 도와주셨으면 합니다. 좋은 후보가 필요해요. 외부인 말고 우리 쪽 사람으로요. 분별력 있고 현실적이고 우리 사고방식을 대변할 수 있는 사람이요."

몰켄틴이 정중하게 말했다.

"메르켈만 잡으면 되겠네요."

크라우스가 곧바로 대답했다.

"그게 누구죠?"

"데메지에르의 부대변인이요."

"제게 보내주세요."

대화는 거기서 끝났다. 몰켄틴은 속으로 생각했다. '이곳으로 불러서 한번 봐야겠군.' 1990년 여름, 슈트랄준트에서 남쪽으로 30킬로미터 떨어진 그림멘에서 메르켈을 만나기로 했다.

메르켈은 동독 정부가 자리한 베를린에서 출발했는데 한 시간 이상 늦게 도착했다. 메르켈이 마주한 CDU 지역 대표 10여 명은 그에게 질문을 던지고 유심히 살펴봤다. 그들은 메르켈의 정치적 비전보다 태도에 관심을 보였다. CDU는 통일을 원하고 구동독 정권과 모든 관계를 끊고 싶어 했다. 나머지는 중요하지 않았다.

그들이 찾고 있는 후보는 강단이 있어야 하고 싸울 준비가 되어 있어야 했다.

"이걸 이해해야 해요." 몰켄틴이 강조했다. "우린 동독 정권의 사람들을 제거하고 싶었어요. 우리 쪽에선 그들이 유일한 정치 전문가들이었지만요. 그들과 공모할 수도 있었지만 우린 그걸 포기하고 위험과 불확실성을 받아들였어요. 우리한테는 모든 게 새로웠어요. 새로운 나라에 도착한 거였죠. 우린 모험을 할 준비가 되어 있었고, 우리 자신이 바로 모험이었어요."

만남은 두세 시간 계속되었다. 그들은 메르켈의 겸손함과 단순함을 좋아했다. "앙겔라는 우리와 닮았죠." 몰켄틴이 이야기했다. "결국 모두가 '우리가 함께하고 싶은 사람은 앙겔라'라고 말했어요."

이제 다른 행동과 당원들을 설득하는 일이 남아 있었다. 뤼겐의 한 지하실에서, 서독 측이 보내는 후보에 대항하기로 결심한 다섯 사람과 메르켈이 비밀리에 만났다. 그들은 CDU의 슈트랄준트-뤼겐-포메른 지역구 후보를 선출하는 회의가 열리기 전에 메르켈을 먼저 만나고 싶어 했다.

메르켈은 이번에도 의지, 겸손함, 명확성으로 분위기를 장악했다. 그리고 동독, 개신교, 통일이라는 세 가지 중요한 주제를 강조했다. 그 지하실에서 안드레아 쾨스터(Andrea Köster)는 메르켈에게 매료되었다. "앙겔라는 자신이 동독 출신이자 개신교라는 점을 강조했어요. 우리 모두 동독 출신에 개신교도였기에 그건 우리가 중요하게 여기는 두 가지 기준이었죠."

며칠 후인 1990년 8월 27일 열린 공식 행사에서 이들은 메르켈을 CDU 후보로 선출했다. 1990년 12월 2일, 헬무트 콜은 연방 선거에서 승리했다. CDU 그리고 CDU의 자매 정당인 바이에른기독교사회연합(CSU)이 의석의 48.4%를 차지했다. 통일 독일의 첫번째 총선이 실시될 때 동독과 서독의 정당들은 이미 통합된 상태였다. 민주약진은 자연스럽게 CDU로 흡수되었는데, 두 정당은 공통적으로 통일이라는 목표 그리고 메르켈의 마음을 사로잡았던 강력한 기독교 이념을 갖고 있었기 때문이다.

데메지에르는 새로운 정부의 '특임장관'으로 임명되어 통일 계약 이행을 지원하는 임무를 맡게 되었다. 하지만 데메지에르는 임무를 완수하지 못했다. 슈타지에 협력했다는 루머가 그의 정치 경력을 끝내버렸기 때문이다. 메르켈은 하원의원으로 당선되었다. 이제 서른여섯 살인 그는 정치 학습의 중요한 단계를 통과했다. 메르켈이 성공한 것은 몰켄틴의 지지 그리고 지하실에서 비밀 모임을 한 덕분이었다. '핵심 지지자들 없이는 아무것도 이룰 수 없다'는 정치의 황금률. 미래의 총리는 이곳 슈트랄준트와 뤼겐섬에서 그 사실을 깨달았다.

슈트랄준트, 오센레이어 거리 29번지. 벽에 걸린 구리 명판이 국회의원 메르켈의 사무실임을 단출하게 나타냈다. '앙겔라 메르켈 박사 CDU 하원의원 선거사무소.' 이제 모든 사람에게 슈트랄준트는 '메르켈의 마을'이 되었다. 슈트랄준트와 마주 보는 뤼겐섬에는 어부들이 '메르켈의 오두막'이라고 하는 곳이 있다. 총리는 국회의원으로서 업무도 계속 진지하게 수행하며 한 달에 한 번 정도 지역구를 방문했다. 그는 어린이집 개원에 참석하고 학교를 방문하고 저조한 어획량이나 건축 허가증 같은 불평에도 귀를 기울였다. 가끔은 이 지역 후보자를 도우려고 예고 없이 마을 광장에 나타나 전단지를 나눠주었다.

메르켈은 자신의 데뷔를 도운 핵심 지지자들과 관계를 잘 유지하고 있다. 그의 두 번째 가족이자 2005년, 2009년, 2013년, 2017년에 총리로 선출될 때마다 가장 먼저 초대한 손님이다. 축산업을 하는 몰켄틴은 해마다 메르켈에게 크리스마스 거위를 보내며 그의 예순 번째 생일에는 총리 관저에서 직접 트럼펫을 연주해주었다. 메르켈도 그를 정기적으로 관저에 초대했다. 그리고 메르켈은 친구 안드레아 쾨스터를 지지하려고 뤼겐섬에 있는 베르겐에서 연설하기도 했다. 네 번 연속 베르겐 시장으로 선출된 쾨스터는 메르켈의 밝고 쾌활한 버전 같았다. 메르켈이 비판받을 때면 격려 문자를 보냈고, 메르켈도 그에게 전화해 소식을 물었다. "어떻게 앙겔라에게 우릴 생각할 시간이 날까요?" 밝은 분홍색 티셔츠를 입은 쾨스터는 짧은 금발 머리에 이 지역의 고유색인 '메르켈 블루' 눈동자로 놀라워하고 감탄했다.

25년 전 쾨스터는 메르켈에게 뤼겐을, 또 뤼겐에 메르켈을 소개했다. 메르켈은 그 점을 잊지 않았다. "앙겔라는 우리와 세계 지도자들을 차별하지 않아요." 쾨스터가 다시 한번 감탄하며 말했다.

2007년 6월 G8 정상회의는 메르켈의 지역구인 아담한 해변 휴양지
하일리겐담에서 열렸다. 메르켈은 조지 부시 미국 대통령,
토니 블레어 영국 총리와 함께 그랜드호텔 켐핀스키 앞에서
산책하기 전 식전주를 마시기 위해 테라스에 모여 있다.
메르켈은 부시, 블레어와 우호적인 관계를 맺었다.
블레어는 메르켈의 정당과 반대 성향인 노동당 소속이지만
메르켈이 함께 일하길 좋아했던 지도자였다.
블레어와 메르켈이 서로 통하는 또 하나의 이유는
정치에 대한 열정과 마키아벨리적 기술이었다.

프랑수아 올랑드(François Hollande) 프랑스 대통령, 스페인 왕족 부부, 노르웨이 왕족 부부가 메르켈의 초대를 받아 슈트랄준트와 뤼겐의 매력을 감상했다. 누구든 발트해에서 배를 타고 짧은 유람을 즐길 권리가 있었다. 2007년 6월, 총리는 하일리겐담의 작은 해변에서 열리는 G8 정상회의를 위해 주요 선진 민주주의 7개국과 러시아 지도자들을 자신의 지역구로 불러들였다.

그중 조지 W. 부시 미국 대통령이 2006년 7월 국빈방문 때 이 지역을 먼저 방문하는 영광을 누렸다. 메르켈은 오랜 친구 몰켄틴에게 전화를 걸었다. "있잖아요, 부시가 오고 싶어 해요. 트린빌러스하겐에서 저녁을 먹으면 어떨까 하는데, 당신 생각은 어때요?" "좋아요, 우리가 준비하죠"라고 그의 후원자가 답했다. 주민 1,000여 명이 사는 작은 마을 트린빌러스하겐에서는 처음 있는 일이었다. 지역 관계자들은 미국 대통령에게 줄 선물을 고르느라 고심했다. 그들은 로라 부시에게 이 지역의 보석을, 조지 부시에게 독수리(독일과 미국의 상징)가 입에 물고기를 문 모습을 표현한 나무 조각상을 선물하기로 했다.

저녁식사 자리에서 쾨스터가 부시 부부에게 선물을 가져다주었다. "부시가 나를 안아줬는데 정말 기뻐 보였어요. 그 자리에서 펄쩍 뛸 정도로 좋아해서 조금 놀랐어요." 그가 말했다. "부시는 그렇게 놀란 이유를 우리에게 설명했죠. 텍사스에 있는 자신의 목장을 '독수리 목장'이라고 한다더군요…" 메르켈은 이 기회를 이용해 부시를 기후협약에 동참시키려고 했지만 성과는 없었다. 몰켄틴은 멧돼지를 구웠고, 미국 대통령이 안경을 갖고 있지 않자 자기 안경을 빌려주기도 했다. 며칠 후 쾨스터는 부시 대통령이 직접 쓴 편지와 함께 금박으로 제본된 미국 헌법을 우편으로 받았다. 간단히 말하면, 누구도 부시와 메르켈이 함께한 트린빌러스하겐의 저녁식사를 잊지 못한다.

그리고 메르켈은 자신이 권력을 배우기 시작한 곳이 바로 이곳 슈트랄준트와 뤼겐섬임을 결코 잊지 않는다.

8 메르켈의 오두막

> "우린 메르켈에게
> 청구서를 들이밀었어요."
> -뤼겐섬의 어부

발트해가 회색빛으로 잠잠한 1990년 11월의 어느 아침 10시 30분경, 어부들이 해안으로 배를 끌어 올렸다. 그들은 말없이 찬바람을 맞으며 청어를 내렸다. 긴 청치마를 입은 젊은 여성이 조금 어색해하며 그들에게 다가왔다. "저는 12월 2일 선거에 나올 의원 후보예요. 여러분과 얘기를 좀 할 수 있을까요?" 어부들이 흥미롭다는 듯 서로 쳐다보았다. 선원 모자를 쓰고 수염을 기른 에버하르트 호이어가 고갯짓으로 그를 초대했다. "그럽시다. 이리 와서 슈납스*나 한잔하쇼."

그들은 모래 언덕에 있는 콘크리트 오두막으로 향했다. 장비를 보관하고 특히 술을 마실 때 사용하는 장소였다. "저는 CDU 소속이에요." 여성이 오두막에 들어서며 말했다. 기독교민주연합, 서

---

* 독일, 오스트리아 등에서 즐겨 마시는 도수 높은 증류주.

메르켈은 1990년 12월 메클렌부르크-포어포메른에서
첫 번째 선거운동을 했다. 발트해 연안 뤼겐섬의 어부들은 메르켈을
오두막으로 초대해 담배냄새와 생선냄새가 밴 오두막에서 두 시간 동안
대화를 나눴다. 어부들과 이야기를 나누려면 40도가 넘는 독주
슈납스를 마실 줄 알아야 하는데 메르켈은 잘 버텨냈다.
어부 한스-요아힘 불(왼쪽 다른 어부의 머리에 가려져 있다)이 그 당시
이야기를 들려주었는데 그는 이 오두막을
'메르켈의 오두막'이라 했다. 메르켈은 2009년
이 오두막을 다시 방문해 어부들과 즐거운 시간을 보냈다.

독 총리 헬무트 콜의 정당. 이곳 동독의 뤼겐섬 주민들에게는 다른 세상처럼 보였다. 하지만 모든 일이 순식간에 일어났다… 1989년 11월 9일 베를린 장벽이 무너졌고, 1990년 3월 18일 그들은 처음으로 자유선거에 참여해 독일민주공화국(동독) 의회를 선출했다. 두 독일의 통일은 9월 12일 조인되고 10월 3일 공식화되었다. 그리고 이제 12월 2일, 역사적인 총선이 치러질 터였다. 독일 전역에서 선거가 실시되는 것은 1933년 3월 이후 처음이었다.

오두막에서는 담배냄새와 생선냄새가 났다. 슈납스 병이 무엇보다 먼저 자리에 놓였다. 메르켈이 의자를 찾았고 어부 다섯 명도 자리를 잡았다. 메르켈 맞은편에 앉은 호이어는 메르켈 잔에 술이 비지는 않는지 계속 살펴봤다. 메르켈은 정치 초년생이었지만 이들의 술 한 모금, 한 모금에 담긴 선거 이슈를 재빨리 알아차렸다. 시간이 지날수록 그의 얼굴이 담배 연기가 만든 안개 속으로 희미해졌다. 이 후보자와 동행한 선거운동원이 이 풍경을 사진으로 찍어 불멸의 존재로 만들었다. 전설적인 그 장면은 독일 낭만주의 화가 카스파르 다비드 프리드리히의 그림이라 해도 좋을 것 같았다.

한스-요아힘 불, 현재 60세. 사진에서 그는 왼쪽, 다른 어부의 머리에 가려져 있다. 한스-요아힘과 그의 동료들은 배와 마지막 물고기를 팔고 어업을 그만뒀다. 메르켈에게 슈납스를 따라주던 호이어는 갑자기 세상을 떠났다. 사진에서 창밖을 내다보는 한스-요아힘의 아버지 또한 세상을 떠났다. 어획 할당량 문제 그리고 경쟁에 따른 어류 가격 폭락 때문에 이제 뤼겐섬에는 어부가 거의 남아 있지 않다. 한스-요아힘은 지방 공무원으로 취직했고 부모님 집을 휴양객들에게 임대하며 살고 있다. 휴양객들은 집주인과 독일 총리가 함께 찍은 사진들이 벽에 걸려 있는 것을 보고 놀라기도 한다. 그는 "지금까진 아무도 그 사진들을 떼어내라고 하지 않던데요"라고 웃으며 말했다.

우리는 자동차를 타고 한스-요아힘 집에서 5분 거리인 해변으로 향했다. 그리고 걸어서 모래 언덕 쪽으로 갔다. 한스-요아힘이 말한 '메르켈의 오두막'이 바다를 마주하고 있었다. 오두막은 버려져 있고 바로 옆에는 레스토랑과 주차장이 문을 열었다. 한스-요아힘은 물고기를 잡던 시절처럼 선원 모자를 쓰고 있었다. 공산주의 정권의 종말은 모든 것을 바꾸어놓았다.

"'그 메르켈'은 우리와 2시간 동안 대화를 나눴어요. 정치인을 만난 건 그때가 처음이었죠. 우리와 이야기를 나누려면 슈납스를 마실 줄 알아야 하는데, 앙겔라는 잘 버티더군요." 한스-요아힘이 그때를 떠올렸다. "우리 어부들은 동독에서 그래도 잘사는 편이었어요. 피서객들이 비밀 정보원인 건 아닐까 항상 좀 두렵긴 했지만요. 그러다 갑자기 우린 다른 세계로 들어갔고, 아는 게 너무 없었죠…"

당시 후보자였던 메르켈에게 어부들은 자신들의 걱정거리를 설명했다. 생선 가격이나 어획량 제한 같은 새로운 문제가 생겨나고 있었다. 메르켈은 받아 적지 않았지만 경청하고 나서 이렇게 말했다. "여러분의 문제를 기억하고 챙길게요. 약속할 수 있는 건 없지만 내가 할 수 있는 걸 알아볼게요." 메르켈은 그들에게 자신도 동독 출신이라고 말했다. 그리고 그들과 마찬가지로 메르켈은 몇 달 전에 이러한 자유선거를 경험했다.

'그 메르켈'이 떠나자 어부들은 의견을 나눴다. "동독 출신이니 다른 사람들보다는 우리 지역에 신경을 더 쓰겠지." 모두 메르켈에게 표를 줬다. "우린 믿었어요. 그러고 나서 우리는 어업을 그만두었고 믿지 않게 되었죠." 한스-요아힘이 말했다. "어느 날부터 우린 메르켈을 텔레비전에서 보게 되었어요. 내가 동료들에게 말했죠. '어, 오두막에 슈납스를 마시러 왔던 부인이구먼!'이라고요."

2009년, 지난 4년 동안 총리를 지낸 메르켈이 인기 신문『빌트』(Bild)의 사진기자와 함께 어부들을 다시 찾아 대화를 나누자고 요청했다. 그가 온다는 통지를 받고 호이어가 투덜거렸다. "그래 뭐, 올 때마다 오두막에 데려가지는 않을 거라고…" 하지만 그들은 메르켈을 오두막으로 다시 데려갔다. "사람이 좋더라고요. 그렇게 말할 수밖에 없네요. 우릴 다시 만나서 즐거워하는 것 같았어요." 한스-요아힘이 말했다. "우린 처음 만났을 때처럼 서로 말을 편하게 했어요. 우린 함께 슈납스를 마시는 사람에겐 존칭을 쓰지 않아요. 그리고 메르켈은 우리 표로 당선된 거고, 그도 그걸 알았어요." 오두막은 깨끗하고 더는 생선냄새도 나지 않았다. 그가 방문하기 전에 그들이 깨끗이 청소해두었기 때문이다. "우린 메르켈에게 청구서를 들이밀었어요." 그가 태연하게 말했다.

어부들은 총리에게 요점을 말했다. 실망했다고 말이다. "우리 말을 들어주지 않았잖소. 나빠지기만 했지, 아무것도 해결된 게 없다고." 총리는 한 번 더 이렇게 말했다. "내가 여러분 문제를 챙길게요…" 한스-요아힘이 한숨을 내쉬었다. "메르켈이 떠나고 나서 우리끼리 얘기했어요. '봤지, 우리한테 거짓말을 했다고 비난할 수도 없군 그래. 약속하는 건 없지만 항상 우리 문제를 자기가 챙긴다니까… 하여간 대단한 사람이야!'라고요."

9 비르기트의 다과 모임

"앙겔라는 화를 냈어요. 그런 말을
입 밖으로 꺼내선 안 되었으니까요."
- 폴커 슐뢴도르프

가든파티가 열렸다. 대서양 연안에 자리한 햄프턴에서 뉴욕 엘리트들이 서로를 세컨드하우스로 초대하며 즐기는 그런 분위기의 파티였다. 폴커 슐뢴도르프는 햄프턴에서 최근작 「리턴 투 몬탁」을 촬영했지만, 이 작은 여름 파티는 베를린 교외의 포츠담에 자리한 영화감독의 아름다운 집에서 열렸다. 같은 시기인 1999년 8월, 독일 통일과 유로화 도입의 사령관이었던 헬무트 콜은 작년까지 거대 정당인 기독교민주연합(CDU)을 25년, 독일연방공화국을 16년 동안 이끈 후 이제 평화로운 마지막 시기를 보내고 있다고 확신했다. 폴커와 그의 친구들도 마찬가지였다. 그들은 포츠담 그리브니츠 호숫가에 있는 너른 정원에서 평온함을 만끽하며 차를 마셨다. 폴커가 한때 운영을 맡았던 바벨스베르크 영화 스튜디오도 가까이에 있었다.

한때는 구동서독 국경선이 이 호수 한가운데를 지나갔으므로 밤이 되면 호수는 목숨 걸고 동독을 탈출하는 사람들에게 통행로 역할을 했다. 하지만 불빛과 감시탑을 피해 한쪽 기슭에서 다른 쪽 기슭까지 성공적으로 헤엄쳐 갈 가능성은 희박했다. 1980년대에 바로 이곳에서, 자유를 찾아 떠나려던 열여덟 명이 목숨을 잃었다. 폴커는 벽에 걸어둔, 철조망이 있던 암울한 시절의 호숫가 사진을 한 손님에게 보여주었다. 한 여성 손님이 도착해 큰 방을 가로질러 다른 손님들이 있는 정원으로 안내되었다. 그는 CDU 사무총장이 었지만, 이 파티에 참석한 베를린 시민들, 즉 배우, 감독, 작가, 언론인은 대부분 좌파였기에 CDU 같은 보수 정당에 표를 줄 생각이 없었다. 그리고 그들 자신이 메르켈보다 훨씬 중요한 인물이라고 믿었다.

폴커가 이 방금 온 손님을 프로듀서 친구에게 소개하려 하자, 친구는 악수를 하려고 서둘러 유리잔을 내려놓았다. "독일 최초의 여성 총리가 될 분을 소개하지!" 폴커가 장난스럽게 말했다. 모호한 유머에 그냥 웃어야 할지 축하를 건네야 할지 몰라 당황한 프로듀서는 어떻든 정중하게 인사를 건넸다. 메르켈은 폴커에게 눈총을 주었다. 영화 「젊은 퇴를레스」와 「카타리나 블룸의 잃어버린 명예」를 만들며 인간의 내밀한 심리를 해석하는 데 익숙한 폴커는 그로부터 몇 년이 지난 후에도 당시 이 역사적인 장면을 즐겁게 회상하며 자세히 말해주었다.

"웃자고 한 얘기였어요. 하지만 앙겔라를 시험해보고 싶은 마음도 있었죠. 왜냐하면 난 앙겔라의 지성에 놀랐고, 우린 서로를 꽤 잘 알았거든요. 잘난 체하는 것처럼 들릴 수도 있지만, 난 앙겔라가 총리가 되리란 걸 조금도 의심하지 않았어요. 내 프로듀서 친구는 나와 달리 CDU의 오랜 지지자였는데도 내가 정신 나간 소릴 한다고 생각했어요. 이 젊은 사무총장이 언젠가 헬무트 콜의 자리를 차지할 거라고는 아무도 상상하지 못했으니까요. 반면에 앙겔라는 화를 냈어요. 그런 말을 입 밖으로 꺼내선 안 되었으니까요. 앙겔라의 눈빛을 보고 나는 내 직감을 확신했어요. 앙겔라는 내 말이 맞는다는 걸 알고 있었지만 그게 알려지길 원하지 않았던 거예요." 파티가 열리고 몇 개월이 지난 뒤 메르켈은 『FAZ』에 유명한 칼럼을 실었다. 그리고 우뚝 서 있던 헬무트 콜이라는 동상을 철거해버리고 권력의 길로 들어섰다.

폴커와 메르켈의 인연은 이보다 몇 년 전에 시작되었다. 그들은 공통점이 별로 없는데도 만나자마자 마음이 통했다. 폴커는 뿌리 깊은 사회민주당 지지자이며 여러 언어에 능통한 예술가다. 서독에서 의사의 아들로 태어난 그는 10대 때 충동적으로 프랑스로 떠나 예수회 중학교 기숙생이 되었고, 파리의 앙리4세 고등학교에서 두각을 나타냈다. 미국에서 활동하고 프랑스의 거장 감독들과 작업하며「양철북」으로 할리우드에서 오스카상을, 칸에서 황금종려상을 받았다. 그러니 여성청소년부 장관이자 동독 출신에 보수정당 CDU 국회의원인 당시 메르켈과 교차될 만한 것이 없었다. '여성청소년'이라는 부처 이름 그리고 그들을 같은 부처에 두겠다는 황당한 보수주의 관점과는 더더욱 교차점이 없었을 것이다!

서로 만날 일이 없을 것 같은 메르켈과 폴커는 어떻게 만났을까? 베를린 장벽이 무너지고 냉전이 종식된 이후 베를린의 놀라운 발전이 둘의 만남을 이끌었다. 통일 독일이 첫걸음마를 뗐고 모든 것이 새로운 시절이었다. 지방과 연방 공무원들은 정부와 기관들이 자리한 본과 곧 행정 수도가 될 베를린을 오가며 일했다. 베를린 곳곳이 변화하면서 폐허가 된 장벽 주위가 재편되고 있었다. 포츠담광장은 아직 건설되지 않았다. 5년 계획에서 시장 경쟁에 이르기까지 동독의 모든 산업은 2년 안에 국가의 손에서 민간 투자자의 손으로 넘어가야 했다. 사라진 독일민주공화국의 고아 같은 존재가 된 바벨스베르크 영화 스튜디오는 이제 더는 국가로부터 주문을 받지 못해 난항을 겪었다.

폴커는 프랑스 기업 제네랄데조*로부터 스튜디오 구매 협상을 제안받았다. 이를 위해 폴커는 구동독 기업의 민영화를 담당하는 기관인 신탁청 그리고 그 전권을 쥔 대표와 만나 일을 처리해야 했다. 신탁청 대표는 강력한 여성이자 CDU의 영향력 있는 인물인 비르기트 브로이엘(Birgit Breuel)이었다. 새로운 독일에서 두려움과 증오의 대상이 된 그는 무소불위의 권력으로 신탁청을 이끌었다. 비르기트는 베를린의 빌헬름 거리에 있는 아파트에서 살았다. 브란덴부르크문과 국회의사당에서 멀지 않은 이 아파트는 동독이 장벽 바로 뒤에 지은 현대식 건물이었다. 서베를린을 의식해

---

* CGE, 1853년 설립된 수자원 건설 회사. 현재는 다국적 미디어 기업이며 사명도 비방디(Vivendi)로 바뀜.

서 가림막인 동시에 쇼윈도 역할을 하도록 세운 것이었다. 창밖으로는 무너진 장벽의 폐허가 보였다. 오늘날 이 자리에는 홀로코스트 기념관이 서 있다.

왜 이런 여담을 늘어놓으며 한 바퀴 빙 둘러 빌헬름 거리로 왔느냐고 물을지 모르겠다. 그건 비르기트가 아파트 같은 층에 사는 이웃과 친구가 된 이야기를 하기 위해서다. 그의 이웃은 헬무트 콜 정부에서 여성청소년부를 이끌고 있는 젊은 장관이었다. 장관은 본에 임시 거처를 두고 생활했고, 토요일에는 자기 지역구인 메클렌부르크-포어포메른주에 다녀왔지만, 일요일은 10여 년 전 동베를린에 있는 아들러스호프 과학 아카데미에서 만난 동료와 함께 이 아파트에서 보냈다. 장관과 함께 사는 동료도 장관과 마찬가지로 양자물리학 연구원이었다… 간단히 말해, 비르기트의 이웃은 메르켈과 자우어였다.

비르기트는 서독 함부르크 출신이고 메르켈은 동독 템플린 출신이다. 둘은 대화를 나누다 수십 년 동안 반대편에서 무슨 일이 일어났는지 서로 전혀 모른다는 사실을 깨달았다. 이들은 대여섯 명 정도로 구성되는 모임을 만들어 통일된 두 독일에 대해 이야기하면 좋겠다고 생각했다. 비르기트는 어느 날 폴커에게 이 이야기를 꺼냈다. "우린 한 달에 한 번씩 내 집에 모여서 차를 마셔요. 당신도 와요." 비르기트가 제안했다. 폴커는 1993년 처음으로 이 모임에 들어왔다. 서독 출신과 동독 출신 '오시' 몇 명으로 이루어진 작은 모임이었다. 작가, 신학자, 은행가, 귀족 가문의 부인, 자선 병원의 교수 그리고 유명한 목사이자 반체제 인사로 2012년 독일 연방 대통령이 될 요아힘 가우크(Joachim Gauck)가 있었다. 푸른 색 눈동자에 앞머리가 너무 짧은 젊은 여성 장관은 항상 요아힘과 함께 참석했다. "그에게 곧바로 관심이 가더군요." 폴커가 회상했다.

월례 모임까지는 아니었지만, 어떻든 비르기트 집에서 열리는 다과 모임은 하나의 관습이 되어갔다. 참석자들은 돌아가며 자신의 아파트, 주택 또는 별장에서 모임을 열었다. 오후 네 시쯤 모여 다른 세상을 꿈꾸다가 저녁식사가 생각나면 후다닥 만들어 먹곤 했다. 동독 출신과 서독 출신이 어울려 서로를 공부하고 각자의 어린 시절, 청소년기, 경험을 이야기했다. 이렇게 하면 장벽이 나누었던 양쪽 사회의 행동과 생활 방식, 다시 말해 두 곳의 '사회화'를 비교할 수 있었다. 서독인들은 더 수다스럽고 편안해했고, 동독인들은 더 조심스러워했다. "초대하는 사람이 발언에서 우선권을 가졌어요." 폴커가 회상했다.

그는 자신의 회고록에 다음과 같이 적었다. '우리는 궁금했다. 왜 그리고 어떻게 우리는 그렇게 명확하게 동독인과 서독인으로 구분되어 있었을까? 어떤 은밀한 신호가, 어떤 단어가, 어떤 몸짓 언어가 우리의 출신을 드러낼까? 모임 초대자는 자신의 학창 시절, 교사, 친구, 직업에서 기대하는 것, 결혼 생활 및 사회와 관계, 정치 참여 또는 참여 거부를 이야기했다. 그리고 메뉴로는 각 집에

따라 스파게티나 솔랸카,* 레드와인이나 라데베르거**를 내놓았다.'

모임에 참석한 이들은 독특한 순간을 살고 있다는 느낌을 받았다. 그들은 통일이 독일에 가져오는 엄청난 가능성, 두 세계의 장점을 결합해 다른 국가를 형성할 기회를 이야기했다. 그들은 모두 독일의 재건에 동참해야 한다고 생각했으며 모임에서 목표를 정했다. '새로운 독일을 건설하는 데 우리는 어떻게 기여할 것인가?' 참석자들은 동독과 서독에서 각각 지켜내야 할 것들, 즉 각 제도와 관습에서 더 나은 것들로 목록을 만들었다. 서독의 이점은 당연히 기업의 자유, 의견의 자유, 언론의 자유, 민주적 절차였다. 동독의 장점은 그리 명확해 보이지 않았는데, 사실 선택하기가 곤란했다. 상부상조, 겸손, 사람들 간의 연대, 이웃 간의 토요 공동 활동, 무료 어린이집, 직업상 남녀평등…

"우린 그냥 선의를 가진 사람들이라고 할 수 있는 집단이었어요." 폴커는 모임의 성격을 이렇게 분석했다. "서독과 동독은 언어가 같고 역사가 같지만 서독과 동독의 차이는 프랑스인과 에스키모인의 차이보다 크죠. 우리가 성장해온 사회 체제 전체가 완전히 반대였기 때문에 그 간극이 오늘날까지 계속되고 있어요. 동독 사람들은 서독 사람들이 가볍다고 생각하고 서독 사람들은 동독 사람들이 완고하다고 생각하죠. 앙겔라의 사고방식과 그가 내리는

---

* 고기나 생선, 채소 등을 넣어 끓인 시큼한 맛의 러시아 수프로 동독에서도 즐겨 먹음.
** 독일 작센주 라데베르크를 연고로 한 필스너 맥주.

많은 판단을 보면 알 수 있어요. 앙겔라는 전형적으로 그리고 본능적으로 동독인이에요."

메르켈과 폴커는 그렇게 친구가 되었다. 메르켈은 종종 포츠담에 있는 폴커의 집을 찾았다. 폴커는 처음으로 단둘이 나눈 대화를 기억했다. 1993년 여름 우커마르크에 있는 메르켈의 별장에서였다. "요아힘과 앙겔라는 동독에 집을 샀고, 공사를 마무리하는 데 필요한 벽돌, 페인트, 다른 재료들을 그때쯤에야 다 구할 수 있었어요. 부부가 이사를 끝마쳤는데 바비큐 그릴도 없더군요! 우린 수프랑 소시지를 먹었어요." 점심식사를 마친 후 그들은 들판을 가로질러 오래 산책했다.

"나는 앙겔라 곁에서 걸었고 우린 편안한 주제로 얘기를 나눴어요. 하지만 우릴 여기까지 이끈 것에 대해 얘기할 때는 아주 엄격하고 도덕적이었어요. 내가 바벨스베르크 스튜디오를 운영하게 된 것, 앙겔라가 정치를 하려고 과학을 버리게 된 것 말이에요. 장벽이 무너진, 그 역사적이면서도 아주 놀라운 순간이 우리에게 어떤 서정성을 불어넣었고, 우린 무게 있는 대화를 나눴죠. 파리에서 공부한 이후로는 그런 대화를 나눈 적이 없었어요. 앙겔라와 내가 항상 의견이 같은 건 아니었어요. 앙겔라가 보기에 나는 이해할 수 없는 좌파 무정부주의 지식인이었고, 내가 보는 앙겔라는 동독에서 온 목사의 딸로 나와 같은 부류는 아니었죠. 나는 극좌파 전력이 있는 사회민주주의자예요. 앙겔라는 우파는 아니지만 항상 중도에 있고, 혁명적 참여에 대해서는 이해하려는 기미도 없었죠. 하지만 앙겔라와 나는 우리가 뭔가 강렬한 공통점이 있다고 느꼈어요. 그리고 둘 다 똑같이, 이상주의와 도덕적 의무를 품고 있었죠. 통일은 특별하고 역사적인 기회이고, 우린 그 기회를 놓쳐서는 안 된다는 생각이요."

'전형적인 동독 여성' 메르켈은 적게 말하고 많이 들었다. "비르기트의 다과 모임에서 앙겔라는 아주 예의 바르게 행동했고, 냉철하면서도 항상 적절한 지적을 하는 역할로 만족했어요." 폴커가 말했다. 아들러스호프 이론화학 부서의 남성들 사이에서 유일한 여성으로 지냈던 메르켈은 이제 헬무트 콜 정부에서 '전형적인 서독' 남성들에 둘러싸여 있었다. 그는 자신과 배경이 정반대인 콜 총리의 측근으로 발탁되었고 '콜의 메트헨', '콜의 딸', '소녀'라는 별명을 얻었다.

헬무트 콜은 데메지에르 과도 정부에서 메르켈을 눈여겨봤지만, 그가 말수가 적고 후줄근한 옷차림을 한 이 젊은 장관에게서 무엇을 발견했는지는 아무도 제대로 이해하지 못했다. 헬무트 콜 총리가 메르켈을 울게 만든 적이 한 번 있다. 메르켈이 환경부 장관이던 시절, 콜은 메르켈이 제안한 의견 하나를 거절했고 회의가 끝난 뒤 그를 질책했다. 메르켈은 그것을 개인적 패배로 받아들이고 눈물을 보였다. "앙겔라와 앙겔라의 삶에는 내가 좋아하는 뭔가가 있어." 콜은 당시 CDU 본부의 경제·사회 정책국장이던 클라우스 프레슐레(Klaus Preschle)에게 이렇게 털어놓았다.

사람들이 자신을 과소평가하고 우습게 여기는 것이 메르켈의 강점이었다. 메르켈은 신경 쓰이게 만들지도, 훼방을 놓지도, 시선을 끌지도 않았다. 서독의 CDU는 오만한 야수들이 가득한 세계였다. 남성이 대부분이고 가톨릭교도, 기혼자, 집안의 가장이며 어릴 때부터 훈련받은 정치 교육을 바탕으로 지역 엘리트가 된 사람들이었다. 간단히 말해 '메트헨'은 완전한 UFO, 미확인 비행물체였다. 여성, 동독 출신, 개신교도, 이혼자에 자녀도 없고 복장 규정도 없고 동료들과 같은 사회적 뒷받침도 없었다.

메르켈의 장관직에는 무게가 없었다. 메르켈을 장관으로 임명한 것은 명목상 구색 맞추기로 여겨졌고 실제로 메르켈을 발탁한 주요 이유였다. 헬무트 콜은 좋은 평판을 얻으려고 여성 그리고 오시가 필요했고, 그쪽으로는 보유한 인재가 없었다. 메르켈은 적절한 장소에, 적절한 시기에, 그것도 여러 번 서 있었다. 물리학 연구원으로 미래를 준비하던 그는 거대한 기독교민주연합의 대표, 국회의원, 그다음에는 장관이 되었다. 메르켈의 인생에서 운은 놀라운 역할을 했다. 하지만 나머지는 모두 그 자신 덕택이었다. 메르켈은 운을 만들어가는 사람이었다.

장관인 메르켈은 본에서 자신을 낮추고 듣고 배웠다. 발트해 연안에 있는 지역구 슈트랄준트와 뤼겐에서 국회의원인 그는 자신의 권위를 자연스럽게 내보였다. 메클렌부르크-포어포메른주에서 메르켈은 지역 전문가였다. 그는 동독 사람들을, 동독이라는 벗어날 수도 견뎌낼 수도 없는 억압감을 이해했다. 그리고 그들이 자신들의 일자리가 사라져가는 새로운 세상에 적응하기 힘들어한다는 점에 공감했다. CDU의 메클렌부르크-포어포메른주 사무총장이기도 했던 프레슐레는 이렇게 평했다. "슈트랄준트에서 앙겔라는 자신의 개성 몇 가지를 개념화했습니다. 서독과 차이를 받아들이는 것, 서독인처럼 행동하지 않는 것, 서독인처럼 되지 않는 것."

메르켈은 동독 사람들이 공산주의 독재정권 아래서 무슨 일을 겪었는지 잘 알았다. 동독인 중 일부는 희생자였고 다른 일부는 정권 관계자였으며 대부분은 그와 마찬가지로 그 어느 쪽도 아니었다. 영웅도 학대자도 아니며 단지 비인간적인 수동성을 강요받은 사람들이었다. 국가를 침략적 절대 권력으로 만들고 각 시민을 잠재적 밀고자로 만드는 전체주의 조직에서 난처한 일을 피하려면 양심과 작은 타협을 해야 했다. 메르켈은 복종과 불신으로 으스러진 삶들을 알았고, 감시받는 사회에서 일상적으로 습득한 조심성과 신중함을 이해했다.

슈트랄준트와 뤼겐에서 국회의원 메르켈은 이 지역을 잘 안다고 자부했고, 거의 매일 하는 업무는 '슈타지 사건'에 대처하는 것이었다. 구동독 정치 경찰의 기록 보관소를 조사하는 연방 위원으로는 슈타지 사건을 다룰 최고 전문가가 임명되었다. 바로 비르기트의 다과 모임 멤버이자 훗날 연방독일 대통령이 될 요아힘 가우크 목사였다. 독재정권에 반대 목소리를 내온 반체제 인사 가우크는 슈타지가 저지른 범죄들을 고발했고, 1990년대에도 관련자들의 신원을 계속 폭로했다. 슈타지 기록에서 나오는 이름은 종종 유명한 이들이었다. 그리고 그중 일부는 메르켈과 매우 가까이 있었다.

메르켈은 이런 상황에 익숙했다. 베를린 장벽이 무너지고 몇 달이 지나 메르켈이 동독 정권에 반대하는 야당인 민주약진에 합류했을 때도 그랬다. 얼마 지나지 않아 민주약진의 대변인이 되었을 때, 메르켈은 당 대표 슈누어가 자신이 잠입 스파이였음을 자백하는 미묘한 순간을 마주해야 했다. 당시 슈누어 사건은 파문을 일으켰다. 하지만 기록 보관소 자료들이 하나씩 발굴되면서 그 사건도 평범해 보였다. 모든 개인을 감시하고 도청해 정보 카드를 작성하는 전체주의 정권에서 얼마나 많은 사람이 계속 올바르고 변질되지 않을 용기와 도덕성을 지녔을까? 정도는 다르겠지만, 과연 얼마나 많은 사람이 슈타지와 타협하지 않고 살 수 있었을까?

헬무트 콜 정부 장관인 동시에 국회의원이자 CDU 메클렌부르크-포어포메른주 의장으로 선출된 메르켈은 이 문제에 대응해야 했다. 프레슐레가 궂은일을 맡았다. "그들을 소환한 건 나였어요"라고 그가 설명했다. "나는 그들에게 사임을 권했고, 그렇지 않으면 이름을 공개하겠다고 했죠…" 매주, 메클렌부르크-포어포메른주에서 활동하는 CDU 저명인사들이 가우크 사무실에 붙잡혀왔다. 물론 다른 정당, 다른 지역도 상황은 마찬가지였다. 시장, 국회의원, 공무원, 보좌관이 슈타지 활동에 가담한 것으로 밝혀졌다.

"앙겔라는 이 일을 처리하는 데 거리낌이 없었고 아주 직설적이었어요." 프레슐레가 이렇게 회상했다. "앙겔라는 동독의 온상을 잘 알았죠. 지도자들이 하는 거짓말, 협박, 위협 말이에요. 앙겔라는 모든 사람에게 간단하고 공정한 선고를 내렸어요. 그들의 방어 주장을 듣지 않았고, '유감이에요'라든지 '그럴 줄 알았다'는 말도 없었어요. 군더더기 없이 바로 본론으로 들어갔죠. 앙겔라는 이렇게 말했어요. '모든 사람은 자기 행동에 책임을 집니다. 그런 일을 했다면 당신은 의회에서 일할 수 없어요. 이상입니다.'" 메르켈은 동독의 과거를 이렇게 매듭지었다. 진짜 문제는 이제 시작되었다.

10 아세닉 앤드 올드 레이스

"1999년 12월 22일 나는 앙겔라 메르켈이 독일의
첫 번째 여성 총리가 되리란 걸 알았어요."
- 볼프강 쇼이블레

헬무트 콜은 2017년 6월 16일 사망했다. 같은 날, 메르켈은 로마에서 (프란치스코 교황과 면담이 있었고) 텔레비전으로 독일의 운명을 바꾼 통일의 아버지를 추모하는 간결한 성명을 발표했다. "통일은 제 삶의 방식 또한 크게 바꾸어놓았습니다"라고 메르켈이 덧붙였다. 『슈피겔』은 특집호를 발행했는데 표지에는 세 인물이 등장했다. 가운데에 헬무트 콜, 왼쪽에는 선글라스를 낀 그의 배우자 마이케 콜-리히터(Maike Kohl-Richter), 오른쪽에는 심각한 표정을 한 메르켈. 제목은 '고인을 둘러싼 전투. 헬무트 콜의 독이 든 유산'이었다. 장례 기간에 헬무트 콜 총리와 그의 자녀들 그리고 그의 두 번째 부인 사이의 불화가 드러났다. 헬무트 콜의 아들 발터는 장례식 참석을 거부당했고, 발터의 새어머니는 발터가 아버지가 모셔진 집에 들어가지 못하도록 막았다.

이 위인의 장례는 정치적 촌극으로도 번졌다. 마이케는 메르켈

이 7월 1일 스트라스부르에서 열린 콜 추도식에서 연설하는 것을 막으려고 했다. 어쨌든 메르켈은 연설을 했다. "그의 임기가 끝날 무렵 독일은 하나가 되었고, 역사상 처음으로 모든 이웃 나라와 평화를 이뤘습니다." 그러나 콜의 측근들은 메르켈에게 여전히 적개심을 드러냈는데 여기에는 몇 가지 이유가 있었다. 오늘날 메르켈이 자신의 멘토가 있던 자리를 차지한 것은 그가 그 멘토를 정치적으로 살해했기 때문이라는 것이었다. 알프레드 히치콕의 말처럼 '범죄는 거의 완벽했다'.* 하지만 콜 사건은 '거의 완벽'이 아니라 그냥 '완벽'했다. 메르켈로서는 아쉬울 게 없었다. 콜 그리고 메르켈이 개인적으로 착수했던 콜의 정치적 죽음은 독일 통일과 마찬가지로 '메르켈의 삶의 방식을 크게 바꾸어놓았다.'

손대지 않고 일을 처리하는 모습을 보면, 메르켈은 마치 '킬러' 같다. 프랭크 카프라(Frank Capra)의 코미디 영화 「아세닉 앤드 올드 레이스」(Arsenic and Old Lace)에 주인공의 고모로 등장하는 마사(Martha)에게서 메르켈의 모습을 볼 수 있다. 두 고모는 은퇴한 독신 남성들을 초대해 친절을 베풀고는 그들을 살해한 다음 지하실에 시체를 매장했다. 보호자 같은 편안함과 여론을 달래는 우회적 방식 때문에 독일인들이 무티라 부르는 메르켈 역시 아이러니하게도 자신의 경력에서 정치적 살인을 몇 건 저질렀다. 2005년 단 한 번도 여성이 차지한 적이 없는 독일 총리직에 오르려고, 『포

---

* 히치콕의 1954년 작 「다이얼 M을 돌려라」의 프랑스어판 제목이 '범죄는 거의 완벽했다'였다.

브스』(*Forbes*) 잡지가 꼽는 '세계에서 가장 영향력 있는 여성'으로 열 번 이상 선정되려고, 유럽 경제 최강국의 수장 자리에 10년 이상 머무르려고 메르켈은 여러 명을 제거해야만 했다. 그것이 차분하고 조용하게, 효율적으로 무티가 한 일이다.

'메트헨'이 걷잡을 수 없을 정도로 출세한 것은 헬무트 콜이 그를 여성청소년부 장관으로 임명한 다음부터다. 콜은 자신의 개방적 면모를 과시하려고 그리고 메르켈이 여성, 젊은이, 오시라는 세 가지 기준을 충족했으므로 그에게 장관직을 주었다. 하지만 여성청소년부 장관 말기에 이르면서 자기 실력을 발휘한 메르켈은 더는 '할당량'의 대상이 아니었다. 1994년 10월 콜 총리가 네 번째로 집권했을 때 기독교민주연합(CDU)-바이에른기독교사회연합(CSU) 연합은 득표율이 낮았으므로 자유민주당(FDP)과 연립정부를 구성해야 했다. 하지만 메르켈은 슈트랄준트 지역구에서 우세를 확보했다. 그의 득표율은 48.6%로 소속 정당이 전국적으로 얻은 득표율보다 7%p 높았다. 콜은 그에게 더 강력하고 진지한 부처를 맡겨 보상했는데 그곳은 바로 환경부였다.

이 두 번째 장관직에서 자신감을 얻은 메르켈은 모두를 놀라게 했다. 그동안 메르켈은 쾌활한 장난꾸러기에 어리석은 일을 저지르고 철없이 웃음보를 터뜨릴 것만 같았다. 하지만 그도 싸늘해질 수 있음을 이제 모두 알게 되었다. 메르켈은 사람들이 미처 예상하지 못한 곳에서 권위를 확립했다. 그와 뜻이 맞지 않는 부하 직원들, 특히 환경부 차관과 관련해서 그랬다. 메르켈은 장관으로 부임하자마자 그들을 거리낌 없이 교체했다. 그리고 온실가스 감축에 대한 최초의 주요 다자간 협정인 1997년 교토의정서 협약에서 자기 목소리를 냈다. 사람은 경험을 바탕으로 성장하는 법이다.

메르켈은 이제 유능한 협상가인 동시에 여론의 움직임에 능숙하게 반응하는 두꺼운 가죽을 입은 정치인으로 자리매김하기 시작했다. 때로는 기회주의자에 변덕스럽고 명확한 노선이 없다는 비판을 감내해야 했다. 한 가지 예를 들면, 핵발전소를 강력히 지지한 메르켈은 1986년 체르노빌 원전 사고 이후 독일의 원전 가동 중단을 강력히 요구하는 사회민주당(SPD)과 녹색당에 맞서 싸웠다. 그러다가 2011년 후쿠시마 원전 사고 이후 태도를 180도 바꿔 원전 폐쇄를 갑작스럽게 결정했다. 원전을 계속 가동하자고 주장해온 CDU 지도부는 대경실색했지만, 메르켈은 늘 그랬듯 연방의회에서 당을 설득하는 데 성공했다. 경제 주체들은 격분했다. 이는 신중한 성격에 '소란 일으키지 않기'를 신조로 삼은 메르켈이 대담한 정치적 결정을 내린 첫 번째 사건이었다. 메르켈의 정치 인생에서 이렇게 대담한 결정을 한 일은 이후 2015년 독일에 난민 100만 명을 받아들이기로 한 일을 포함해 몇 개 되지 않는다.

후쿠시마 재난 이후 메르켈이 정책 방향을 전환한 동기는 본능적인 동시에 계산적이었다. 본능적이라고 표현한 이유는 발전소 폭발에 따른 인간 생명 파괴가 메르켈에게 큰 충격을 주었고, 그에 본능적으로 반응했을 뿐이기 때문이다. 계산적이라는 표현은 메르켈이 원전 문제를 둘러싼 여론의 변화를 감지하고 여론에 자신

메르켈은 1994년 11월 17일 환경부 장관으로 임명되었다.
그는 여성청소년부 장관에서 환경부 장관으로 직책을
옮기면서 노련한 정치인으로 자리매김하기 시작했다.
온실가스 감축에 대한 최초의 다자간 협정인
교토의정서 협약에서 자기 목소리를 냈고,
서독 남성들을 설득하는 자신만의 '스킬'을 갖게 됐다.
여러 사람이 모여 회의하기보다는 일대일 대화나
전화 통화 혹은 문자메시지를 활용하는 것이었다.
사진은 1995년 메르켈이 환경부 장관으로
활동하던 당시의 모습이다.

을 맞추었기 때문이다. 이는 메르켈이 지닌 큰 특기다.

메르켈이 원자력을 포기하는 것이 옳았는가? 프랑스가 메르켈을 비판하는 이유 중에는 메르켈에 대한 험담을 국민 스포츠처럼 생각하는 일부 그릇된 태도도 숨어 있다. 독일은 알려진 바와 달리 석탄을 선택하지 않았기에 원전 폐쇄라는 이 전환점은 러시아 가스에 대한 독일의 의존을 강화하는 계기가 되었다. 어쨌든 메르켈이 환경부로 옮긴 것도 전환점이 되었다. 독일의 기존 에너지 정책과 모순되고 재계에서도 반대했지만 메르켈은 지구 온난화와 싸우는 일을 개인적인 문제로 삼았다. 그리고 2017년 6월 1일 트럼프 미국 대통령이 파리기후협약을 비난할 때, 메르켈과 트럼프가 심각하게 대립하는 주제가 될 터였다.

그러나 우리는 아직 2017년에 있지 않다. 젊은 환경부 장관 메르켈은 정부에서 일하면서 권력에 대한 경험을 착실히 쌓아갔다. 선거구에서 활동하면서는 권력의 기능을 통제하기 시작했다. 그리고 CDU의 메클렌부르크-포어포메른주 수장으로서 여러 가지 갈등 관리를 경험했다. 메르켈은 상황을 풀어나가는 데 소질이 있었다. CDU의 메클렌부르크-포어포메른주 사무총장이었던 프레슐레는 이렇게 말했다.

"앙겔라가 본에 있고 내가 슈베린의 주 의회에 있을 때, 나는 앙겔라에게 전화를 걸어 SPD와 연합하는 문제를 얘기했어요. 그러자 앙겔라가 재빨리 많은 곳에 전화를 돌려 해결했어요. 누군가가 '이미 메르켈과 통화했다'고 했더니 다들 메르켈과 통화했다는 거예요! 그러니 앙겔라는 항상 '이미 끝냈어요'라고 답할 수 있었죠. 앙겔라는 권력을 조직하는 방법을 알았을 뿐 아니라 아주 빠르게 움직였어요. 특히 앙겔라가 소극적이고 우유부단하다는 이미지가 있었기 때문에 더 효과적이었죠. 아무도 앙겔라를 의심하지 않았어요." 휴대전화가 시장에 출시되자 신기술을 좋아하는 과학자 메르켈은 기뻐하며 SMS 기술을 터득했다. 그리고 이 CDU 대표는 이제 모두에게 메시지를 뿌리기 시작했다. 그가 끈기 있게 보내는 SMS가 농담을 만들어낼 정도였다. SMS는 '숏 메시지 서비스'(Short Message Service)가 아니라 '숏 메르켈 서비스'(Short Merkel Service)라고 말이다.

메르켈은 CDU 내 서독 남성들과 생긴 갈등도 똑같은 방법으로 해결했다. 자신이 좋아하지 않는 회의를 하기보다는 전화 통화나 일대일 대화로 말이다. 메르켈은 혼자서도 언론을 잘 파악할 수 있다고 생각했으므로 당 본부에서 열리는 아침 회의를 싫어했다. 메르켈은 스스로 과거에 얽매이지 않으며 다른 곳에서 온 젊은 오시로 포지셔닝하면서 CDU 내에서 자신만의 차별성을 키워갔다. 또 반대자들과는 일대일로 맞서서 논쟁이 생기는 즉시 없애버렸다. 콜과 메르켈 모두와 일해본 프레슐레는 이렇게 말했다. "콜은 아주 작은 문제에서도 다른 의견이 있다고 느끼면 그 사람을 불러 한계까지 밀어붙였어요. '무슨 말을 하는 거요?'라면서요. 콜과 마찬가지로 메르켈도 자신에 대해 비판적이라고 느끼는 사람들에게 항상 맞섰어요. 그게 메르켈의 방식이에요. 콜에게서 배운 거죠."

메르켈은 헬무트 콜을 좋아했다. 콜은 그에게 아버지 같은 존재였고 독일 역사의 기념비 같은 인물이었다. 메르켈은 그를 존경하면서 그에게 전적으로 충성했다. 그리고 메르켈은 그를 제거했다.

콜이 약해졌을 때 메르켈은 그를 정치적으로 살해하기로 결심했다. 다섯 번째 연임을 갈망하던 콜은 1998년 9월 총선에서 패배한 뒤 녹색당과 연합한 SPD의 게르하르트 슈뢰더에게 총리직을 물려주었다. 콜은 25년 동안 CDU를 이끌고 총리직을 네 번 연임했지만, 슈뢰더에게 항복해야 했다. 16년 동안 총리로서 권력을 누린 예순여덟 살의 콜 앞에 쉰네 살밖에 되지 않았으며 서민 출신에 미남이고 화려한 취향을 가진 새로운 사람이 나타난 것이다. 제2차 세계대전이 끝날 무렵 태어난 슈뢰더는 나치즘의 트라우마에서 벗어나 더는 역사를 책임지지 않아도 되는 독일을 구현할 수 있는 인물이었다.

콜은 자신이 믿는 볼프강 쇼이블레에게 후계자 자리를 보장했고 쇼이블레는 CDU 당수직을 물려받았다. 그리고 CDU 사무총장에는 자신에게 해를 끼치지 않을 환경부 장관, 처신하는 법을 알고 결코 틀린 음을 내지 않는 메르켈을 앉히기로 했다. 아직 메르켈을 모르는 사람이 많았지만, 콜은 정부에서 함께 일하는 동안 메르켈과 잘 지내왔고 쇼이블레도 그를 지지했다.

콜과 쇼이블레 모두 메르켈을 마음에 들어했고 이러한 훌륭한 합의 덕에 메르켈은 1998년 본에서 열린 CDU 전당대회에서 유일한 사무총장 후보로 나설 수 있었다. 그리고 물론 아주 쉽게 선출되었다. CDU에서 여성이 이 정도 지위에 오른 것은 처음 있는 일이었다. 얼마나 신중하고 얌전한 '메트헨'인지! 콜과 쇼이블레 모두 메르켈이 자신들 중 어느 쪽도 방해하지 않을 거라고 확신했다. 그들의 정치적 직감은 천재적이었다. 메르켈은 어느 쪽도 방해하지는 않지만 양쪽을 제거할 것이었다.

누구도 감히 콜을 공격할 수 없었다. 1999년 겨울, 콜이 CDU 선거운동 자금과 관련해 '비자금' 스캔들에 휘말렸을 때도 그는 여전히 건드릴 수 없는 사람이었다. 콜 총리는 유권자들과 주(州)들에 사용할 '개인 기부금'을 마련하려 불법 기금을 조성했고, 스위스 은행의 CDU 계좌로 뇌물을 받았다. 사법 당국이 조사를 시작했고, 연방의회에서 열리는 청문회와 내부 조사로 매일 같이 정보가 흘러나오면서 의심과 경악을 불러일으켰다. 언론은 오로지 비자금 사건에만 관심이 있었다. 굳건한 동상 같은 콜의 입지는 심하게 흔들렸지만 잘 버티고 있었다. 그런데 메르켈이 그 동상이 무너지도록 도왔다. CDU가 선거에서 패한 후 메르켈이 CDU 사무총장으로 선출되어 일하던 시기였다. 메르켈에게 때가 왔다. 메르켈의 시간이.

메르켈이 사용한 무기는 1999년 12월 22일 『FAZ』에 그가 쓴 칼럼이었다. 메르켈은 정중한 어조로 노장에 대한 관습적인 존경과 감사를 표한 뒤 콜을 무너뜨리고 콜의 시대였던 페이지를 넘기라고 요구했다. 16년 동안 국가를 이끈 거물, 통일을 이룬 역사적 인물, 독일의 화신인 헬무트 콜을 말이다! 칼럼에서 메르켈은 '콜이

행한 일들은 당에 해를 끼쳤다'고 했다. '미래는 오직 견고한 토대 위에서만 건설될 수 있다. 당은 스스로 걷는 법과 자신감을 갖는 법을 배워야 한다. 그리고 헬무트 콜이 스스로를 칭했던 늙은 군마에 의지하지 말고 경쟁자에 맞서 싸우는 법을 배워야 한다. 당은 성숙기에 들어선 청년이 그러하듯 집을 떠나 자신만의 길을 가야 한다.'

이 무슨 배짱인가! 모두가 아연실색했다. 메르켈은 아무도 관심을 두지 않는 장관으로, 이제 막 CDU 지도부에 자리 하나를 차지한 상태였다. 하지만 메르켈은 모든 것을 은밀히 준비했다. 심지어 메르켈의 가까운 동료 중 한 명인 프레슐레조차 이에 대해 미리 듣지 못했다. 그는 기절초풍했다. "충격이었어요. 앙겔라는 내가 그 글에 반대하고 쇼이블레에게 말하리라는 걸 알았던 거죠. 앙겔라가 한 일은 신의에 반하는 거였어요. 완전히 부적절했죠. 우린 콜에게서 해방될 필요가 없었어요. 원래 억압받지 않았으니까요! 나는 너무 혼란스러웠고 앙겔라를 더는 믿지 않았어요. 2년 후 우리는 또 다른 갈등을 겪었고, 내가 떠났죠."

메르켈의 친구 폴커도 깜짝 놀랐다. "나는 콜을 싫어했고 앙겔라가 그를 내쫓기 전부터 앙겔라에게 호감이 있었어요. 그 일이 있은 후 앙겔라를 더 좋아하게 되었죠. 앙겔라가 한 것은 말도 안 되게 용감한 일이었어요. 서독의 CDU라는 세계에서 콜을 건드린다는 건 상상도 하지 못할 일이었으니까요. 앙겔라를 보면 바그너의 오페라에서 약간 순진하면서도 두려움 없이 보탄을 공격하는 지

그프리트가 생각나요."

메르켈은 휴고 뮐러-포그와 인터뷰하면서 이 일을 언급했다. 그는 콜의 향후 역할 문제를 자신이 정확하게 짚었다며 만족했다. "현역 정치인으로서 역할이 약화되는 결과를 초래했죠." 메르켈은 동정 없이 말했다. "글쎄요. 그 글은 약간의 경고 신호였어요." 그리고 자신이 쇼이블레에게 일을 미리 알리지 않고 '분명한 위험'을 감수했다고 쉽게 인정했다. "다른 대안이 있었을까요? 쇼이블레에게 허락을 구하는 거요? 그는 분명히 안 된다고 말했을 거예요. 나는 그를 설득하지 못했을 테고요." 메르켈은 이렇게 단언했다. "내가 그 글을 쓴 건 [쇼이블레를] 돕기 위해서였어요. 그렇지 않으면 우리가 계속 침몰할 거라고 생각했거든요."

메르켈의 말을 들으면 완전히 동화 같은 이야기다. 사실 쇼이블레는 메르켈의 칼럼을 읽으면서 숨이 막혔을 것이다. 왜냐하면 메르켈이 더 은밀하게 처리한 두 번째 희생자가 바로 자신이었기 때문이다. 메르켈은 『FAZ』에 실린 글에서 쇼이블레라는 이름을 언급할 필요도 없었다. 당시 CDU 대표였던 쇼이블레는 콜 전 총리와 마찬가지로 비자금 문제에 연루되어 있었다. 메르켈에게는 일석이조였고, 마지막에 살짝 밀어 쓰러뜨리기만 하면 되는 일이었다. 쇼이블레는 처음에 자신은 그 '기부금'으로 이익을 보지 않았다고 부인했지만, 결국 인정하고 사과한 뒤 2000년 2월 16일 사임했다. CDU에는 당혹스러운 일이었다. 메르켈을 칭찬할 것인가 아니면 그에게 분개할 것인가? 당원들은 스캔들을 마무리 짓고 메르켈을 뒤따르길 원했다. 프리드리히 메르츠(Friedrich Merz)처럼 새로운 세대를 대표하는 이들은 더 분명하게 메르켈 지지를 표명했다. 다른 이들은 조용히 불만을 삼켰다.

메르켈의 가장 강력한 적수는 '안덴팍트'(Andenpakt, 안데스 동맹)였다. 언론에서 CDU 내에 있는 일종의 비밀 조직으로 묘사한, 오직 남성들로만 구성된 파벌이었다. 여기에 속하는 서구 거물들은 자신들이 '어쩌다 만난 장애물'로 여기는 여성, 이 부적합한 인물이 콜을 계승할 거라고 생각하지 않았다. 메르켈은 그들이 정신적 충격을 겪도록 내버려두고 계속 자기 일을 열심히 했다. 두 달 후면 에센에서 쇼이블레의 승계자를 결정하는 CDU 당대회가 열릴 참이었다.

메르켈은 이 두 달 동안 독일 전역을 돌아다니며 모든 주의 유권자들, 지도자들, 활동가들을 소중히 보살폈고 자신만의 특징을 담은 당 혁신안을 제시했다. 메르켈은 자신을 (이미!) '체제 밖에 있는 사람'이라고 말하면서 차별성을 강조했다. 즉 여성이고, 젊고, 동독 출신이고, 수수하고, 사람들과 친근하게 지내고, 형식만을 따르지 않고, 낡은 관습이 없는 사람이라고 주장했다. 메르켈은 기독교도에 민주주의자임을 분명히 드러냈는데, 이는 CDU의 의무 사항이기도 했다. 그러나 좌파와 우파 사이에서는 명확한 태도를 표하지 않고 곡예 부리듯 양쪽을 오가다가 결국 중도에 섰다. 프랑스인이라면 이 모든 단어에서 한 사람이 떠오를 것이다. 메르켈은 마치 성장하고 있는 마크롱 같았다. 그리고 정치판에 나타난 미확인 비행물체였다.

2000년 4월 10일 에센에서 열린 당 대회 결과, 메르켈이 CDU 대표로 선출되었다. 그는 단독 후보였다. 나이 든 거물들도 젊은 거물들도 메르켈에 맞설 후보를 세우려고 애썼지만 모두 실패했다. 당의 현대성, 당에 필요한 이미지 쇄신. 그것은 메르켈 자체였고 메르켈만이 될 수 있었다. 메르켈은 935표 중 897표를 얻으면서 거의 북한에서나 볼 수 있는 득표율로 승리했다.

콜은 결국 자신의 목을 조르게 된 밧줄을 메르켈에게 건넨 일을 후회했을지 모른다. 그러나 너무 늦었다. 메르켈의 권력 장악은 이미 시작되었다. 메르켈은 쇼이블레 그리고 대중 앞에 마지막으로 등장하는 콜과 함께 기자회견에 참석했다. 이후로 몇 년 동안 콜은 자신의 '메트헨'에게 말을 걸지 않을 것이었다. 콜은 이제 과거가 되었다. 독일은 미래의 총리를 눈앞에 두고 있었다.

CDU도 마찬가지였다. 자신이 쓴 칼럼이 『FAZ』에 실린 후 이 새로운 당 대표는 친구인 폴커에게 이렇게 털어놓았다. "공기가 희박해지고 있어요." 메르켈은 많은 사람의 목을 잘랐고 이제 CDU 내에 믿을 사람이 거의 없음을 알았다. 가장 작은 지부에서 일하는 이까지 포함해 모든 당 비서관의 전화번호를 알고 있던 콜과 반대로 메르켈에게는 주 단위에서도 중계기 역할을 해줄 사람이 없었다. 정서적인 관계를 맺고 그 대가로 서비스를 제공하는 것은 메르켈의 운영 방식이 아니었다. 메르켈은 자신의 인맥에 의존하고 특히 충신 중의 충신 페터 알트마이어(Peter Altmaier)에게 의지했다. 알트마이어는 총리실장으로 그리고 메르켈 정부의 장관으로 항상 메르켈 곁에 있었다.

메르켈은 칼럼을 쓰기 1년 전, 그와 거의 비슷한 날짜에 양자물리학을 비롯해 많은 이야기를 나누는 자우어와 결혼했다. 그리고 자신이 신임하는 여성 두 명으로 이루어진 긴밀한 팀을 꾸렸고, 총리가 되어서도 그들과 함께했다. 바로 베아테 바우만과 에바 크리스티안젠(Eva Christiansen)이다. 헬무트 콜을 무너뜨린 그 유명한 칼럼을 미리 알았던 사람들이기도 하다. 메르켈의 연설문 대부분을 작성하는 베아테는 아마 그 칼럼에도 기여했을 것이다.

메르켈에게 헬무트 콜은 두 번째로 무너진 장벽이었다. 첫 번째인 베를린 장벽이 그랬듯이 콜이라는 장벽이 무너질 거라고는 아무도 상상하지 못했다. "앙겔라는 거인을 감히 공격할 수 있는 유일한 사람이었어요." 아들러스호프 과학 아카데미 시절 메르켈의 동료였던 물리학자 미하엘 신트헬름이 분석했다. "왜냐하면 앙겔라만 달랐기 때문이죠. 특권층이 아닌 유일한 사람으로 다른 사람들처럼 콜의 권위에 압도당하지 않았기 때문이에요. 또 앙겔라는 먼바다로 나가고 싶은 욕구를 가졌기 때문이에요. 통일된 독일에서 사는 동독 사람들은 이전 세대 때문에 주눅 들지 않았어요. 서독에는 우리 선조가 없었으니까요."

아직 끝나지 않았다. 지하실에는 아직 시체를 쌓을 여유 공간이 남아 있었고 아세닉(비소)도 남아 있었다. 그런 상황에서 한 남자가 여전히 메르켈을 불안하게 만들었다. 바로 바이에른 주지사

에드문트 슈토이버(Edmund Stoiber)였다. 강력하고 보수적인 정당이자 CDU의 자매 정당으로 바이에른 지역에서만 활동하는 바이에른기독교사회연합(CSU) 대표이기도 했다. 그는 순풍을 타고 2002년 선거에서 총리 후보가 되었다.

당시 메르켈은 곤란한 상황에 놓여 있었다. 권좌에 있는 슈뢰더 총리는 상당한 능숙함을 발휘했다. 사회민주주의자인 슈뢰더에게서 나올 거라 예상치 못한 자유주의적 개혁은 경제계로부터 높은 평가를 받았다. CDU 당 대표인 메르켈은 사실 그러한 개혁에 찬성했고 가장 먼저 개혁의 혜택을 받을 터였지만, 정치 게임에서는 다른 자세를 취해야 했다. 게다가 CDU 내에서는 비밀 조직인 안덴팍트가 메르켈을 지켜보았다. 바이에른 출신 슈토이버나 젊은 변호사 프리드리히 메르츠와 같은 당내 유력 인사들은 메르켈의 반대편에 섰다.

헤센 주지사 롤란트 코흐는 메르켈에게 2002년 선거에 출마하지 말라고 강력히 권고했다. "2001년 겨울에 앙겔라에게 전화해서 명확히 밝혔어요. 총리 후보가 되겠다는 그의 계획이 CDU 이익에 부합하지 않는다고요." 코흐는 아르테(Arte)의 다큐멘터리에 출연해 이렇게 말했다. "그 시절의 앙겔라는 영향력이라든가 꼭 필요한 아우라가 없었어요." 당의 중진들은 각자 후보를 내세우며 갈라졌다. 슈뢰더는 일을 잘해냈다. 보수주의 진영을 분열시키고 약화시키는 데 성공했기 때문이다. 2001년 말 뉘른베르크에서 열린 CDU-CSU 전당대회에서 행동파 당원들은 자신들이 무시하는 메르켈이 연설을 시작하자 하품을 하며 노골적으로 신문을 읽는 척했다. 반면 슈토이버를 영웅처럼 떠받들었다.

메르켈은 그 사건을 잘 이해했다. 선거가 다가왔지만 메르켈은 슈뢰더와 총리직을 놓고 벌이는 전투에서 승리하기에는 불리한 처지에 있었다. 어떻게 하면 도망치는 것처럼 보이지 않으면서 전쟁터에 나가는 일을 피할 수 있을까? 문제는 바로 그 점이었다. 이 딜레마를 해결하는 메르켈의 전략은 그가 비범한 정치적 동물이 되어가고 있음을 보여주었다. 그 전략이란 다름 아닌 과학적 정신, 확고한 가치, 오랫동안 체득해온 권력의 비결을 혼합한 것이었다. 그리고 관여하지 않는 것처럼 보이는 태도까지. 둥지에서 떨어진 새 같은 메르켈은 계속 세상을 속였다. 그렇게 메르켈은 견줄 데 없는 정치인, '예술가'가 되었다.

총리직을 얻으려고 싸운 순조롭지 않은 이 첫 번째 전투에서 메르켈은 자신의 '예술'이 한층 무르익은 모습을 보여주었다. 먼저 메르켈은 시간을 끌어 긴박함을 지속시켰다. CDU는 2002년 1월 11일을 총리 후보자 결정일로 정해두었는데 도전자는 메르켈, 슈토이버, 메르츠 세 명이었다. 메르켈은 마지막 순간인 1월 초에 공식적으로 출마 선언을 하려고 기다렸다. 슈토이버는 아직 출마를 공표하지 않았다. 1월 10일, 마그데부르크에서 열리는 당 대회 하루 전, CDU 대표 메르켈은 바이에른에 있었다.

메르켈은 뮌헨 남서쪽 볼프라츠하우젠에 있는 슈토이버의 집에서 그와 아침식사를 하며 문제를 합의하고 정리했다. 패배를 예상한 메르켈은 포기, 희생, 충성의 정신을 갖춘 위대한 영주처럼 연기하며 슈토이버가 자기 대신 총리 후보로 나서도록 직접 요청했다. 메르켈은 우선 슈토이버 새의 깃털을 쓰다듬는 것으로 시작했다. "나도 출마했으면 좋았을 거예요." 메르켈은 다정하게 말했다. "나에겐 비전이 있고, 당신과 다른 접근 방법도 있어요. 하지만 나에 대한 저항이 너무 크다는 생각이 드네요. 그러니 당신이 출마하는 게 더 좋다고 생각해요." 훌륭하지 않은가. 위대하고 뛰어난 마키아벨리즘이었다. 슈토이버 새는 만족스러워서 구구하고 노래했다.

시간이 어느 정도 흐른 뒤 메르켈은 다시 뮌헨으로 왔다. 10월에 있을 맥주 축제를 준비하는 즐거운 분위기 덕분에 메르켈은 바이에른 주지사실에서 슈토이버와 여러 가지 대화를 이어갈 수 있었다. 메르켈은 총리 후보를 포기하는 대신 'CDU가 패하면' 자신이 두 가지 직책을 겸임하고 싶다고 제안했다. 이미 수행 중인 당대표직을 유지하는 것 그리고 CDU-CSU 원내대표직을 새로 맡는 것이었다. CDU-CSU 원내대표는 그의 라이벌 중 하나인 메르츠가 맡고 있었다.

메르켈은 슈토이버를 데리고 오래된 고전인 라퐁텐 우화에 나오는 「까마귀와 여우」 이야기를 재연했다. 이 이야기에는 '모든 아첨꾼은 그의 말에 속는 사람들 덕에 살아간다'라는 말이 나온다, 까마귀인 슈토이버는 여우의 아첨에 넘어가 부리를 엮어 물고 있던 먹이를 떨어뜨린다. 아첨하는 여우인 메르켈은 까마귀 슈토이버를 늑대 입으로 몰아넣는다. 슈뢰더는 이기기 힘든 상대였기 때문이다. 메르켈은 자신을 희생하는 척하면서 자신을 위해 원내 대표직을 마련해두었다. 메르츠는 아직 이 사실을 몰랐다. 이것은 어쩌면 단순한 '예술'이 아닐지도 모른다…

이제 나머지는 운에 맡겼다. 선거운동 기간에 홍수가 나 독일 남부가 큰 피해를 보았다. 연임에 도전하는 총리 후보 슈뢰더는 이 기회를 이용할 줄 알았다. 그는 장화를 신고 따뜻하고 능동적인 모습으로 사람들과 함께하면서 텔레비전 채널마다 등장했다. 하지만 슈토이버는 이 기회를 이용하지 않았다. 2002년 9월 22일, 슈뢰더는 (6,000표 차이로) 가까스로 승리해 녹색당과 연정을 이끌게 되었다.

메르켈은 자신의 시간을 기다렸다. 메르켈은 당에 대한 중도주의 비전을 공유하는 CDU 하원의원들과 함께했다. 미래에 메르켈이 신뢰하고 메르켈을 무조건 지지하게 될 사람들이었다. 이들 중에는 훗날 CDU 대표를 맡는 아르민 라셰트(Armin Laschet), 그와 당 대표 대결을 펼치는 노르베르트 뢰트겐(Norbert Röttgen), 메르켈 정부에서 장관을 지내는 프리드베르트 플뤼거(Friedbert Pflüger)와 에카르트 폰 클라에덴(Eckart von Klaeden) 그리고 그중에서도 가장 충실한 전 총리실장이자 현재 경제부 장관인 페터 알트마이어가 포함되어 있었다. 주간지 『슈테른』(Stern)은 이들을 '앙기의 보이그룹'이라고 했다.

메르켈은 사냥에서 콜, 쇼이블레, 슈토이버, 메르츠 그리고 자신

2005년 총리로 선출된 메르켈이 자신의 정치적 희생자인
전 바이에른 주지사 에드문트 슈토이버(왼쪽 첫 번째)와
전 총리 헬무트 콜(오른쪽 첫 번째)에게 둘러싸여 있다.
메르켈은 마키아벨리적인 기술과 천재적인 정치 감각으로
자신의 경쟁자인 슈토이버와 콜을 정치적으로 살해했다.
특히 메르켈에게 헬무트 콜은 자신을 발탁해준
아버지 같은 존재이자, 동서 통일을 이룩한
독일 역사의 거인이었다. 1999년 12월 22일,
당시 기독교민주연합(CDU) 사무총장이었던 메르켈은
거대 보수 일간지 『FAZ』에 콜의 뇌물 수수와
불법 비자금 조성을 비판하는 내용의 칼럼을 기고했고,
이로써 거인은 완전히 무너졌다.

이 고립시키려 애썼던 헤센 주지사 롤란트 코흐 등 전리품을 여럿 얻었다. 적어도 시체 다섯 구가 무티의 지하실에 있었다. 슈토이버는 다시 바이에른으로 돌아갔고, 메르츠는 막강한 직책인 CDU-CSU 원내대표 자리를 메르켈에게 넘겨주었다. 원내대표가 일하는 연방의회는 총리 관저와 가까이 있었다. 이는 메르켈의 계산이자 내기였고, 그는 승리했다. 메르켈은 슈토이버와 벌인 게임에서 패배했지만, 훗날 총리직을 거머쥐면서 이 패배를 승리로 바꿀 것이다.

메르켈의 전술은 주어진 것 이상으로는 관심이 없는 사람처럼 연기하는 것이었다. 그는 CDU 내에 있는 적수들과 맞서지 않았다. 정치적 정글에서 적과 직접 부딪치는 데 익숙한 남성들과 달랐다. 메르켈은 그들을 부드럽게 공격하고 그들이 서로를 제거하도록 만들었다. 메르켈이 독일 총리가 되었을 때, 폴커가 지난 필름을 돌리며 말했다. "그때 앙겔라는 정말 뛰어난 전술가였어요. 자신이 이길 수 없다는 걸 알았고, 슈토이버가 실패할 경우를 가정했죠. 당시 앙겔라가 내게 그 일을 말해줬어요. 결국 앙겔라는 구원자처럼 등장했죠. 회심의 일격이었어요! 난 축하해줬어요."

메르츠는 2021년 1월 CDU 대표직에 도전하지만 뉴페이스인 아르민 라셰트에게 패했다. 라셰트는 메르켈이 총애하고 또 명백히 메르켈 같은 인물이었다. 그때 메르츠는 무슨 생각을 했을까? 2002년 1월에 메르켈이 자신을 뻔뻔하게 희생시킨 이후, 메르츠는 19년 동안 메르켈에 대한 복수심을 되새겨왔다. 메르켈은 당시

직위 승계에도, 이번 선거에도 전혀 관여하지 않았지만 메르츠는 한 번 더 메르켈의 희생자가 될 수밖에 없었다.

나는 2009년에 쇼이블레를 만났다. 그는 당시 재무부 장관이자 정부 내 강자였다. 쇼이블레는 1990년 선거운동 중 한 정신이상자의 공격을 받아 척수가 절단된 후 휠체어에 앉아 있었다. 쇼이블레는 정중하고도 간결한 미소를 지으며 메르켈 총리와 그의 콜 제거 사건을 이야기해주었다. 메르켈이 콜을 제물로 삼아 자리를 차지했다고. "앙겔라는 권력에 대한 확실한 의지를 갖고 있었어요. 인내심은 앙겔라의 큰 장점 중 하나죠." 그는 잘 알고 있다는 표정으로 말했다. 쇼이블레는 자신도 희생자가 된 1999년 『FAZ』에 실린 유명한 칼럼을 언급하며 아량 있는 태도를 보였다. 그는 자신이 품을 수 있는 작은 원망조차 씻어버린 것 같았다. "앙겔라는 그 칼럼을 이용해서 올인한 거예요. 모든 걸 잃을 수도, 두 배를 벌 수도 있는 게임이었죠. 질 수도 있었지만 이긴 거예요." 쇼이블레는 침착하게, 하지만 날카로운 시선을 책상에 고정한 채 이렇게 덧붙였다. "1999년 12월 22일 나는 앙겔라 메르켈이 독일의 첫 번째 여성 총리가 되리란 걸 알았어요."

11 걸스 캠프

"권력을 쥔 여성은
언제나 의심을 받는다."
- 엘리자베스 바댕테르

헬무트 콜 전 총리 그리고 기독교민주연합(CDU) 당수 볼프강 쇼이블레와 결판을 낸 이후 라이벌 에드문트 슈토이버를 제거한 것은 메르켈 혼자 한 일이 아니었다. 앞에 나서지 않지만 어디에나 있는 막후의 조력자가 그 곁에 있었다. 미래 총리의 가장 가까운 협력자이자 지독하게 고생하는 영혼이지만 결코 눈에는 띄지 않는 베아테 바우만은 메르켈이 원하는 것을 얻으려고 슈토이버를 마음대로 부린 방법을 웃으면서 털어놓았다. "앙겔라는 슈토이버가 모든 결정을 스스로 내린다고 믿게 만들었어요. 그런 결정을 하게 만든 건 사실 앙겔라인데 말이에요. 슈토이버는 그것도 모르고 앙겔라가 원하는 모든 걸 했어요. 정말 굉장했죠."

메르켈은 베아테를 만날 당시 다리가 부러진 상태였다. 1992년, 여성청소년부 장관인 메르켈은 헬무트 콜 정부의 젊은 초심자이자 콜 총리의 '메트헨'이었다. CDU 내의 한 친구가 메르켈이 있는 병원을 찾아왔다. 훗날 연방독일의 대통령이 되는 크리스티안 불프(Christian Wulff)로, 당시에는 CDU 니더작센주 집행위원회의 일원이었다. 메르켈은 불프와 대화하다가 협력자를 찾는다고 우연히 말했다. "베아테 바우만에게 물어봐요." 불프가 말했다. "사실 영어, 독일어 교사를 지망하는데, 융에 우니온(Junge Union, CDU 내 청년 조직)에서 적극적으로 활동하고 일도 잘해요."

일은 잘 해결되었다. 스물아홉 살이던 베아테는 메르켈 장관을 수행하려고 논문 준비를 포기했다. 다리에 깁스를 한 메르켈은 베아테에게 여성부의 프로젝트 관리 직책을 맡겼다. 메르켈은 1994년 환경부 장관으로 임명되었을 때도 베아테와 계속 함께 일했다. 이 소중한 협력자는 CDU, 연방의회, 총리 관저에 이르기까지 어디서나 메르켈을 뒤따를 것이었다.

베아테는 필수불가결한 존재로 빠르게 자리 잡았다. 특히 1999년 CDU의 '비자금' 스캔들이 터져 헬무트 콜 총리와 볼프강 쇼이블레 당 대표에게 타격을 주었을 때 메르켈에게 많은 도움을 주었다. 당시 CDU 사무총장이던 메르켈은 콜은 물론 쇼이블레와도 거리를 두었다. 베아테는 메르켈에게 전적으로 충성했다. 그 혼란스럽고 긴박한 시기에 메르켈과 베아테는 작은 의식을 개발했다. 베아테가 매일 밤 중앙역으로 가 다음 날 신문을 사서 훑어본 다음, 아침이면 메르켈 사무실에 불쑥 머리를 내밀고 "별문제 없어요"라고 말하는 것이었다. "좋은 아침" 같은 인사도 생략했다. 메르켈은 알았다는 듯 머리를 끄덕였다.

메르켈과 베아테 이야기는 이렇게 시작되었다. 베아테는 변함없이 메르켈에게 헌신을 다했고, 베아테의 영향력은 점점 커졌다. 그들이 가깝게 지내는 것에 짜증을 내는 사람도 있었다. 메르켈이 CDU 메클렌부르크-포어포메른주 의장일 때, 같은 곳에서 사무총장으로 있던 프레슐레가 그랬다. "나는 모든 게 베아테를 거쳐야 하는 조직 구성을 항상 반대했어요. 하지만 메르켈은 내가 그런 말을 하는 걸 좋아하지 않았죠. 베아테는 앙겔라에게 안정감을 주었으니까요. 앙겔라에게 최고의 파트너죠." 결국 메르켈은 아무것도 바꾸지 않았다. 베아테는 모든 것을 조정하고 필요하면 장애물을 제거했다. 그리고 이렇게 말할 것이다. "그렇게 하세요. 총리님이 그걸 원해요."

다른 한 명, 에바 크리스티안젠은 1998년 가을에 합류했다. 메르켈이 CDU 사무총장일 때 에바는 CDU 대변인이 되었다. 베아테와 마찬가지로 에바는 서독 출신 가톨릭 신자였다. 메르켈은 베아테와 에바에게 자유는 당연히 주어지는 것이 아니며 커다란 선물임을 일깨워주곤 했다. 이 트리오는 CDU를 장악한 남성들에 맞서 긴밀하게 결속하고 당의 '비자금' 스캔들에 대응하고 콜의 정치적 살해로 이어지는 비밀 계획을 진행하면서 형성되었다. 이들은 서로를 떠나지 않았다. 총리 관저에서 베아테는 '사무실 총책임자'이고 에바는 미디어 고문이자 기획 전략 책임자였다.

에바 대 베아테. 잘 웃는 금발 머리 대 무뚝뚝한 갈색 머리. 포니테일 머리를 하고 분홍색 티셔츠를 입는 여성스러운 여성 대 짧은

걸스 캠프. 총리가 되기 훨씬 전부터 메르켈은 이 두 여성과 함께했고
이들은 메르켈을 떠난 적이 없다. 세 사람은
CDU를 쥐고 있는 남성들에 맞서 굳게 결속했다.
왼쪽은 에바 크리스티안젠 '연방총리실 정책기획 · 혁신 ·
디지털 정책실장'이고 오른쪽은 수석 보좌관이자 '총리실 총책임자'
역할을 하는 베일에 싸인 인물 베아테 바우만이다.
총리 자리에 오르기까지 메르켈을 도운 충실한 두 여성이
없었더라면 헬무트 콜 총리에게 타격을 주고 메르켈이
CDU 당 대표로 선출되기 힘들었을 것이다.

머리에 어두운색 옷을 즐겨 입고 액세서리도 화장도 하지 않는 남성적인 여성. 말하기 좋아하는 사람 대 과묵한 사람. 굿캅 대 배드캅. 당근 대 채찍. 메르켈이 예순 살을 넘었을 때 에바와 베아테는 50대 근처였다.

메르켈의 영원한 충신인 에바와 베아테는 그들의 비밀을 무덤까지 가져갈 것이다. 1999년 메르켈이 『FAZ』에 보내 자신의 '아버지' 헬무트 콜을 정치적으로 살해한 그 유명한 칼럼에 대해, 이 둘만이 비밀을 알고 있었다. 베아테가 에바보다 먼저 그 이야기를 들었다. 베아테는 미리 알림을 받는 것 이상으로 많은 일을 했을 가능성이 높다. 중요한 문제와 관련된 메르켈의 연설과 텍스트에는 베아테가 항상 관여했는데, 『FAZ』를 이용해 콜을 제거하는 것보다 중요한 일은 없었으니 말이다. 베아테와 에바 같은 무조건적 공모자들이 반드시 필요한 이유는 메르켈이 자기 주변을 공백으로 만들었기 때문이다. 자신을 능가할 수 있는 사람, 이념 없이 일하는 사람, 독실하지 않은 사람을 배제하다 보면 의지할 친구가 얼마 남지 않는다. 그래서 전에 메르켈이 폴커에게 "공기가 희박해지고 있다"라고 털어놓은 것이다.

여성 3인방에 짜증이 난 CDU 내 남성들은 마치 이들이 걸스카우트 캠프에 있는 소녀들 같다는 의미로 이들을 '걸스 캠프'라고 불렀다. 앙겔라는 그 표현에 내포된 남성들의 거만함을 알아차렸고 뮐러-포그에게 이렇게 언급했다. "'걸스 캠프'라니, 내가 들어본 표현 중 가장 흥미로운 발상이에요. 여성이 책임 있는 위치에 있고 다른 여성들에게 둘러싸여 있으면, 항상 이상해 보이고 쉽게 험담할 수 있는 분위기가 만들어지죠. 그게 바로 '걸스 캠프'라는 표현이 위험한 동시에 흥미로운 이유예요."

메르켈은 페미니스트일까? 평등 개념이 남녀 관계에도 당연히 적용되는 동독에서 자란 메르켈에게는 페미니즘이 중요한 문제가 아니었다. 하지만 메르켈은 기독교민주연합(CDU)과 CDU의 자매 정당이자 더 보수적인 성향인 바이에른기독교사회연합(CSU)을 통합하는 과정에서 페미니즘을 이해하기 시작했다. CDU와 CSU를 지배하는 사람들은 평등과 도덕에 대한 진보주의 이념에 별 흥미를 느끼지 못하는 가톨릭 남성들이었다. 콜 총리가 여성·오시 할당제를 채우려고 데메지에르의 추천을 받아 메르켈에게 장관직을 제안했을 때, 메르켈은 콜이 던진 여러 질문 중 다음 한 가지에 어리둥절했다. "여성들과 잘 지낼 수 있습니까?"

메르켈은 그로부터 얼마 후 이 문장을 떠올렸다. 메르켈이 포어포메른-뤼겐 하원의원으로 선출된 날 밤 헬무트 콜이 그를 여성청소년부 장관에 임명했을 때였다. 메르켈은 장관이 되어 기뻤지만, 책임을 맡게 된 여성과 청소년 영역은 그의 주 관심사가 아니었다. "솔직히 말하면, 독일이 크게 변화하는 동안 나는 여성과 청소년이라는 주제에는 별 관심이 없었어요." 메르켈이 뮐러-포그에게 고백한 내용이다.

메르켈은 여성부 장관으로 일하면서 남성 우위론자들의 무시와 빈정거림을 알게 되었다. 데메지에르가 메르켈에게 옷차림을 바꾸라고 정중하게 권했지만, 메르켈이 아무리 노력해도 조롱과 무례한 발언을 피할 수는 없었다. 타블로이드 신문 『빌트』는 살짝 히피 느낌이 나고 유행에 뒤떨어진 드레스를 입은 메르켈의 우스꽝스러운 모습을 즐겨 보여주었다. 메르켈은 서독에서, 특히 CDU-CSU에서 성차별적 편견의 힘이 얼마나 강한지를 그리고 그 사회에서 세 가지 'K'가 얼마나 중요한지를 이해하게 되었다. 여성에게 적용되는 세 가지 계율, 즉 '어린이, 교회, 부엌'(Kinder, Kirche, Küche)은 메르켈이 받은 교육과는 부합하지 않았다.

그러면 메르켈은 페미니스트인가? 2017년 4월 베를린에서 열린 G20 여성정상회의에서 메르켈은 이 질문을 받았다. 국제통화기금(IMF) 총재 크리스틴 라가르드, 미국 대통령의 딸 이방카 트럼프와 함께 참석한 자리였다. "총리님, 본인이 페미니스트라고 생각하십니까?" 한 기자가 그에게 물었다. "솔직히 말하면 나는… 페미니즘 역사에 부분적으로 속하지만 전적으로는 아닙니다. 그러니 그 수식어를 내게 부당하게 사용하고 싶지는 않습니다." 항상 정확한 단어를 사용하려고 조심하는 메르켈이 답했다. "예를 들어, 알리체 슈바르처* 그리고 그와 비슷한 여성들은 내가 따라갈 수 없는 힘든 싸움을 정말 많이 주도해왔습니다. 나는 그들의 성공을 내 몫으로 돌릴 수 없기 때문에 '좋아요, 난 페미니스트예요!'라고 말할 수 없습니다. 당신이 나를 페미니스트 중 하나로 생각한

---

* Alice Schwarzer, 독일의 유명 저널리스트이자 페미니스트.

유명한 페미니스트 알리체 슈바르처(오른쪽)는
메르켈이 여성청소년부 장관으로 재직하던 시절(1991~94)에
친구가 되었다. 메르켈은 슈바르처의 제안에 따라
수전 팔루디의 책『백래시』에 관한 글을 잡지『엠마』에 실었다.
「권력을 향한 행진」이라는 제목으로 실린 글에서 메르켈은
"보여주기식으로 여성을 고용한 몇 가지 경우를 미화하며
여론을 만들어내는 것은 남성들"이라면서 여성이
언론, 정당, 이익단체, 기업, 사회 활동에서 높은 지위에
오르지 못하는 사실을 규탄했다.

다면 그건 괜찮지만, 내가 나 자신에게 그 라벨을 붙이고 싶지는 않습니다."

알리체 슈바르처는 때마침 메르켈을 눈여겨보았다. 메르켈이 여성부 장관을 맡은 첫해부터 이 페미니스트는 메르켈이 발의하는 남녀평등에 관한 법률안을 주의 깊게 지켜봐왔다. 직장 내 성희롱, 동등한 능력에 대한 기업 내 차별, 공직 내 불평등 등을 제재하려는 법률안이었다. 하지만 시기가 너무 일렀다. 장관은 여성혐오적인 무례한 언행을 들었을 뿐 아니라 당에서 가장 예의 바른 이들에게조차 기껏 '착한 소녀' 취급을 받았다. 언론도 같은 분위기였다. 잡지 『엠마』(Emma)를 창간해 오늘날에도 운영하는 알리체는 분개했다. 그는 메르켈을 만나려고 전화를 걸었다. "물론 나는 본까지 가고 싶었어요."

알리체가 말했다. "하지만 앙겔라는 자신이 쾰른으로 오겠다더군요. 쾰른에 『엠마』 편집국이 있으니까요. 쾰른까지 30킬로미터 거리인데 말이에요. 하긴, 앙겔라는 항상 예의가 바르니까요. 우린 라인강변에 있는 이탈리안 레스토랑 툴리오(Tullio)에서 저녁을 먹었어요. 난 앙겔라의 지성과 솔직함에 깊은 인상을 받았어요." 1991년 여름 메르켈 장관은 헬무트 콜과 함께 떠난 미국 출장에서 막 돌아온 때였다. 메르켈은 알리체에게 자신이 그토록 꿈꿨던 미국을 직접 본 기쁨을 이야기했다. 그들은 비버리힐스에 가서 콜 총리의 오래 친구인 로널드 레이건 전 대통령을 만났고, 백악관에서는 조지 부시를 만났다. 메르켈과 알리체는 여성의 노동이 실업의 요인이라는 생각을 입 밖으로 꺼낸 레이건의 용기에 대해 농담을 하며 웃었다.

메르켈은 알리체에게 자신이 미국 출장 중 읽은 세계적 베스트셀러에 대해서도 이야기했다. 바로 수전 팔루디(Susan Faludi)의 『백래시』(*Backlash*)였다. 저자는 1980년대 이후 미국에 만연한 성차별주의자들의 백래시*를 고발했다. 알리체는 메르켈의 열정에 응해 잡지 『엠마』에 그 책에 대해 싣자고 제안했고, 메르켈은 기뻐했다.

기사는 여성부 장관이 쓴 '권력을 향한 행진'이라는 제목으로 실렸다. 어조는 장관스럽지도, 기독교 민주주의자스럽지도 않았고, 오히려 『엠마』의 호전적인 편집자들과 비슷했다. 메르켈은 '보여주기식으로 여성을 고용한 몇 가지 경우를 미화하며 여론을 만들어내는 것은 남성들이다'라면서 여성이 언론, 정당, 이익단체, 기업, 사회 활동에서 높은 지위에 오르지 못하는 사실을 규탄했다. '내가 이 책에서 얻은 교훈 중 하나는 우리 여성들이 체제를 정복하려는 행진을 계속하고 공권력에 참여해야 한다는 것이다. 그것은 법으로 확립할 수 없다. 남녀평등을 위한 투쟁은 나선형으로 발전한다. 한 걸음 뒤로, 한 걸음 앞으로 조금씩 나아가는 것이다.'

알리체가 메르켈을 지지하는 것이 거슬리고 불편한 이들도 있다. 페미니즘과 독일 좌파를 대표하는 거물이 보수 정당 CDU의

---

* 정치·사회 변화에 반대하는 기득권 또는 대중의 반발을 뜻하는 사회학 용어.

여성 장관에게 빠지다니! 메르켈과 알리체는 1992년 이탈리안 레스토랑에서 처음 점심식사를 함께한 후 1년에 한 번씩 레스토랑, 쾰른에 있는 알리체의 집 또는 총리 관저에서 만났다. 좌파들은 알리체가 정치적으로 반대편에 있는 사람을 홍보한다고 비난했다. "앙겔라는 내게 관심이 있고 나는 그를 좋아해요." 알리체가 말했다. "앙겔라가 보수당을 대표하긴 하지만 보수주의자는 아니니까요. 앙겔라가 페미니스트냐고요? 그것에 대해 명확히 얘기한 적은 없어요. 양성평등이라면 앙겔라에게는 너무 당연한 일이에요. 하지만 그가 어떻게 싸울 계획인지는 내가 알 수 없죠."

메르켈은 여성청소년부에 동독의 시각을 약간 적용했다. 서독 출신 페미니스트들은 남녀평등을 이론상 당연하게 여기는 동독 여성이 장관으로 임명된 것을 기뻐했다. 장관은 낙태 관련 법안을 처리해야 했다. 낙태라면 CDU의 가톨릭 보수주의자들이 휘어잡고 있는 서독에 비해 동독이 진보적이었다. 메르켈은 낙태를 불법으로 규정하고 징역형을 몇 년 부과할 수 있는 형법 '제218조' 논쟁의 중심에 있었다.

알리체는 이 숫자가 상징처럼 휘날렸던 1970년대 페미니스트 시위의 선두에 있었다. 시몬 베유*가 프랑스에서 관련법을 제정하려고 훌륭하게 싸운 지 17년이 지난 1991년, 이 문제는 독일 사회와 연방의회를 뒤흔들었다. 그리고 집권 연정을 보수적인 CSU와

---

* Simone Veil, 프랑스 여성 정치인. 보건부 장관이던 1974년 임신 중단 합법화 법안을 통과시킴.

좀더 진보적인 CDU로 분열시켰다.

헬무트 콜은 어떻게 해야 할지 몰라 장관에게 책임을 맡겼다. 메르켈은 법안을 준비하고 자신의 정치 멘토 중 한 명과 상담했다. 변호사로 활동하는 데메지에르였다. 그는 메르켈을 도와 법률적 해결책을 찾았다. 낙태에 관한 메르켈의 법안은 기독교인과 페미니스트 모두를 만족시키려는 아주 메르켈다운 중도주의의 혼합물이었다. 낙태는 불법이지만 용인될 수 있으며, 생명을 침해하는 것은 분명하지만 사회는 이 '어려운 결정'에 직면한 여성들을 도와야 한다는 내용이었다. 이에 맞서 사회민주당(SPD)과 자유민주당(FDP)은 낙태를 처벌하지 않기를 원했다. 그들의 법률안이 연방의회에서 채택되었지만 메르켈은 투표에서 기권했다.

메르켈은 앞으로 나아갈 수 없었다. 두 견해 중 어느 것도 만족스럽지 않았다. 메르켈은 자신을 구성하는 두 부분, 즉 '목사의 딸'과 '여성이라는 대의명분에 충실한 동독 여성' 가운데 하나만을 택할 수 없었다. "나는 CDU의 초안은 너무 가혹하고 SPD의 초안은 헌법에 부합하지 않는다고 생각했어요." 메르켈은 당시 상황을 이렇게 설명했다. 결국 헌법재판소 의견에 따라 최종적으로 채택된 개혁안은 메르켈의 법안에 가까운 '반반' 해결책이었다. 자신의 전술과 우유부단함을 충실하게 따른 메르켈은 이후 2017년에도 동성결혼에 관한 법률의 표결을 서두르는 동시에 자신은 반대표를 던짐으로써 이번과 같은 방식으로 행동할 것이다. SPD의 논거를 그대로 사용하고 SPD와 같은 목표를 추구하는 것. 그래서

SPD의 이익을 가로채면서도 향후 연합을 생각해 SPD를 만족시키는 방법이었다.

메르켈은 정부보다는 CDU 당 내부에 많은 변화를 가져왔다. 메르켈이 여성이고 오시라는 사실은 할당량이라는 의미를 넘어 경직되어 있던 CDU에 새로운 바람을 불어넣었다. 메르켈의 견고한 '걸스 캠프' 멤버 베아테와 에바는 서독 출신이었지만, 메르켈이 관습을 바꿔나가는 것을 지지했다. 그리고 이제 또 다른 여성이 게임에 합류했다. 메르켈은 앞으로 CDU를 바꾸고(메르켈은 2000년부터 CDU 대표를 맡는다) 국가를 개혁하는 데서 이 여성에게 의지하게 된다. 정숙한 보수주의자로 보이지만 현대화의 필수 인물이 될 우르줄라 폰 데어 라이엔(Ursula von der Leyen)이다. 의학박사이자 현재 EU 집행위원회 위원장인 우르줄라는 2003년 니더작센주 정부에서 사회·가족·여성·보건부 장관으로 임명되었고 다음 해인 2004년 CDU 사무실에 합류했다.

메르켈과 우르줄라는 옛 장벽의 각기 다른 쪽에서 약 5년 차이를 두고 태어났지만, 이 정도로 서로가 다른 동시에 비슷하기도 어려웠다. 먼저, 다른 점이다. 메르켈이 미운 오리새끼처럼 무단 침입으로 CDU에 들어간 반면, 우르줄라는 기독교 보수주의자들에게 완벽한 여성이었다. 우르줄라는 오랫동안 부르주아이자 가톨릭교인 집안 출신이고, 일곱 아이의 어머니이며, CDU 거물의 딸이었다. 말을 탈 줄 알고 음악 애호가이며 여러 언어에 능통하고 넘치는 학력을 가졌다.

다음은 비슷한 점이다. 메르켈과 우르줄라는 둘 다 과학자이고, 늦깎이로 정계에 입문했으며, 정치에서도 같은 스타일을 보였다. 공부하고, 신중하고, 절제 있고, 가치를 중시하는 여성이었기 때문이다. 그리고 특히 둘 다 (군대 내 보육시설을 포함한) 유아 보육시설을 확대해 가정주부의 전통을 깨뜨리고 CDU 보수주의를 뒤흔들었다. 메르켈은 CDU 재정비와 현대화의 설계자였고 우르줄라는 그 첫 번째 작업자였다.

'가짜' 보수주의자인 메르켈은 총리에 취임하면 반대편에 선 두 정당인 CDU와 SPD를 이끄는 대규모 연정의 수장이 될 터였다. 하지만 결코 편안하지 않을 것이다. 반대 세력이 정부 파트너가 되는 것은 프랑스에서는 상상할 수 없는 연합이었다. 이렇게 되면 타협에 합의할 수밖에 없었다. 하지만 이 반대 세력들을 '한꺼번에' 연합하는 일에서 메르켈은 가장 뛰어나며, 협상과 타협의 여왕임이 드러날 것이었다. 왜냐하면 메르켈은 분명히, 전형적인 CDU 대표가 아니었기 때문이다. 그는 진정한 보수주의자가 아니며 동독에서 왔다. 그는 이 보수주의 정당을 전통주의적 틀에서 벗어나게 할 것이며, 그 정체성을 완전히 벗겨낼 것이다.

하지만 이런 사실은 우리가 나중에나 알게 될 일이다. "메르켈은 반동적이고 혐오스러운 정당을 부드러운 정당으로 만들었어요"라고 그의 친구이자 배우인 울리히 마트데스가 말했다. 그는 2017년 자신이 메르켈에게 투표한 일에 스스로 놀랐다. 좌파 자유주의자인 울리히 마트데스는 '헬무트 콜의 CDU에 투표하느니

손을 자르겠다'던 사람이었다. 게다가 그는 메르켈을 처음 만났을 때 자신은 SPD 아니면 녹색당에 투표할 거라 예고했다. 그때 메르켈은 그에게 조용히 대답했다. "전혀 상관없어요. 내게 투표하는 사람들이 충분히 많아요!"

언제나 그렇듯이, 메르켈은 자신의 가치관에 의지해 정치적 전략을 수립했다. 당의 방향을 수정하고 이데올로기를 재정립하는 일에는 이중의 이점이 있었다. 자신의 신념을 지킬 수 있고 동시에 라이벌 슈뢰더 총리의 이익을 가로챌 수 있었기 때문이다. 물론 슈뢰더도 반대편에서 똑같은 일을 했다. 두 독일을 통일한 후 발생하는 경제적 어려움과 실업에 직면해 독일의 슈뢰더와 좌파 사회민주당이 영국의 토니 블레어에게서 영감을 받아 '제3의 길'로 방향을 튼 것이다.

슈뢰더 정부의 자유주의적 개혁은 좌파의 분열을 일으켰다. 1999년 재무부 장관 오스카어 라퐁텐(Oskar Lafontaine)이 사임한 뒤 급진 정당인 좌파당(Die Linke, 디링케)을 공동 창당했다. 한편 메르켈도 슈뢰더의 캠페인 주제 중 일부를 슬쩍 가로채 사회민주주의 반대파를 무력화했다. 메르켈은 'SPD 최고 총리'라는 별명을 얻게 된다. 메르켈은 마키아벨리처럼 권모술수에 능했고, 지방 선거에서 연이어 패배하며 궁지에 몰린 슈뢰더 총리는 조기 총선을 실시하겠다고 발표했다.

슈뢰더는 지고 있었는데, 그 사실이 그를 미치게 만들었다. 2005년 9월 18일 선거에서 메르켈이 이끄는 CDU-CSU는 전후 최악의 결과를 기록했지만, 슈뢰더의 SPD보다 1% 앞섰다. 슈뢰더 총리는 믿을 수 없었다. 위대한 개혁가인 자신이 이 눈에 띄지도 않는 여성에게 뒤처지다니! 확실하게 과반수를 차지한 정당이 없는 상황에서 양측 모두 총리직을 주장하고 나섰고, 총리는 연정이 구성된 후 선출될 터였다. 자신이 '안정적인 정부'를 구성할 수 있는 유일한 사람이라고 여긴 슈뢰더는 자신의 승리 외에 다른 대안은 생각하지 않았다.

우리는 2005년 선거 당일 밤에 있었던 말도 안 되는 텔레비전 토론을 다시 볼 필요가 있다. 패배자에 교양 없고 무례한 슈뢰더는 권력에 그리고 자신이 좋아하는 보르도 와인에 취한 위뷔 왕*처럼 보였다. 패배를 인정하지 않은 그는 자신이 총리라고 선언하면서 침묵하고 있는 경쟁자이자 자신의 행동에 깜짝 놀란 여성을 경멸적인 언동으로 공격했다.

슈뢰더는 메르켈이 통치할 가능성을 건방지게 일축했다. "그에게는 SPD와 연정을 이끌 역량이 없습니다. 그건 확실합니다. 총리가 되겠다고 주장하는 메르켈의 토론 제의에 정말 우리 당이 응할 거라고 생각합니까?" 모두 경악했다. SPD에 입당했던 메르켈의 어머니는 SPD 당원증을 반납했다. "'그녀'는 결코 총리가 되지 않을 겁니다!" 여전히 남성우월주의에 빠져 있는 슈뢰더가 메르켈에게 눈길 한 번 주지 않고 다시 한번 말했다. 두 달 후 메르켈은

* Ubu, 알프레드 자리의 희곡 「위뷔 왕」에 나오는 저속하고 잔인하면서 천진함도 있는 인물.

SPD와 연정을 이끄는 총리로 선출되었고, 슈뢰더는 정계를 완전히 떠났다.

그러나 메르켈이 SPD와 대연정을 발표하고 11월 22일 연방의회가 메르켈을 총리로 선출하기까지는 두 달이 걸렸다. 서로 다른 정당들의 연합 가능성은 끝없는 추측을 불러일으켰다. CDU-CSU조차 메르켈이 총리직을 차지하는 정당성을 놓고 끝까지 망설였다. 협상에 신중한 독일 스타일 때문이었지만, 본질적으로는 남성과 가톨릭으로 이루어진 정당에서 동독 출신에 코드가 안 맞는 여성을 지도자로 받아들이기가 어려웠기 때문이다. 여성이 총리 후보로 지명된 것은 독일 역사상 처음 있는 일이었다. 여성 총리는 삼키기 힘든 알약이었다. 엘리자베스 바댕테르(Élisabeth Badinter)는 오스트리아의 마리아 테레지아 여제에 관해 쓴 위대한 고전 『여성의 힘』(Le Pouvoir au féminin)에서 이 점을 다음과 같이 강조했다. '권력을 쥔 여성은 언제나 의심을 받는다.' 그릇이 못 된다고, 능력이 부족하다고, 통치에 필요한 기질과 강인함이 부족하다고, 모든 것에서 의심을 받는다.

엘리자베스는 파리 뤽상부르 정원을 걸으며 전자담배를 한 모금 피우고는 마리 앙투아네트의 어머니인 18세기 여성 마리아 테레지아와 메르켈을 비교하며 즐겁게 이야기했다. 엘리자베스는 자신의 책에서 마리아 테레지아의 현대성 그리고 21세기 여성과의 유사성을 보여주었다. 메르켈과 마리아 테레지아. "네, 재밌죠. 생각해보면 둘은 공통점이 있어요!" 페미니스트 철학자인 엘리자베스는 이렇게 평했다. "둘 다 권력 행사보다는 자신의 성격으로 정치에서 강한 인상을 줬어요. 둘 다 사람들을 안심시키고 보호하며 신뢰를 심어줬죠. 둘 다 다툼이 아닌 화해의 정신으로 '남성적이지 않은' 통치를 하겠다는 의지를 표현했어요. 또 천천히 생각할 시간을 가지고 자신을 전지적이라 믿는 대신 다른 사람 말에 귀 기울이는 지성을 갖추었죠. 둘 다 이중 플레이 기술에 능했고요…"

2세기의 시간차를 두고 마리아 테레지아와 메르켈은 예외적 인물이라는 공통점이 있었다. 엘리자베스는 책에서 '일반적으로 여성들은 부득이할 때만, 즉 남성이 없을 때만 군림한다'라고 썼다. 21세기의 마리아 테레지아인 메르켈은 남성들을 모두 제거했고, 쇼이블레가 1999년 예언한 일은 현실이 되었다. 메르켈은 독일의 첫 여성 총리이자 최연소 총리가 되었다.

2005년 11월 22일 연방의회에서 메르켈의 이름이 불렸다. 메르켈은 1945년부터 그 앞까지의 모든 총리를 엄숙하게 열거한 후 옅은 미소를 지었다. 그 이상은 없었다. 메르켈을 가장 먼저 축하한 사람은 템플린에서 그에게 수학을 가르쳤던 한스-울리히 베스코프였다. 메르켈이 어릴 때부터 그에게서 논리적 사고력, 분석력, 전술적 지능을 발견한 사람이었다.

새로 선출된 총리는 자신의 임명에 대한 찬반 투표일에 이 스승을 초대했다. "앙겔라는 총리실에서 스파클링 와인을 한잔하자면서 나를 초대했어요." 눈동자가 푸른 수학 교사가 간결하게 말했다. 메르켈의 부모 호르스트와 헤를린트도 왔다. 남동생 마르쿠스와 여동생 이레네 그리고 메르켈의 오랜 친구 안드레아 쾨스터를 비롯해 메클렌부르크 지역구에서 온 사람들도 몇 있었다. 메르켈의 남편 자우어는 이 자리에도, 이날 밤 연방의회에도 참석하지 않았다. 그 사실에 놀란 사람들에게 총리가 말했다. "아, 그 사람은 텔레비전으로 보고 있어요! 그이는 조용히 있는 걸 좋아하거든요." 하지만 걸스 캠프는 물론 이곳에 있었고, 자신들의 직무에 충실했다. 베아테와 에바는 총리실로 들어갔다.

12 총리실의 세 여성

"난 자만심이 강하지 않아요. 남자들의
자만심을 이용할 줄 아는 거죠."

-앙겔라 메르켈

메르켈이 2005년 11월 총리 관저에 도착해 가장 먼저 한 일은 자신의 '걸스 캠프'를 설치하는 것이었다. 메르켈의 전임자인 슈뢰더는 비서실장을 자신보다 한 층 아래에 두었다. 새로 온 총리 메르켈은 관저 '주인'이 쓰는 8층 공간을 재구성해서 자신의 사무실과 베아테의 사무실을 한 층에 두었고, 둘 사이의 문은 거의 항상 열려 있었다. 이 충실한 보좌관은 메르켈이 환경부 장관이던 시절에 그랬듯, 계속해서 아침마다 머리를 내밀고 그 유명한 인사 '별문제 없어요'를 건넸다.

물론 2005년부터 2021년까지 메르켈이 권좌에 있는 16년은 심각한 위기가 습관처럼 일어난 시기였지만 말이다. 총리는 또한 충실한 페터를 곁에 두고 싶어 했다. 페터는 총리실장으로 재직하다 2018년 경제부 장관이 된 후 총리실 차관이었던 헬게 브라운(Helge Braun)에게 총리실장 자리를 넘겨준다. 어떻든 페터도 총리와 가까운 사무실에 있지만 베아테처럼 끊임없이 직접 접촉하는 방식은 아니었다. 베아테와 반대로 기자들과 접촉하는 데 너그러운 편인 에바는 총리의 아래층에 머물렀다.

총리실의 세 여성, 즉 메르켈, 베아테, 에바는 항상 서로 존대했다. 서로의 집에는 절대 가지 않았다. 근처 레스토랑에서 가볍게 식사할 때를 제외하고는 직장 밖에서 자주 만나지 않았다. 어느 저녁, 나는 슈프레강변에 자리한 레스토랑 가니메트에서 총리와 베아테가 구석 테이블에 조용히 앉아 있는 모습을 우연히 보았다. 아무도 그들을 방해하려 하지 않았고, 밖에는 경호원도 보이지 않았다. 메르켈은 사생활을 확실하게 보호하고 구분했다. 이것이 그의 팀이 언제나 견고하고 충성심을 갖게 만드는 요인이다. 이들은 서로에게 솔직하게 이야기하고 실수를 기탄없이 분석했다. 베아테는 한술 더 떠서 "어떻게 그렇게 말씀하실 수 있죠?"라며 메르켈을 질책하기까지 하는 유일한 존재였다. 베아테는 상사와 정서적 유대감이 너무 커서 가끔 자기 자신을 잊어버렸다. 그래서 총리에 대해 말하면서 '내가'라고 할 때도 있었다.

잡지 『슈피겔』(Der Spiegel)에서 랄프 노이키르히(Ralf Neukirch)는 '나, 메르켈'(Ich, Merkel)이라는 기사로 베아테의 이 행동을 꼬집기도 했다. 랄프 노이키르히는 '총리비서실장'이라는 공식 직함을 훨씬 능가하는 미스터리한 막후의 참모 베아테를 만나본 몇 안 되는 기자 중 하나였다. 베아테는 모든 것을 통제하고 총리의 연설, 인터뷰, 회의를 준비했다. 그는 수석 보좌관인 동시에 조직책이자 조언자로서 모든 일을 뒤에서 처리했다. 영향력 있는 여성이자 '모스크바의 눈'* 같은 존재였다. 모든 일이 베아테를 통해야 하지만 정작 베아테를 만날 수 있는 사람은 없었다.

정확히 어떤 일을 하는지 묻는 노이키르히 기자에게 베아테는 이렇게 답했다. "나는 총리님의 어조를 책임지고 있습니다." 어조라니! 베아테가 총리에게 바치는 헌신은 아무나 할 수 있는 일이 아니었다. 그는 총리와 약간 비슷하게 그리고 가능한 한 여성스럽지 않게 옷을 입었다. 총리 곁에서 일하는 것 외에 베아테의 삶에 대해서는 알려진 게 없다. 베아테는 메르켈 대역이자 분신이 되었다. 보이지 않지만 어디에나 함께하는 권력의 유령 말이다.

메르켈이 여성들에게만 둘러싸여 있다고 추론하는 것은 잘못이다. 메르켈 자신이 말했듯이 '걸스 캠프'라는 표현은 '위험하고 흥미롭다.' 기독교민주연합(CDU) 수뇌부의 거만한 남성 우위론자들이 만든 '걸스 캠프'는 오히려 이 표현을 사용하는 사람들에 대해 많은 것을 말해준다. 에바와 베아테를 제외하면 총리의 고문과 보좌관은 대부분 남성이며, 모두 똑같이 헌신적이고 유능하다. 대변인 슈테펜 자이베르트(Steffen Seibert), 유럽 고문 우베 코르세피우스(Uwe Corsepius), 전 외교 고문 크리스토프 호이스겐(Christoph Heusgen), 전 유럽 문제 담당 국장 니콜라우스 마이어-란트루트(Nikolaus Meyer-Landrut)까지. 메르켈은 코르세피우스와 호이스

---

* 다른 사람을 위해 감시 또는 스파이 활동을 하는 사람.

겐과는 10여 넌씩 함께 일했으며, 그들 각각을 대사직으로 임명해 그동안의 노고를 보상해주면서 비로소 헤어졌다.

총리는 아주 충실한 사람이다. 한 번 꾸린 팀을 거의 바꾸지 않고 몇 년을 유지하며 절대적인 신뢰 관계를 구축한다. 특히 신의 또는 충성심은 메르켈이 가장 중요하게 여기는 자질이다. 걸스 캠프에서 페터, 우르줄라에 이르기까지 충실한 사람들로 꾸려진 메르켈의 팀이 그 오랜 세월 지속적이면서도 안정적으로 유지된 이유이기도 하다. 반대로, 신의를 한 번이라도 저버린 사람은 제거된다. 노르베르트 뢰트겐 전 환경부 장관은 2009년에 이를 경험했다. 노르트라인베스트팔렌주의 지방 선거에서 패배한 다음이었다. 선거 실패가 메르켈 책임이라고 하는 그의 말을 들은 총리는 그를 가차 없이 해임했다. 물론 몹시 드문 일이기는 하지만 뢰트겐은 '무티의 총애를 받는다'고 알려진 사람이었다.

2005년 총리실에 정착하자마자 메르켈, 베아테, 에바로 똘똘 뭉친 여성 삼총사에 남성 한 명이 합류했다. 베아테와 에바처럼 서독 출신 가톨릭 신자인데다 보수적인 바이에른 출신이었다. 똑똑하고, 늘 웃고, 금발 머리인 울리히 빌헬름(Ulrich Wilhelm)은 2005년부터 2010년까지 메르켈의 대변인 및 공보실장을 지냈다. 총리와 함께하는 여정이 한창일 때 하차했다는 특이점이 있지만, 개인적인 이유로 마지못해 총리 곁을 떠났으므로 본인도 아쉬워했다. 어떻든 빌헬름은 오자마자 삼총사의 신뢰를 얻었고 총리에게서 높은 평가를 받았다. 아이러니하게도 메르켈은 빌헬름이 자신의 라이벌 편에서 대변인으로 일할 때 그를 발견했다. 빌헬름은 메르켈이 아주 솜씨 좋게, 조언자들과 함께 태연히 웃으며 도살장으로 보내버린 슈토이버의 대변인이었다. 전 바이에른 주지사이자 2002년 연방총리가 되고자 슈뢰더에 맞섰다가 불운을 겪은 CDU-CSU의 후보 말이다.

빌헬름과 베아테는 총리실에서 5년 동안 함께 일했지만 항상 같은 목소리를 내지는 않았다. 빌헬름은 총리에게 행동하도록 권하는 편이었고, 보스의 본모습을 잘 아는 베아테는 기다리라고 했다. 2006년 가을, 총리가 복잡한 의료개혁안에 대해 결단을 내리지 못하고 망설일 때 빌헬름은 총리에게 이렇게 제언했다. "대응할 수 있다는 걸 보여줘야 합니다!" 베아테는 반대로 "기다리세요. 서두르는 건 총리님께 맞지 않아요. 총리님의 강점은 기다릴 줄 안다는 겁니다"라고 조언했다. 메르켈은 물론 자신의 타고난 성향을 알고 있는 베아테의 조언 쪽으로 기울었다.

2010년, 명석하고 여러 언어에 능통한 자이베르트가 빌헬름의 자리를 이어받았다. 그는 외부와 접촉할 때 입을 무겁게 한다는 이곳 규칙을 충실하게 실행했다. 시간을 묻는 일조차 아주 조심스러워하며 정중한 독일식 매너와 완벽한 프랑스어로 양해를 구했다. 메르켈의 동독 개신교 윤리가 동료들에게 어떻게 각인되어 있는지를 살펴보는 것은 흥미로운 일이다. 존경, 예의, 엄격함, 신중함, 신의, 허세 부리지 않는 것, 잘난 척하지 않는 것. 긴밀한 관계를 유지하는 메르켈의 팀 멤버들이 공통으로 지닌 이 특성들은 메르켈의 영향을 받은 것이라고 할 수 있다.

내가 다큐멘터리에 에바의 말을 인용하거나 에바를 출연시키고 싶다고 여러 번 요청하자 그는 이렇게 말했다. "나는 총리님과 가깝다는 것을 이용해 알려지고 싶지 않습니다." 프랑스에서는 정치인과 그의 조언자들이 그들끼리 나눈 가벼운 잡담을 쉽게 공개하는데, 그러다 보면 '대통령이 저런 말을 하면 안 된다'는 말까지 나오기도 한다. 반면 독일 정치인, 특히 메르켈의 협력자들에게서 메르켈이 한 발언에 대한 설명을 들으려 한다면 시간만 낭비하는 일이 될 것이다. 내가 조그만 비밀 이야기라도 듣고 싶어 자이베르트를 설득하려 안간힘을 쓰자 그는 이렇게 말했다. "총리가 하신 말씀을 내가 되풀이하지는 않을 겁니다…" 이들보다는 메르켈과 덜 가까운 사람들도 조심스러워하긴 마찬가지였다. 경솔한 언동으로 우의를 잃을 수 있음을, 심지어 영원히 쫓겨날 수도 있음을 그들 모두 알고 있었다.

매일 아침 8시 30분, 메르켈의 긴밀한 팀은 한자리에 모여 30분 동안 회의를 한다. 각료회의가 있는 수요일 오전에는 좀더 이른 7시 45분에 모인다. CDU 대표이기도 한 총리가 당사에서 열리는 간부회의에 참석하는 월요일은 그렇지 않다. 베아테와 에바는 당연히 이 아침 회의에 참석하고 대변인 자이베르트, 총리실장 브라운, 브라운을 보좌하며 의회 그룹과 주(州) 사이의 관계 조정을 담당하는 헨드릭 호펜슈테트(Hendrik Hoppenstedt), CDU 사무총장 파울 지미아크(Paul Ziemiak)도 참석한다. 쉽게 말해, 정당과 연방의회가 이 아침 회의에 항상 참석해 정치적 의견을 내는 셈이다. 이는 메르켈 권력의 특징이다.

한편 총리는 계속 연정을 이끌며 국회의원 역할도 부지런히 수행한다. 한 달에 한 번 이상 슈트랄준트에 있는 자신의 지역구를 방문하고 시장에서 전단지를 나눠주기도 한다. 매주 화요일 오후에는 연방의회에서 열리는 정치 단체 회의에 참석한다. 이때 메르켈은 총리 관저에서 국회의사당까지 이어지는 광장을 걸어서 지나거나 자동차로 우회한다. 이 광장은 베를린 장벽이 있던 시절 동베를린과 서베를린 사이를 갈라놓았던 무인지대였다. 메르켈에게는 연방독일의 연정 회의, 의회 위원회, 의회 본회의에 참석하는 일이 유럽이사회나 G20에 참석하는 일만큼 중요하다.

연방의회에 있는 메르켈을 지켜보면 아주 재미있다. 메르켈은 가만히 앉아 있지 않고 통로를 오가며 이 사람, 저 사람 옆에 앉아 문제를 논의한다. 어느 날에는 한 의원이 마이크로 발언하는 중에 메르켈이 다른 의원과 수다를 너무 많이 떨다가 국회의장에게 어린아이처럼 꾸짖음을 듣기도 했다. "총리님, 이러시면 안 됩니다." 노어베르트 람메르트(Norbert Lammert) 국회의장이 엄중하게 말하자 총리는 잘못을 저지른 어린아이처럼 얼굴을 살짝 찌푸리며 조용히 자기 자리로 돌아갔다. 정부 구성원들을 위해 의회 내에 마련된 좌석은 모두 똑같다. 그중에서 메르켈의 자리임을 보여주는 유일한 표시는 그의 자리가 맨 앞줄 한쪽 끝에 있다는 점 그리고 다른 의자들보다 등받이가 약간 높다는 것뿐이다.

연방의회에 있는 메르켈의 사무실은 그가 인터뷰할 때 사용하는데, 아주 작고 특별한 표시도 없다. 이것이 전후 독일의 모습이다. 나치와 독재 시절 독일과는 아주 사소한 부분에서도 절대적으로, 의도적으로 반대되게 하는 것이다. 효율적이고 강력하면서도 가능한 한 작게, 가능한 한 과시적이지 않게, 가능한 한 투명하게. 건축가 노먼 포스터(Norman Foster)가 독일 국회의사당을 위해 고안한 유리 구조도 바로 그 점을 강조했다. 메르켈이 쓰는 기법도 마찬가지다. 수다 약간과 은밀한 일대일 대화로 알게 모르게 설득하는 것이다.

나는 갤러리 라파예트의 치즈 코너에서 비닐봉지를 든 메르켈과 마주쳤고, 슈프레강변의 레스토랑에서 베아테와 함께 있는 모습을 보았다. 그 외에도 메르켈이 총리 관저에서 나와 앞에 주차된 검은색 아우디 두 대 중 한 대로 가서 트렁크에 자기 짐을 직접 싣고 뒷좌석에 타는 모습을 보았다. 프랑스 엘리제궁의 무겁게 닫힌 문과 달리, 독일 총리 관저의 울타리는 거의 닫히지 않는다. 선팅한 창문도, 사이렌도, 번쩍이는 불빛도 없다. 독일 총리의 행렬은 검은 아우디 두 대뿐이고 신호등이 빨간불이면 여지없이 멈춰선다.

메르켈, 슈뢰더와 반대되고 콜과 반대되며 모든 이와 반대되는 사람. 메르켈 총리는 전임자들과도, 세계 지도자 어느 누구와도 닮지 않았다. 눈에 띄지 않고 조용하다. 이 거대한 총리 관저는 메르켈의 성격과 맞지 않는다. 과대망상증이 약간 있는 헬무트 콜은 총리 관저를 백악관의 세 배가 넘는 크기로 설계했다. 슈뢰더는 이 기념비적인 건물에 취미를 붙였지만, 목사의 딸에게는 세상과 단절되는 것 같은 이 격리가 견디기 어려웠다. 관저 밖으로 나가 첫 번째로 닿는 카페까지는 적어도 30분을 걸어야 하고, 관저 내부에 있는 사무실을 오가는 데도 몇 분이 걸린다. 모든 것이 현대적인 미니멀리즘 스타일에 연회색 빛이고 조용하다. 타일 위로 발소리만 들린다. 이음새가 고무로 된 육중한 문들은 마치 병원에 있는 문들처럼 '철썩' 닫힌다.

독일 총리 관저를 방문하는 각국 정상과 정부수반은 모두 테라스를 지나가게 된다. 테라스에서는 연방의회가 들어선 국회의사당 건물이 마주 보인다. 총리가 가져야 할 겸손함을 일깨워주듯, 의사당의 둥근 유리 지붕은 총리 관저의 지붕보다 높다. 메르켈은 손님들에게 이 사실을 알려주며 자부심을 느낀다. 그러나 집무실에서 메르켈은 베를린 전체를 지배한다. 국회의사당부터 알렉산더광장의 텔레비전 탑까지, 브란덴부르크문과 중앙역을 거쳐 티어가르텐공원과 동물원까지.

하지만 목사의 딸은 자신이 세상의 중심이라고 생각하지 않는다. 메르켈은 집무실 책상 위에 계몽주의 철학의 영향을 받은 러시아 군주 예카테리나 2세의 초상화를 올려두었다. 그리고 벽에는 전쟁 후 독일연방공화국의 초대 총리이자 유럽 건국의 아버지로 불리는 콘라트 아데나워(Konrad Adenauer) 초상화를 걸어두었다. 나머지 벽은 모두 흰색이다.

간소하고 깨끗한 집무실에는 커다란 창문이 있다. 메르켈은 전임자 슈뢰더가 들여놓은 거대한 검은 탁자를 좋아하지 않는다. 길이가 4미터에 달하는 탁자를 고른 슈뢰더 총리는 이 140제곱미터의 거대한 방을 집무실로 정한 콜 총리보다 더 과대망상에 빠졌던 듯하다. 메르켈이 총리 관저에 도착해 가장 먼저 결심한 일이 바로 그 탁자를 외면하는 것이었다. 메르켈은 탁자 반대편에 의자를 놓아 방문객에게 등을 보인 채 연방의회를 바라보며 앉아 있기를 좋아한다. 그리고 전화 통화를 할 때만 그 탁자 앞에 앉는다. 메르켈은 집무실에 들어와 오른쪽에 있는 회의용 탁자에서 주로 일하고, 한쪽 구석에 있는 소파에서 손님을 맞는다. 메르켈은 슈뢰더가 사용하던 총리 관저 꼭대기 층의 침대도 치우게 했다. 영혼 없는 궁전에서 자는 건 생각할 수도 없는 일이었기 때문이다.

메르켈은 매일 저녁, 박물관 섬 앞 슈프레강변에 있는 자신의 평범한 아파트로 돌아간다. 인터폰에는 오래전부터 남편 이름이 붙어 있었다. '박사 자우어 교수.' 건물이 유명해져 위키백과 목록에 오르자 이 문패는 결국 사라졌다. 하지만 일상은 그대로다. 세계에서 가장 영향력 있는 여성은 여전히 6층짜리 아담한 건물의 5층에서 살고 있다. 그리고 건물 앞을 지나는 사람은 대부분 인도에서 담배를 피우는 경찰관 두 명이 무슨 일을 하는지 짐작도 하지 못한다. 그들은 총리 사저를 경계하는 임무만 맡고 있다.

메르켈은 저녁에 집 근처 미테 지구 모렌 거리에 있는 작은 슈퍼마켓에서 혼자 장을 본다. 경호원은 보이지 않는데, 메르켈은 장을 보는 동안에는 경호를 허용하지 않아 경호원들을 곤란하게 만든다. 주말이면 브란덴부르크에 있는 아담하고 지붕이 빨간색인 별장으로 간다. 그곳에서 정원을 가꾸고 요리를 하고 호수에서 수영하고 자신의 오래된 골프(Golf) 차를 몬다. 메르켈은 여름휴가 때마다 가장 먼저 자우어와 함께 바이로이트 페스티벌에서 바그너의 오페라를 관람한다. 메르켈의 한 보좌관은 "해마다 우리가 언제 일의 속도를 좀 늦출 수 있는지 알려주는 게 바로 바이로이트 페스티벌 시작일이에요"라고 말했다.

메르켈이 축제 기간에 머무르는 시골의 소박한 하숙집을 보면, 그가 안락함이나 쾌적함에는 크게 신경 쓰지 않는다는 걸 알 수 있다. 나머지 휴가 기간에는 이스키아*에 있는 호텔에 가거나, 크로스컨트리 스키를 즐기거나, 산악 트래킹을 떠난다. 이런 장소는 휴대전화 네트워크 범위를 벗어날 수 있다는 큰 이점도 있다. 올랑드 전 프랑스 대통령은 일요일이나 휴가 기간에는 메르켈과 전화회의를 잡기가 어려웠다고 회상했다. "물론 필요할 때는 전화 통화에 응했지만 메르켈은 그런 걸 싫어했고 귀찮아하는 내색도 드러냈어요."

메르켈의 사생활은 완전히 베일에 가려져 있다. 남편 자우어는 정상회의나 공식 행사에 거의 동행하지 않았다. 예외적으로 2009년 바덴바덴에서 NATO 회의가 열릴 때 메르켈과 동행한 적

* 이탈리아 남부 나폴리에서 30킬로미터 떨어진 화산섬.

이 있다. 그해에는 미국 대통령 부인 미셸 오바마, 프랑스 대통령 부인 카를라 브루니-사르코지, 캐나다 총리 부인 로린 하퍼가 참석했다. 점심식사가 시작될 무렵, 요아힘이 자리에서 일어나 온통 여성인 그의 동료들, 즉 각국 지도자의 배우자들에게 인사했다. 다들 자우어가 그렇게 장난스러운 사람인 줄 몰랐다. "평소에 저는 앙겔라와 절대 동행하지 않습니다." 그가 고백했다. "하지만 제 친구들이 말했죠. '너 미쳤구나! 그 새로 온 퍼스트 레이디들 못 봤어?'라고요. 그래서 여기 오기로 결심했습니다… 반갑습니다."

16년 동안 총리직을 네 번 연임하면서 세계 4위 경제대국의 수장으로 있었지만, 그렇다고 해서 메르켈의 성격, 어린 시절부터 지켜온 도덕적 원칙, 사치에 대한 혐오, 권력의 상습적 속성에 대한 증오가 바뀌지는 않았다. 오랜 집권은 옛날 왕정시대의 화려함에서 벗어나지 못하는 프랑스 대통령들을 열광하게 만든다. 그들은 모든 걸 금으로 칠하고 과장해서 약해지는 권위를 보상해야 한다고 생각하며 오만함, 권위주의, 권력을 밖으로 드러내 보이는 것이 리더십의 필수 조건이라고 생각한다. 하지만 메르켈은 자신의 출신으로 그와 같은 생각이 사실이 아님을 증명해 보였다.

메르켈은 가끔 아이패드를 들여다보며 혼자 웃는다. 그는 ZDF 텔레비전 채널의 풍자 프로그램인 '호이테쇼'(Heute Show)를 팟캐스트로 시청한다. 풍자 대상은 다름 아닌 메르켈 자신이다. 호이테쇼에서는 그의 무미건조하고 따분하고 지루한 연설을 풍자한다. 메르켈의 연설에는 인상적인 부분도, 불쾌함을 주는 부분도 없는데 단 한 번 예외가 있었다. 난민 수용과 관련해 메르켈이 말한 그 유명한 "비어 샤펜 다스"(Wir schaffen das, 우린 해낼 수 있습니다)는 우파 지지자들의 야유와 서방 세계 지도자들의 격렬한 항의를 불러일으켰다.

코미디언들은 메르켈의 특징을 놓치지 않고 그가 마치 물리학 박사학위 논문 심사를 받듯 단조로운 어조로 연설을 이어가는 방식을 놀렸다. 문장을 끝내지 않는 버릇은 속기사들이 머리를 쥐어뜯게 만들었다. 메르켈이 지어내는 단어들과 존재하지 않는 단어들도 마찬가지였다. 아이패드 화면 속 코미디언들은 끝나지 않는 미완성 문장을 내뱉는 메르켈을 따라 하지만 메르켈은 그 장면을 보며 싫증 내지 않을뿐더러 웃음을 그치지 못한다.

메르켈은 보기와 달리 익살스러운 성격이다. 좋은 와인에 치즈를 곁들여 먹기를 좋아하고 농담을 늘어놓기를 좋아한다. 유럽이사회와 G8 동료들에게 짓궂은 장난을 치기를 좋아하고 그 무게 있는 남성들을 대놓고 흉내 낸다. 메르켈은 동독 출신 여성이라는 차별성을 특권으로 이용한다. 전체주의를 경험했고, 자유의 가치를 모르던 세상에서 자유를 발견했고, 보수주의의 오랜 규범을 혼자서 뒤엎었으며, 권력의 정점에 오르기까지 경쟁자들을 하나씩 제거했다… 이 모든 일에는 유머 감각이 필요하다. 거리를 두고 풍자적으로 대할 줄 알아야 한다. 메르켈이 어느 날 가까운 이에게 털어놓은 예상 밖의 말이 그것을 증명한다. "난 자만심이 강하지 않아요. 남자들의 자만심을 이용할 줄 아는 거죠."

메르켈의 페미니스트 친구 알리체 슈바르처는 남들과 다른 이 보수적인 여성을 입이 마르도록 칭찬했다. 알리체는 마거릿 대처 전 영국 총리부터 세골렌 루아얄* 전 프랑스 환경부 장관에 이르 기까지 정치에 족적을 남긴 몇 안 되는 여성을 열거했다. "대처는 아예 지배자 노릇을 했어요. 세골렌은 선거에서 패배한 날 저녁에 45분이나 지난 후 하얀색 옷을 입고 등장했어요. 프랑스 여성, 파리 여성을 대표하는 섹시한 여자가 되고 싶었던 거죠. 메르켈은 이런 것들에 신경 쓰지 않아요. 그 대신 메르켈에겐 시간과 자유가 생기죠. 실용적인 헤어스타일, 단순한 재킷, 그게 다예요. 메르켈이 그만두면 우린 메르켈의 스타일 때문에 그를 그리워할지도 몰라요."

겉모습에 신경 쓰는 것은 메르켈에게는 정말 성가신 일이다. 그러나 권력에는 요구되는 것들이 있는 법이다. 메르켈은 결국 그러한 요구사항을 최소한으로 따르기로 결심하고 측근에게 이렇게 말했다. "더 노력해야 한다는 걸 깨달았어요. 내가 말을 하면 그들은 내가 머리를 어떻게 손질했는지, 무슨 옷을 입었는지부터 쳐다봐요. 한 10분은 지나야 내가 하는 말을 듣기 시작하죠. 여성 정치인이 주의를 끌려면, 남성 정치인보다 더 많은 시간이 필요해요."

메르켈은 자신의 스타일에 대해 조언받기를 항상 거절해왔지만, 이제 메이크업을 조금은 하기로 받아들였다. 그는 곧고 짧은

---

* Ségolène Royal, 프랑스 대선에 도전했었다.

앞머리를 포기하고 총리다운 또는 '연방' 스타일로 볼륨을 주었다. 메르켈이 이동할 때면 헤어와 메이크업을 담당하는 스타일리스트가 항상 동행했다. "텔레비전에 출연할 때 스튜디오 배경과 맞는 색상을 결정하는 일을 제외하고는 메르켈은 우리 의견을 묻지 않아요." 한 참모가 한 말이다.

총리는 가끔 패션잡지를 훑어보고 잘 차려입은 여성들을 구경하길 좋아하지만, 자신에게 적용하려는 건 아니다. 10년 전 사진을 찍었을 때와 똑같은 옷을 입고 있다고 지적한 어느 사진기자에게 메르켈은 이렇게 대답했다. "독일 국민에게 봉사하라고 선출된 거지 패션모델이 되라고 선출된 게 아니잖아요!" 그런 일에 소비할 시간은 없다. 그래서 메르켈은 가장 단순한 차림을 선택한다. 바지, 초커,* 끈 없는 단화, 단순한 재킷.

메르켈은 어느 날 함부르크에 있는 한 상점에서 칼라가 없고 단추가 달린 재킷을 발견하고 행복해했다. 그러고 나서 옅은 베이지색에서 밝은 녹색까지 상상할 수 있는 모든 색상으로 디자인이 같은 재킷을 수십 벌 샀다. 그러고는 날짜, 시간, 상황에 관계없이 단추 채운 재킷을 바지에 받쳐 입었다. 디자인 때문에 골치 썩을 일은 없었다. 메르켈은 색깔 외에는 어떤 것도 바꾸지 않았으니까. 메르켈이 함부르크에 가면 그 상점 주인은 '메르켈 재킷' 중에 새로 나온 색상만 보여주면 되었다.

* 길게 처지지 않고 목에 적당히 감기는 목걸이 또는 목장식.

메르켈이 겉모습에 관심을 가진 때가 딱 한 번 있다. 2009년 메르켈이 운동에 열중했을 때다. 친구이자 마라톤을 즐기는 영화감독 폴커가 그에게 마라톤을 해보라고 조언했다. 스트레스와 권력의 무게를 견디는 데 도움이 될 거라고 말이다. 메르켈은 매일 아침 총리 관저 뒤 정원에서 달리기를 했지만 금방 지쳐버렸다. "앙겔라는 내게 달리기 기록을 자랑스럽게 보냈어요. 오래 가진 않았죠"라고 폴커가 말했다. 메르켈은 달리기를 그만두었는데 그건 잘한 일이었다. 권력이 그를 무겁게 짓누르지 않았으니까 말이다.

권력에 대한 욕구도 마찬가지였다. 정상에 오르는 동안 메르켈은 자기 의지와 상관없이 갖게 된 특징인 '동독 출신 여성'이 정치적으로 이득이 됨을 점차 알게 되었다. 천성적으로 메르켈에게는 기교가 없다. 하지만 메르켈은 이를 전술적으로 자신의 스타일로 만들었다. 메르켈이 지금과 반대되는 성향으로 총리직에 있었다고 상상해보자. 남자들의 쓸데없는 조롱, 여자들의 배신행위, 자극적인 선동… 메르켈이 그런 환경에서 16년을 버틸 수 있었을까? 그는 여성들의 질투도 남성들의 탐욕도 자극하지 않으면서 비판을 무력화한다. 카리스마 없는 매력, 경쟁 없는 권위, 단순한 힘. 그래서 메르켈은 적응력이 있고 조용하며, 오래 간다.

13 글로벌 무티

"난 푸틴과 그가 쓰는 방식을 속속들이 알아요.
전형적인 KGB 수법이에요."

－앙겔라 메르켈

2008년 메르켈이 집권 3년 차에 접어들었을 때 무티라는 별명
이 생겼다. 이 별명을 만든 것으로 추정되는 사람은 전 경제기술부
장관 미하엘 글로스(Michael Glos)이지만, 사실 그는 이 단어를 좋
은 뜻으로 쓴 게 아니었다. 『슈피겔』이 보도한 바에 따르면, 바이
에른의 보수주의 가톨릭 정당인 바이에른기독교사회연합(CSU)
의 글로스는 메르켈이 자신을 '강한 모성'으로 대하는 태도를 무
티라는 표현으로 짜증스럽게 빈정댄 것이다. CSU 간부 출신인 글
로스가 최초의 여성 총리를 무티라고 부른 것은 메르켈을 총리가
아닌 어머니 역할로 축소하려는 의도가 있었을 뿐 아니라 여성을
혐오하는 분위기를 풍겼다. 극우 포퓰리즘은 메르켈이 2015년 난
민 100만 명을 끌어안았을 때 이 용어를 열심히 퍼 날랐고, 히잡을
두른 메르켈의 얼굴 사진에는 '무티 물티쿨티'*라는 슬로건이 들
어갔다.

하지만 메르켈 지지자들은 자신들의 애정을 담아 이 무티라는 별명을 계속 사용한다. 16년을 집권했는데도 지지율이 항상 70%에 이르고 50% 밑으로는 내려간 적이 없듯이 그를 지지하는 사람이 대다수다. 기독교민주연합(CDU)의 열성적인 활동가들은 2017년 그의 재선을 지지하면서 '모티비에트'*를 재치 있게 바꾼 '무티비에트'라는 말을 사용했고, 롤링스톤스의 노래 「앤지」(Angie)에 맞춰 '앙기'를 응원했다. 무티라는 별명이 메르켈에게 그토록 잘 어울리는 이유는 메르켈이 집권 내내 자신이 책임져야 할 독일 국민을 보호했고, 그들의 안정을 보장했으며, 더 나아가 그들과 닮았기 때문이다.

독일의 '어머니'는 팝 아이콘이 되었다. 메르켈의 얼굴은 각종 용품에 담겨 상점에서 판매되고, 머그잔과 티셔츠에 앤디 워홀 스타일로 새겨져 있다. 메르켈의 둥근 얼굴을 본뜬 케이크 틀도 있다. 임기가 늘어나면서 무티는 날아올랐다. 세계 4위의 경제대국을 이끄는 메르켈은 미국 잡지 『포브스』가 선정하는 '세계에서 가장 영향력 있는 여성'에 열 번 이상 이름을 올렸다. 메르켈은 유럽의 기준이다. 유럽이 의지해야 할 사람이며 그 없이는 할 수 있는 게 없다. 오바마가 트럼프의 대통령 당선으로 충격을 받은 뒤 경의를 표하려고 찾아간 사람도 메르켈이었다. 민주주의의 수호자, 세계 남성 지도자들의 보스, 글로벌 무티다.

* Mutti Multikulti, 물티쿨티는 다문화주의를 뜻함.
* motiviert, '의욕적인, 동기부여된'의 독일어.

그러나 메르켈이 세계에 대한 진정한 학습을 경험한 것은 서구가 아닌 그 반대, 즉 동구권을 통해서였다. 그중 첫째는 지구상 가장 큰 나라의 지배자, 포퓰리즘-내셔널리즘의 마스코트, EU의 정치 프로젝트와 그것이 구현하는 민주적 가치의 공공연한 적, 바로블라디미르 푸틴이다. 메르켈과 푸틴의 관계는 특별하다. 둘 다 공산주의 독재를 아주 잘 알고 있다. 물론 약간 차이는 있다. 메르켈은 점령당하는 쪽, 푸틴은 점령하는 쪽이다. 메르켈이 동베를린에서 물리학 논문을 준비하던 시절에, 푸틴은 메르켈과 약 200킬로미터 떨어진 동독 내에 있었다. 푸틴은 구소련 정보기관인 KGB의중령으로 드레스덴에 파견되어 있었다. 유도 검은띠 소유자에다감시 대상에 대한 문서를 작성하는 일에도 매우 헌신적이었던 푸틴은 KGB에서 20년 넘게 요원으로 일했다.

베를린 장벽이 무너진 1989년 11월 9일, 메르켈이 검문소를 통과해 반대편 베를린을 발견했던 날 푸틴은 여전히 드레스덴에서 '간첩 모집' 직무를 포장하는 그럴듯한 직함인 '영사 직원'으로 머물고 있었다. 동독은 심지어 압제자와 피압제자 사이에도 연결고리를 만들어냈다. 푸틴과 메르켈은 서로를 알아가려고 자주 만날필요도 없다. 메르켈이 푸틴을 잘 알고 있음을 푸틴 자신도 알고있다. 그들은 서로를 간파하고 있다. 푸틴은 독일어를 배울 기회가있었고 메르켈은 러시아어를 완벽하게 구사한다. 메르켈은 과학에 몸담기보다 러시아어를 배우고 가르치는 일을 꿈꿨을지 모른다. 메르켈과 푸틴은 실무 회의를 할 때 통역에서 나올 수 있는 완화된 표현을 피하려고 서로의 언어로 말한다. 이는 예의의 표현이자 서로를 통제한다는 자신감을 드러내는 것이다.

푸틴은 주저 없이 거친 성향을 드러내고, 메르켈은 그를 혹독하게 다룬다. "당신은 우릴 존중하지 않았어요!" 메르켈은 2017년 7월 함부르크에서 열린 G20 회의에서 러시아어로 푸틴에게 말했다. 마크롱, 푸틴, 메르켈과 그들 각자의 참모들은 소위원회에서 러시아의 우크라이나 침략과 그에 따른 유럽의 러시아 제재를 환기하고 있었다. 러시아 대통령은 태연하게 미소 지으며 메르켈에게 독일어로 맞섰다. 하지만 푸틴은 우크라이나 대통령에게는 발언을 그리 자제하지 않았다. "내가 당신을 부숴버릴 거야. 당신네 군대를 박살 내 버릴 거라고!" 푸틴은 우크라이나 대통령 페트로 포로셴코(Petro Porochenko)에게 이렇게 말한 적이 있다.

2015년 당시는 벨라루스 민스크에서 협상의 밤을 보내고 있었고, 수많은 호의적인 말이 오가던 중이었다. 대립각을 세우는 푸틴과 포로셴코 앞에서 메르켈과 올랑드가 중재역을 맡을 때였다. 이 4자 회담 틀(이후 마크롱이 올랑드를 계승함)은 분쟁을 막으려는 것이었지만 때로는 이렇게 긴박한 상황에 이르기도 했다. "그런 폭력적인 언행 때문에, 프랑스가 없었다면 메르켈은 민스크 협정을 협상하지 못했을 겁니다." 그 자리에 있었던 한 프랑스인이 말했다. "메르켈은 푸틴을 잘 알기에 그의 난폭함을 두려워합니다. 푸틴에 맞서려면 단결하는 게 좋아요."

독일 총리는 러시아 지도자를 처음 그리고 두 번째 만났을 때,

2007년 소치에 있는 푸틴 관저에서.
메르켈의 약점과 개 공포증을 알게 된 푸틴 대통령은
자신의 래브라도 견 '코니'가 회의에 참석하도록 기꺼이 내버려둔다.
"나는 푸틴과 그가 쓰는 방식을 속속들이 알아요.
KGB의 전형적인 수법이에요"라고 메르켈이 말했다.
푸틴이 냉소적이고 의기양양한 미소를 짓고 있다.
동독에서 공산주의 정권을 경험했던 메르켈은
전 세계 국가원수들 가운데 푸틴을 가장 잘 파악하고 있는
사람이며, 푸틴은 메르켈의 가치관에 가장 반대되는 인물이다.

그의 낡은 수법을 경험했다. 첫 번째는 2006년 초 푸틴이 메르켈을 모스크바로 초대했을 때이고, 두 번째는 같은 해 겨울 푸틴이 메르켈을 흑해 연안 소치에 있는 자신의 관저로 초대했을 때였다. 첫 번째 만남에서 메르켈의 보좌관은 러시아 측 의전에 미리 개입해 러시아 대통령의 래브라도 사냥개가 방에 들어오지 못하도록 요청했다. 메르켈이 몇 년 전 개에게 심하게 물린 후 개 공포증이 생겼기 때문이다. 그들은 방에 들어갔을 때 깜짝 놀랐다! 메르켈의 보좌관은 이렇게 말했다. "러시아 대통령은 우리 요청을 현명하게 따라줬어요. 하지만 정말 이상하게 소파 위에… 개 인형을 놔두었더라고요! 믿을 수 없을 만큼 사악하죠. 우린 너무 놀랐어요."

소치에서 두 번째 만났을 때 푸틴은 개 이야기를 '잊었다.' 이번에는 인형이 아닌 푸틴의 진짜 개 코니가 있었다. 도무지 지칠 줄 모르는 검은 래브라도는 위험한 행동을 하지는 않았지만 손님들에게 바짝 다가가 코를 킁킁거렸다. 견주는 대놓고 즐거워하면서 개를 내버려두었다.

코니가 메르켈에게 인사하러 다가가는 모습을 찍은 사진이 있다. 사진 속에서 메르켈은 경직된 얼굴로 개를 피하려고 슬쩍 뒤로 기대는 반면, 푸틴은 가학적이고 흡족한 표정으로 그 광경을 가만히 즐기고 있다. "이어지는 회의에서는 그 개가 테이블 아래를 지나다니면서 우리 다리를 건드렸어요. 정말 힘들었죠. 메르켈은 불안정한 상태였고요." 그 자리에 있던 또 다른 목격자가 말했다. 메르켈은 그곳에서 나오며 보좌관들에게 이렇게 말했다. "난 푸틴과 그가 쓰는 방식을 속속들이 알아요. 상대방 약점을 알아보고 그걸 이용하죠. 전형적인 KGB 수법이에요."

그러나 세계 지도자들 가운데 푸틴이 가장 존경하는 인물은 메르켈이다. 그는 다른 지도자들을 무시한다. 푸틴은 1999년부터 대통령과 총리를 번갈아 맡으면서 권력을 차지해온 기간만으로 모두를 납작하게 만든다. 2003년부터 총리와 대통령으로 군림하고 있는 터키의 레제프 타이이프 에르도안 그리고 메르켈만이 장기 집권 분야에서 푸틴과 맞먹는다. 메르켈이 2005년부터 총리직을 유지하는 투명하고 민주적인 방식은 당연히 푸틴을 놀라게 할 것이다. 푸틴에게는 노비촉*으로 반대자들을 제거하거나, 몇 년 징역형을 선고하는 식으로 시위자들을 침묵하게 만드는 일이 더 쉽기 때문이다.

메르켈이 경쟁자를 제거하는 정치적 술책은 푸틴을 놀라게 만든다. 메르켈과 푸틴은 서로 앙숙임을 알지만 서로 대화를 나누는 데에는 면역이 생겼다. 메르켈은 인권에 대한 자기 생각을 푸틴에게 아주 침착하게 말한다. 2017년 5월, 함부르크에서 G20이 열리기 직전에 메르켈은 체첸에서 동성애자들을 체포하고 고문한 많은 사례를 언급하며 푸틴에게 '소수자의 권리가 보호받도록' 개입하라고 요청했다. 푸틴은 무표정하게 있었다.

2016년 초부터 메르켈은 친러시아 언론이 꾸며낸 한 사건을 푸

---

* Novichok, 냉전시대에 소련이 개발한 화학 무기. 나발니 녹살 시노에도 사용된 것으로 밝혀졌다.

틴에게 끊임없이 상기시켰다. 독일 내 난민들이 독일계 러시아인 10대 소녀 리사 F.를 납치해 성폭행했다는 보도인데, 베를린 경찰과 심지어 소녀의 가족 측 변호사까지 이의를 제기한 사건이다. 메르켈은 그렇게 정기적으로, 하지만 결코 공격적이지 않고 어조를 높이지 않으면서 푸틴에게 진실을 상기시켰다.

2020년 8월, 메르켈은 푸틴의 정적 1호 알렉세이 나발니가 암살 공격을 받았을 때 그를 독일 병원에 주저 없이 수용했다. 그리고 독일군이 나발니에게 사용된 독극물의 성질을 분석했을 때, 프랑스와 스웨덴의 연구소에서 이를 확인하기 전에 곧바로 대중에게 공개했는데, 바로 노비촉이었다. 총리는 '당황스러운 정보'라고 의견을 밝혔다. 이 군사용 신경독성 물질은 크렘린궁을 범죄의 배후로 가리켰는데, 이것이 첫 번째 시도는 아니었다. 스크리팔(영국에서 노비촉으로 독살된 러시아 이중 스파이) 사건이 발생하고 1년 후 체첸 출신의 조지아인이자 전 체첸 분리주의 사령관이 총에 맞아 사망했다. 메르켈의 사무실 창문 아래, 그러니까 총리 관저 근처에 있는 공원 티어가르텐에서 말이다.

전 세계 국가원수들 가운데 푸틴을 가장 잘 파악하고 있는 사람은 메르켈이다. 푸틴은 메르켈의 가치관에 가장 반대되는 인물이다. 푸틴과 오르반 헝가리 총리가 한편, 메르켈과 마크롱이 다른 한편이 되어 유럽 내 정치 세력의 상징이 되었다. 그 배경에는 미국의 전 대통령과 현 대통령이 있는데, 푸틴과 오르반은 트럼프를 지지하고, 메르켈과 마크롱은 바이든에게 호감을 보인다. EU의적으로 여겨지는 푸틴은 마린 르펜(Marine Le Pen)부터 빅토르 오르반까지 유럽 내셔널리스트-포퓰리스트 대부분에겐 우상 같은 존재다.

뉴스 사이트 『스푸트니크』(*Sputnik*), 『러시아 투데이』(*Russia Today*)를 비롯한 친러시아 언론 매체는 독일의 극우 정당인 독일을위한대안(AfD)을 은밀하게 지원했다. 그들은 유럽 내에서 브렉시트와 유럽 통합 회의론을 조장했고, 특히 2017년 프랑스 대통령 선거 당시 프랑스에서도 같은 일을 벌였다. 푸틴에게 메르켈은 무너뜨려야 할 여성이었다. 푸틴은 우선 크름반도(크림반도)와 돈바스 지역 우크라이나 영토부터 자국에 합병하고 자기 뜻대로 유럽을 재설계하고 싶어 하는데, 그 유럽을 대표하는 이가 메르켈이다.

푸틴은 러시아를 제재하고 자신에게 인권에 대한 경멸적인 발언을 하며 자신의 세계관 구현을 방해하는 EU를 파괴하려는 의지를 이론화했다. 유럽이 분열되고 내셔널리즘으로 회귀하면 푸틴은 러시아가 이미 지리적으로 대부분을 차지한 대륙 전체를 통치할 수 있을 것이다. 또한 자신이 퇴폐적이라고 여기는 서구의 가치인 자유주의, 방임주의, 다인종, 다종교, 다문화, 무질서에 대한 대안을 강제로 실행할 수 있다. 이미 이 유럽 대륙에서는 자유로운 민주주의가 권위보다 우선하고, 기독교 백인이라는 기준이 더는 최고가 아닌데 말이다.

총리에게 독일의 경제력은 지켜야 할 가치관이다. 하지만 독일 경제력이 의존하는 산업계의 압력은 아킬레스건이다. 메르켈은 푸틴을 깊이 알고 있고, 푸틴처럼 독재정권을 경험했으며, 그의 보복주의도 인식하고 있다. EU가 발트해 국가, 폴란드, 기타 구소비에트 블록의 위성국가로 확대되는 데 대해 대가를 치르도록 하겠다는 푸틴의 의지도 인지하고 있다. 그러나 메르켈이 자신의 가장 위험한 적수와 죽음의 입맞춤을 하는 것을 막지는 못했다. 2011년 후쿠시마 원전 참사 이후 메르켈은 갑작스럽게 독일 원전 중단을 결정했고, 이로써 독일 경제를 러시아 가스에 의존하는 상황에 놓이도록 했으며, 노르트스트림2 가스관 건설에 반대하지 않았다.

푸틴과 메르켈은 상호 타협한다. 독일은 러시아의 가장 큰 교역 상대국이며 러시아 역시 이 주요 구매자에게 의존하고 있다. 물론 메르켈은 러시아의 법치주의 위반을 망설임 없이 비판하고 러시아 제재안에 투표하는 데 주저하지 않았으며 프랑스와 함께 민스크 협정에서 수고를 아끼지 않았다. 하지만 자신을 NATO의 적에게 지배당하게 만들고 유럽에 불화의 씨를 뿌리며 동맹인 미국을 화나게 하는 가스관 프로젝트를 고집했다. 메르켈이 중국의 경제력에 안일한 태도를 보이는 것도 같은 이유이며, 이 역시 위험한 모호성을 초래한다. 노르트스트림2는 분명 무력함의 표시이자 메르켈 시대의 오점으로 남을 것이다.

메르켈과 몇몇 서구 지도자는 가장 친한 친구처럼 보였지만, 사실 보이는 것만큼 원활한 관계를 유지하지 못했다. 오바마가 그중 하나다. 오바마는 자신의 회고록에서 메르켈에게 따뜻한 찬사를 보냈는데, 이는 그가 사르코지에게 보낸 무례한 경멸적 표현과 비교해 더욱 두드러졌다. 오바마가 백악관을 떠나기 전 베를린을 방문해 메르켈에게 경의를 표하고, 국제 정상회의 중 전원 풍경 앞에서 둘이 함께 웃으며 사진을 찍었지만, 이는 모두 까다롭고 긴박한 관계를 가리는 것일 뿐이었다. "앙겔라는 오바마를 좋아하지 않았어요"라고 토니 블레어, 데이비드 캐머런, 테리사 메이와 함께 일했던 전 영국 외교관 이반 로저스(Ivan Rogers)가 말했다. "메르켈은 오바마의 거만함, 자신을 가르치려는 불손한 태도를 참지 못했어요. 나중에는 서로 존중하게 되었지만, 조지 부시 주니어와 잘 맞았던 메르켈에게는 오바마의 첫 임기부터 두 번째 임기 초까지가 험난한 시기였어요."

메르켈이 젊은 장관이었을 때 헬무트 콜이 그를 울게 만든 것을 제외하면, 메르켈을 울기 직전까지 몰고 간 사람은 단 한 명이다. 그것도 공개적인 자리, 세계적인 남성들, 즉 국가원수와 정부수반들 앞에서 오바마가 그랬다. 2011년 가을, 세계 주요 강대국 지도자들이 모이는 G20이 열린 프랑스 칸에서 벌어진 일이다.

이 정상회의는 분위기가 좋지 않았다. 논의가 마무리되었다고 믿은 그리스에 대한 두 번째 원조 계획이 요르요스 파판드레우(Georges Papandréou)의 '배신'으로 갑자기 다시 등장했다. 이 그리스 총리는 예고도 없이, 며칠 전 EU가 결정한 그리스 구제 및 긴축 계획을 놓고 국민투표를 실시하겠다고 발표했다. 11월 2일 수요일 저녁, 파판드레우는 나쁜 일을 저질러 규율위원회에 불려가는 학생처럼 칸으로 소환되었다.

그는 G20이 열리는 팔레 데 페스티벌에 도착해 냉랭한 분위기 속에서 안내를 받았다. 파판드레우와 그의 재무부 장관을 환영하러 나온 정치인도 없었다. 그는 판정단이 기다리는 방으로 향했다. EU 유럽이사회 의장 판 롬푀위(Van Rompuy), EU 집행위원회 위원장 조제 마누엘 바호주(José Manuel Barroso), 유로그룹 의장 융커(Juncker) 그리고 유럽중앙은행 대표가 앉아 있었다. 그 중심에는 독일과 프랑스의 두 지도자가 있었다.

분노한 메르켈과 사르코지는 싸늘한 분위기 속에서 파판드레우를 호되게 책망했다. 둘의 솜씨는 능란했다. 사르코지가 공격하면, 메르켈은 침착하고 권위적인 태도를 보였다. "당신이 한 일은 무책임해요. 다른 나라를 구하도록 관대함을 보여달라고 우리들 나라의 여론을 설득하는 일이 쉽다고 생각합니까? 우린 협상을 했는데 당신은 우릴 인질로 잡고 우리 등 뒤에서 국민투표를 하다니요!" 사르코지가 먼저 시작했다. "당신은 우리와 의논하지 않았어요. 나라면 '국민투표는 안 한다'고 말했을 거예요. 상호 신뢰가 없다면 우린 행동할 수 없습니다." 원조 계획을 꺼리는 독일 연방의회 의원들과 언제나처럼 협의해야 했던 메르켈이 덧붙였다. 코가 납작해진 파판드레우는 자신이 처한 난관을 설명했다. 그는 설득하고 달랬지만 결국 패배했다. 국민투표를 취소하거나 그리스가 유로존을 떠나거나 둘 중 하나였다. 파판드레우는 둘 다 없던 일로 할 것이다. 그는 이제 끝났다.

이제 곤란한 상황에 놓이는 사람은 메르켈이었다. 그리스 문제를 해결하지 못한 채 정상회의가 시작될 터여서 모두 짜증이 난 상태였다. 수요일 저녁에는 그리스 총리가 대가를 치르고, 목요일 아침에는 이탈리아 베를루스코니 총리가 약속한 개혁안을 이행하지 않고 국제통화기금(IMF)의 자금 지원을 완강히 거부했다는 이유로 질책을 받았다. 11월 3일 목요일, 이번에 호되게 야단을 맞을 사람은 독일 총리였다.

오바마는 G20 회원국인 유럽의 지도자 몇 명이 함께하는 위원회에서 만찬을 하고 있었다. 그는 유쾌하지 않은 일들 때문에 불손하고 화난 태도를 보였다. 오바마는 2008년 리먼 브라더스 파산 이후 미국이 경기부양책을 시행했던 것처럼 공적자금을 충분히 활용해 유로존의 경제 활동을 되살리지 못하는 유럽 지도자들에게 쌀쌀맞게 그리고 유식한 체하며 훈계했다. 그는 유럽중앙은행에 더 느슨한 통화정책을 지시하는 것이 제도적으로 불가능함을 알고는 있지만, 유로화 위기에 처한 동료들의 집안 사정을 빈정거렸다. 그는 줄곧 '위원회와 함께' 행동해야 한다고 상기시키는 EU 집행위원장 바호주를 조롱했다. "아, 유럽인들의 특징이 어디에나 위원회를 둬야 하는 거라더군요!" 오바마는 이렇게 말하며 즐거워했다. 자기 손톱을 들여다보고 있는 캐머런 영국 총리는 자신이 나무람을 듣지 않는 것이 기뻤다. 참석한 이들 중 유일하게 유로존 밖에 있는 지도자였기 때문이다. 모두가 불편했지만 특히 메르켈이 더했다.

그 이유는 긴축 정책을 지지하고 조약과 공동예산 규칙에 대한 엄격한 준수를 촉구하는 독일이 유로화 구제에 참여하길 꺼렸기 때문이다. 메르켈은 낭비가 심한 국가에 그 책임을 면제해주면 그것이 치명적인 악순환으로 이어질까 봐 우려했다. 메르켈의 동료 지도자들은 그의 비전 부족, 계산적인 마인드, 유권자들에게 잘 보이려고 재정에 관해 엄격한 어머니처럼 구는 태도를 비난했다. 보좌관들은 배제된 채 작은 원탁에 둘러앉은 이들은 비난의 시선을 메르켈 총리에게 보냈다.

메르켈은 분데스방크*를 채근하지 않고 무엇을 기다리는 것인가? 오바마는 연방준비제도(Fed)가 결정한 역동적인 통화정책에 힘입어 주장했다. 그는 예의 바르지만 무자비하게 메르켈을 다뤘다.

"언제 이 문제를 해결할 겁니까?" 오바마가 물었다.

메르켈이 침착하게 대답했다. "당신의 논리는 이해하지만, 분데스방크는 더는 개입할 준비가 되어 있지 않습니다."

"당신이 분데스방크를 대표해 약속해야 합니다!"

"그건 '내' 중앙은행이 아닙니다. 나는 그럴 권한이 없습니다. 이 문제는 분데스방크 총재, 연방의회와 논의해야 합니다."

앙겔라의 눈에 눈물이 고였다. 상황은 긴박하고, 유로화의 미래는 위태롭고, 이탈리아는 IMF 지원을 거절하고, 독일 중앙은행은 자금 지급을 반대하고 있었다. 메르켈의 보좌관들은 따로 떨어진

---

* Bundesbank, 독일의 중앙은행.

방에서 스크린으로 이 장면을 보며 몹시 놀랐다. 울먹이는 총리 얼굴을 클로즈업으로 보는 것은 난처한 일이었다. "분데스방크는 독립적 기관입니다!" 메르켈이 한 번 더 말했다. 오바마는 그에게 인정머리 없이 말했다. "하지만 모든 중앙은행은 다 독립적입니다! 우린 긴급 상황에 놓여 있어요." 암묵적인 뜻은 이렇다. 불이 나면, 당신은 소화기가 당신 것이 아니라고 망설이기보다 소화기를 그냥 가져가지 않는가.

침묵이 흘렀다. 메르켈은 무너지기 직전으로 보였다. 메르켈이 말했다. "나는 할 수 없습니다. 여러분은 내가 할 수 없는 것을 요구하는군요. 내 말을 들어보세요. 여러 가지 강력한 견제와 균형 방안 중에서 우리 중앙은행의 독립을 원했던 건 제2차 세계대전의 승리자인 여러분이었습니다. 분데스방크에 아무 영향을 미치지 못하도록 하는 헌법을 독일에 강제한 것은 여러분이고, 헌법이 지켜지도록 하는 것은 총리로서 내 의무입니다." 감정이 북받친 상태에서 메르켈은 회의장에서 나가겠다고 위협했다. 그는 반복해서 말했다. "여러분은 여러분이 독일 국민을 부추겨 만든 헌법을 저버리라고 내게 요구하는 겁니다." 침묵 그리고 당혹뿐이었다.

몇 달 후인 2012년 6월, 멕시코 로스 카보스에서 열린 G20 정상회의에서 거의 같은 장면이 반복되었다. 미국은 유로존의 약화와 그리스의 유로존 이탈 가능성에 따른 연쇄 붕괴의 '도미노 이론'을 두려워했다. 완고한 독일 재무부 장관 볼프강 쇼이블레는 그리스의 유로존 탈퇴에 대한 준비가 되어 있었다. 메르켈은 이에 저항했지만, 오바마에게는 그 정도로 충분하지 않았다. 오바마는 다시 사람들 앞에서 메르켈을 거칠게 다뤘다. 메르켈은 이번에는 눈물을 보이지 않지만, 그답지 않게 분노에 사로잡혔다. "총리의 그런 모습은 한 번도 본 적이 없어요." 그 자리에 있었던 이반 로저스가 회상했다. "그는 오바마의 말투, 태도, 멸시에 노여워했어요. 말 그대로 분노에 떨었어요."

'엄격한 어머니'는 결국 뜻을 굽힐 테고 '방임주의자'들은 너무 늦었다고 생각할 것이다. 메르켈은 안정성이라는 독일 문화를 극단까지 끌고 갔다. 그는 남유럽 국가들의 비난을 받았다. 그들 국가에 긴축을 강요하는 데 기여했고 포퓰리스트들이 이를 이용해 반유럽 분노를 자극했기 때문이다. 메르켈은 그리스에 좋은 기억을 남기지 않았다. 아돌프 히틀러의 콧수염을 그려 넣은 메르켈의 사진은 아테네 거리에서 이미 유명한 고전이다. 금융 위기 동안 독일 언론은 총리를 마거릿 대처에 비유했다. 중도 좌파 주간지 『슈피겔』은 메르켈에게 '마담 노'(Madame No)라는 별명을 붙였다. '안 된다'는 말부터 먼저 하고 상황의 시급성을 이해하지 못하며 제한을 가하다가 결국 상황을 악화시키는 사람이라는 의미에서다. 그는 은행이나 자동차 산업의 구제, 경기부양 계획, 그리스 지원에 처음에는 'No'라고 했다. 기회주의자 또는 맹종하는 사람이라는 비난이 일었다.

재정과 경제는 메르켈의 강점이 아니었다. 그는 2007년에 이 점을 비공식적으로 인정했다. 메르켈 지역구인 메클렌부르크-포어 포메른에 위치한 하일리겐담에서 열린 G8 정상회의에서 조지 W. 부시와 다른 사람들을 접견한 다음 날이었다. "나는 이러한 경제 문제에 익숙하지 않습니다. 나는 노력해야 해요." 모든 일에 그렇 듯 그는 끊임없이 노력했다. 하지만 경제에 대한 전체적 시각이 부 족하기 때문에 그의 역할은 도덕적인 공인회계사에 국한되었고, 따라서 글로벌 위기를 엄격한 예산 원칙으로만 바라보았다.

더 반응적 성향인 사르코지와 고든 브라운(Gordon Brown)은 2008년 특별 유로그룹* 회의에서 여전히 당황하는 모습을 보였다. 프랑스 대통령은 유로존에 속하지 않는 영국의 총리를 이 회의에 초청해 그의 재정에 관한 전문 지식을 듣고자 했다. 그들은 은행들 의 파산에 대처하는 공통 전략을 이야기했다. 독일 총리는 독일 각 주의 은행이 차례로 붕괴되기 시작하기 전까지는 계속 재정건전 성이 양호하다고 대응했다.

메르켈은 독일을 구현하는 일에 집중했다. 독일은 나치즘에 대 한 죄책감 그리고 나치즘의 등장을 촉진한 1920년대 초인플레이 션으로 오랫동안 도덕적·경제적으로 트라우마를 겪어왔다. 헌법 에 예산 안정성을 명시할 정도로 혹독한 노력을 기울여 적자를 억 제하는 데 성공한 나라. 조약의 수호자가 되려는 나라. 다른 나라 들이 주장하는 '연대'는 무엇보다도 그것이 기반으로 하는 규칙을

---

* 유로존에 속한 국가 재무장관들의 협의체.

존중할 때만 의미가 있다고 생각하는 나라. 전 이탈리아 각료회의 의장이자 실비오 베를루스코니의 뒤를 이어 총리가 된 존경받는 인물 마리오 몬티(Mario Monti)는 이를 잘 요약해 설명했다. "독일에서 경제는 오늘날에도 여전히 도덕 철학의 일부입니다. 성장을 시민, 기업, 국가가 선한 행동을 한 결과라고 여기죠. 정부의 재정적자가 좋은 일이 될 수 있다고 메르켈이나 독일 대중을 설득할 방법은 없습니다." 프랑스처럼 돈 쓰기 좋아하는 독일의 무역 상대국들은 이를 받아들이기 어렵다. 그리고 오바마는 이를 전혀 이해할 수 없다.

세계무대에서 이렇게 취약한 상황에 놓일 수 있다는 것, 자신만의 장점으로 CDU의 연방총리 후보까지 오른 이 강력한 '메트헨'은 이러한 상황을 미리 꿰뚫어보고 파악했다. 아들러스호프의 이론화학 실험실에서 헬무트 콜 정부를 거쳐 CDU 대표가 되기까지 메르켈은 남성들 사이에서 유일한 여성인 환경에 익숙해졌다. 이제부터는 다음 단계, 즉 세계적 수준으로 넘어가야 했다. 푸틴, 오바마, 트럼프, 오르반을 비롯해 테스토스테론으로 가득 찬 다른 지도자들과 경쟁하는 곳으로. 메르켈은 그런 경쟁을 예상했고, 총리선거 직전에 토니 블레어에게 그 점을 털어놓았다. 블레어는 메르켈의 정당과 반대 성향인 노동당 소속이지만 메르켈이 함께 일하길 좋아했던 지도자들 중 하나였다.

메르켈은 2005년 6월 13일에 블레어를 처음 만났다. 미국 대사관, 프랑스 대사관과 마찬가지로 브란덴부르크문 근처에 있는 베

릴린 주재 영국 대사관에서다. 당시 슈뢰더가 총리였고 메르켈은
야당 수장이었다. 독일 선거는 9월에 치러질 예정이었다. 영국 총
리는 메르켈이 여느 사람과 다르다는 것을 즉시 알아차렸다. "그
는 모든 게 달랐어요." 블레어가 런던 피츠로비아에 자리한 자신
의 멋진 사무실에서 회상했다. "그가 독일을 대표하는 방식은 콜
이나 슈뢰더의 방식과는 아무 관련이 없었어요. 모든 게 달랐죠.
그는 다른 세대 사람이었고 보수적이기보다는 중도적이었어요.
그리고 미국과 유럽 간 관계에 애착이 강했어요. 그 세 가지로 우
린 가까워지게 되었죠. 그는 중도 우파, 나는 중도 좌파였어요. 정
치적으로 우린 그렇게 다르지 않았어요. 메르켈과 내가 근본적으
로 다른 건 출신이었죠. 메르켈이 과거에 동독에서 살았다는 사실
말입니다."

　대사관에서 자신감이 부족해 보이는 이 총리 후보는 이상하게
도 자기를 깎아내리는 말로 대화를 시작했다. 블레어와 그의 비
서실장 조너선 파월(Jonathan Powell)은 그 뜻밖의 솔직함에 놀랐
다. "제겐 여러 가지 핸디캡이 있어요." 그는 처음부터 그들에게
이렇게 말했다. "카리스마가 없고, 여성이고, 의사소통이 잘 안 돼
요…" 블레어는 메르켈에게 조언을 건넸다. 당시 상황에서 독일
선거는 사회민주당(SPD)과 대연정으로 이어질 가능성이 높았다.
"국내 정치에서는 당신 운신의 폭이 줄어들 거예요." 블레어가 말
했다. "차라리 당신이 유럽에서 성취할 수 있는 것을 강조하세요.
당신은 EU에서 개혁을 이끄는 사람이 될 수 있어요." 메르켈은 주

의 깊게 메모했지만 그 말을 따르지는 않았다. 유럽은 메르켈의 주된 관심사가 아니었고, 첫 총리 임기 동안에도 그의 관심을 끌지 못할 터였다. 그러나 파월은 "토니와 그는 사이가 아주 좋습니다"라고 말했다.

이 첫 만남이 너무 오래 지속되는 바람에 블레어는 슈뢰더 총리와 약속한 시간을 잊어버리고 말았다. "우린 총리 관저에 늦게 도착했습니다." 파월이 그때 일을 떠올렸다. "슈뢰더는 격노했어요!" 블레어와 슈뢰더 두 사람의 우호적 관계는 이것으로 끝이었다. 그들은 '제3의 길' 모멘텀을 공유했지만, 2003년 이라크에서 미국이 벌이는 전쟁에 참여할지를 두고 의견이 첨예하게 갈라졌다. 블레어는 부시를 따랐고 슈뢰더는 미국의 정반대에 선 시라크에 가까워졌다. 미국은 UN의 승인 없이 전쟁할 준비가 되어 있었지만, 사담 후세인 이라크 대통령이 대량살상무기를 보유하고 있다는 확실한 증거도, 근거도 없었다. 메르켈은 블레어와 같이 개입주의 노선을 취했지만, 당시 총리가 아니었던 덕분에 전 세계의 손가락질을 받는 분쟁에 휘말리지 않고 이후 총리 관저를 정복할 수 있었다. 그렇지 않았다면 그의 오랜 경력도 끝났을 것이다.

어떻든 2005년 그들의 의제는 다른 곳에 있었다. 메르켈은 총리가 되려고 준비 중이었다. 블레어는 2005년 하반기에 EU의 순환 의장직을 맡았다. 메르켈은 처음으로 유럽이사회에서 동료 지도자들 사이에 앉았을 때 CDU에서 그랬던 것처럼, 자기들끼리 지내는 데 익숙한 남성 집단 속에서 나라를 대표하는 유일한 여성이었다. 물론 이미 몇 년 전 영국인 대처가 이 집단의 질서를 잠시 깬 적이 있다. 새로운 독일 총리 메르켈은 아주 근소한 차이로 슈뢰더를 이기고 당선되었으므로 입지가 불안정했다. 시라크는 옛날 귀족 같은 태도로 그를 배려했다. 블레어는 새로운 총리와 친분을 드러냈다. 범대서양주의는 그들을 가깝게 만드는 주제였다. 자유주의, 엄격한 예산, 유럽이라는 주제들도 마찬가지였다.

리스본조약은 주로 메르켈과 블레어가 이끌었다. 2005년 프랑스 국민투표에서 부결되어 무산된 유럽헌법조약을 대체하려는 리스본조약은 2007년 12월 포르투갈 리스본에서 열린 EU 정상회의에서 최종 서명되었다. 국민투표는 사르코지가 대통령에 당선되기 전의 일이지만 그는 이에 대한 보상을 약속했고, 그 보상 중 하나가 바로 리스본조약이었다. 영국 지도자들 중 유럽의 정치·경제적 통합을 가장 강력히 지지하는 블레어는 추후 브렉시트 협상 동안 내밀한 조언자가 될 것이다.

파월은 2011년 출간한 『뉴 마키아벨리: 현대 세계에서 권력을 휘두르는 법』(*The New Machiavelli: How to Wield Power in the Modern World*)에서 다우닝가에서 경험한 일을 기록했다. 그에 따르면, 블레어와 메르켈 두 사람이 서로 통하는 또 하나의 이유가 있었다. 바로 정치에 대한 열정과 마키아벨리적 기술이었다. 이 두 마키아벨리는 영국 대사관에서 만나기 1년 전인 2004년 서로 교류할 기회가 있었는데, 당시에는 둘 다 고도의 전략적 목표를 실행하느라 바빴다. 바로 벨기에 총리 베르호프스타트(Verhofstadt)를 EU 집행위원회 위원장직에서 쫓아내는 것이었다.

블레어와 메르켈 둘 다 그를 마음에 들어 하지 않았다. 영국인 블레어는 유럽 연방주의자를 원하지 않았다. 유럽연합 통합에 회의적인 영국에 유럽 연방주의자는 극도로 두려운 존재였기 때문이다. 독일인 메르켈은 더 근본적으로, 자유당 대표인 베르호프스타트보다는 자신과 같은 보수 그룹의 후보를 선호했다. 블레어와 메르켈은 베르호프스타트를 지지하는 시라크와 슈뢰더에 맞서 서로를 훌륭하게 이용하고 바호주에게 유리한 상황이 되도록 함께 일을 꾸몄다. 미리 살펴보면, 바호주는 개성 없고 독단적인 자유주의자로 2008년 금융 위기 때는 어떤 비전도 제시하지 못할 테고 2014년 위원회를 떠나 2016년 서브프라임 위기의 상징인 골드만삭스에 합류할 테지만 말이다…

하지만 바호주는 과도한 규제로 불편함을 초래할 위험이 없다는 큰 장점이 있었다. "메르켈은 자신이 속한 그룹인 유럽인민당*의 의원들을 설득하는 데 아주 뛰어났어요." 파월이 회상했다. "메르켈은 우리와 함께 베르호프스타트에 대항하는 나라들을 중심으로 소수 저지선을 구성했어요. 우리는 전화로 그 효력을 확인했죠." 여기서도 '숏 메르켈 서비스'가 전속력으로 작동했다.

결국 2004년 7월 바호주가 EU 집행위원회 위원장으로 선출되었다. 2005년 6월 13일 베를린에서 마침내 직접 만나게 된 블레어

---

* EPP, 중도우파 성향인 범유럽 정당연합 세력.

와 메르켈은 이 승리를 기뻐했다. 몇 달 후인 11월에 블레어는 메르켈이 자신의 '제3의 길' 동맹이었던 슈뢰더를 상대로 승리를 거둔 것에 기뻐했다. 그들은 런던과 베를린에서 여러 번 함께 저녁 식사를 하며 승리를 축하했다. "메르켈이 말하길, 베르호프스타트가 자신에게 전화를 걸어 영국인들을 공격하라고, 그리고 선거가 끝난 뒤 브뤼셀을 첫 번째로 방문해달라고 요청했다더군요. 메르켈은 그걸 아주 재밌어했어요. 하지만 그가 파리 방문 직후 다녀간 곳은 런던이죠…" 파월이 말했다. 그의 '뉴 마키아벨리'는 아무래도 복수형이 되어야 할 것 같다.

마침내 글로벌 무티가 탄생했다. 메르켈은 유럽이사회와 국제 정상회의에서 마치 독일연방의회에 있는 듯 행동했다. 메르켈은 일어나서 이곳저곳 돌아다니며 수다를 떨었다. 신체적 전략 외에도 메르켈에게는 멘토인 헬무트 콜에게서 배운 또 하나의 방법이 있었다. 반대자들에게 항상 일대일로 과감히 맞서 그들의 허를 찌르는 것이다. 메르켈은 능숙한 사회자였다. 무리 짓는 것을 경계하고 일대일로 나누는 은밀한 대화를 잘했다. 분위기가 과열되면 메르켈은 게임을 진정시키고 다른 주제로 넘어가도록 요청했다. 장기 전략이 아닌 순간적 전략이지만 상황을 냉혹하게 판단할 줄 알았다. 메르켈은 느리고 침착하며 인내심이 있었다. 때로는 연약한 모습을 보였다. 스스로 고백했듯 카리스마가 없지만, 그에겐 권위가 있었다. 메르켈은 어조를 높이지 않고도 독일의 무게를 느끼게 만들었으며 전임자들에게는 없는 평온함이 있었다.

'메르켈 방식.' 그의 강점은 아주 작은 것에 있다. 디테일에 집중하는 것은 몸에 익은 버릇이다. 메르켈은 디테일을 좋아하고 디테일을 지배한다. 그는 사전에 아주 구체적인 의제를 요구하지 않고는 회의에 참석하지 않았다. 가장 복잡한 문제, 대화 상대에 대한 정치적 정보, 상대의 약점, 협상할 수 있는 요소 등 모든 것을 머릿속에 미리 갖고 있었다. 메르켈은 결코 차갑지 않고 항상 다정했지만, 예의나 불필요한 여담 또는 배려에 얽매이지 않았다. 메르켈은 세상에 대한 철학적 문제를 탐구하려고 그 자리에 있는 것이 아니었다. 그는 세상에 대해 거창한 이론을 갖지 않으려고 조심했다. 메르켈이 그 자리에 있는 이유는 목표를 설정하고 하나씩 해결해 나가기 위해서였다.

미셸 바르니에*는 EU를 대표해 브렉시트 협상을 주도하던 시절에, 그리고 1990년대 중반 메르켈과 같은 시기에 프랑스에서 환경부 장관을 할 때 이를 경험했다. "나는 메르켈이 아주 단순하고 매우 체계적인 사람인 걸 알게 되었어요. 항상 문제의 핵심을 찌르죠. 남자든 여자든 간에 프랑스 정치인에게서는 볼 수 없는 방식으로 디테일을 살펴보더군요. 물론 나도 디테일을 좋아하긴 합니다!" 그는 또한 'EPP 정상회의'에서도 메르켈을 오랫동안 지켜봤다.

EPP 정상회의는 각 유럽이사회가 시작되기 전에 분기별로 한 번씩 열리는 유럽 의회 보수당 그룹의 회의다. 메르켈을 비롯한

* Michel Barnier, 프랑스 정치인.

EPP 소속 총리 10여 명, EPP 당 대표와 부대표들이 참석한다. 미셸 바르니에도 EPP 부대표였다. 그는 다음과 같이 말했다. "성격이 아주 명확한 여성이었던 걸로 기억해요. 테이블 반대편에서 다른 지도자와 함께 주저 없이 일어나고 앉았어요. 그리고 내용을 명확히 하려고 당 관계자들을 만나겠다고 요청했어요. 메르켈에게 단어란 건 중요하죠. 기록되는 거니까요! 나는 거기에 깊은 인상을 받았어요. 메르켈은 그때 이미 지금과 같은 모습이었어요. 단순하고 소박하고 직설적이고 솔직하고 디테일에 집착했죠. 그는 문제를 해결하고 타협점을 찾는 걸 좋아해요."

메르켈과 많은 일을 함께한 파스칼 라미(Pascal Lamy) 전 세계무역기구(WTO) 사무총장 역시 '메르켈 방식'에 깊은 인상을 받았다. 그는 이렇게 말했다. "메르켈과 논의하면 항상 유용해요. 우리는 45분을 함께하는데, 메르켈은 자신이 그 대화에서 무엇을 원하는지 파악해요. 처음에 자신이 원하는 걸 표현한 다음, 마지막에는 요약해서 자신이 모든 걸 이해했는지 확인해요. 메르켈은 이런 체계성을 갖춘 유일한 사람이에요. 사르코지는 40분 동안 내게 무역 외교 강의를 하고 나서 질문해요. 메르켈은 정반대죠. 그는 주제를 다루기 전에 그 주제에 숙달하길 원해요. 빌 클린턴도 그랬어요. 하지만 메르켈은 대화 상대에게서 정보를 수집하는 특별한 방법이 있어요. 메르켈이 어느 한 지점에서 이야기를 시작하면 우리는 그것에 대해 토론하고, 그는 경청하고, 그러다가 마지막에 메르켈이 '더 잘 이해했어요'라고 말해요. 특별하죠!"

14 총리 한 명, 대통령 네 명

"메르켈은 올랑드와 사르코지 사이에 있는
시라크와 마크롱을 더 좋아했어요."
- 메르켈의 참모

메르켈은 분홍색 재킷을 골랐다. 평소보다 화장에 신경 썼고, 사르코지와 올랑드를 위해 같은 행사를 치렀던 때보다 한껏 모양을 냈다. 메르켈의 미소는 유난히 빛나고 활기를 띠기까지 했다. 2017년 5월 15일 월요일, 메르켈은 프랑스의 새로운 대통령 에마뉘엘 마크롱을 맞이했다. 그는 바로 전날 취임했고, 프랑스와 독일 사이의 관례에 따라 독일 총리를 가장 먼저 국빈방문했다. 메르켈은 마크롱을 미묘하게 특별 대우했다. 이 프랑스 국가원수는 다른 국가원수들과 달랐기 때문이다. 젊고, 잘생기고, 명석하고, 비주류이고, 당파적이지 않고, 별다른 문제가 없고, 새롭고, 스물네 살 연상인 여인과 결혼한 지 10년이 되었다. 독일 총리와 거의 동갑인 여성과 말이다… 이 마지막 디테일이 메르켈을 매혹했다.

메르켈이 젊은 시절을 보낸 동독의 전체주의 세계에서 모든 차이는 비난받고 억압받았다. 다른 사람들처럼 생각하고 다른 사람들처럼 행동해야 했고, 비싼 대가를 치르지 않으려면 남의 눈에 띄지 않는 게 좋았다. 그래서 메르켈은 차이를 인정하는 사람들을 존경했다. 이 프랑스 젊은이가 부르주아적인 순응주의와 구별되고 세간의 말에 무관심했던 용기가 특히 그를 감동시켰다. 메르켈은 주위 사람들에게 "마크롱의 삶은 자신이 무엇을 원하는지 아는 사람 그리고 원칙을 가지고 있는 사람을 보여준다"라고 말했다.

메르켈은 디 만샤프트*나 바이에른 뮌헨의 축구 경기에서만 아주 예외적으로 흥분한 감정을 드러냈지만, 마크롱의 승리를 언급할 때도 거의 열광했다. 분에 넘치지 않는다면 마크롱을 신들의 신 주피터(제우스)에 비교할 수 있고 메르켈은 미네르바(아테나) 쪽에 가깝다. 세계 정치 무대라는 올림푸스산에서 이 두 신은 서로 잘 지내야 한다. 둘에게는 공통점이 있기 때문이다.

둘 다 정치적으로 UFO, 즉 미확인 비행물체 같은 존재다. 메르켈은 총리 후보들 가운데 가장 의외의 인물이었고, 마크롱도 프랑스 대선 후보들 가운데 가장 의외의 인물이었다. 마크롱이 기자들과 너무 가까웠던 올랑드와 반대로 행동한 것처럼, 메르켈도 기자들과 거리를 유지했다. 메르켈은 대연정을 이끌면서 우익과 좌익 사이에서 묘기를 부리는 능력을 얻었고, 마크롱은 '우파도 좌파도 아닌' 태도와 혼합 정부를 심어놓는 데 성공했다. 마크롱의 언어적 틱이라 할 유명한 표현 "그리고 동시에"는 메르켈이 줄곧 반복

* Die Mannschaft, 독일 축구 국가대표팀.

해서 국회의원들을 화나게 만드는 "단순한 해결책은 없습니다"의 메아리 같다.

마크롱과 메르켈, 급진주의와 중도주의. 독일과 프랑스 두 정상의 이름을 합쳐 불러온 관습처럼 이번에도 사람들은 메르켈과 마크롱을 위한 별명을 찾고 있다. '메르코지'(메르켈+사르코지)와 '메르콜랑드'(메르켈+올랑드)에 이어 이번에는 '마크렐' 아니면 '메르크롱'? 그저 그런 것 같다. 독일 언론은 그들을 'M&M'이라고 부르길 좋아한다. 메르켈은 프랑스의 다른 두 대선 후보 프랑수아 피용(François Fillon)과 브누아 아몽(Benoît Hamon)에게 그랬듯이, 총리 관저에서 마크롱을 영접했다.

마크롱과 메르켈은 마크롱이 올랑드 대통령의 수석 비서관이었을 때부터 서로 알았는데, 마크롱은 당시 메르켈에게 깊은 인상을 주었다. 마크롱은 그때 총리의 넓은 사무실에 있는 소파에 앉아 자신의 정책을 논리적인 증거를 들어 설명했다. "프랑스에서는 좌파와 우파 모두 긴장 상태입니다. 나는 참모로서 프랑스를 현대화하려고 노력했지만 좌파도 우파도 개혁할 수 없습니다. 변화하는 유일한 방법은 중도에 역동성을 주는 겁니다." 그는 마침 노선을 전향한 메르켈에게 이렇게 설교했다.

이후 메르켈은 마치 연속극 같은 프랑스 선거 캠페인을 주의 깊게 지켜봤다. 보수당 후보 프랑수아 피용의 공중 폭발에서부터 거대 양당 후보의 탈락까지 프랑스 대선은 전 세계의 흥미를 끌었다. 메르켈은 긴장감이 흐르는 1차 투표 때 어두운 안색을 보였다. 여론조사에서 동률을 기록한 네 후보에는 반유럽 극단주의자들인 마린 르펜과 장-뤽 멜랑숑도 포함되어 있었기 때문이다. 이 두 사람, 독일에 경쟁하듯 증오를 내보이고 독일 말대로 따르는 프랑스는 있을 수 없다고 끊임없이 공격하는 그들 중 하나가 프랑스 대선에서 최종 승리했다면, EU는 종말을 맞았을 것이다. 아슬아슬한 순간이었다.

마크롱은 마치 운석처럼 갑자기 떨어져 경쟁자들을 산산조각 냈고, 이상하게도 프랑스의 경향과는 맞지 않는 이데올로기를 내세워 당선되었다. 즉 개혁적·초유럽적이며 사회자유주의를 표방하는 중도 온건주의였는데, 이는 독일이 열광하는 이념이다. 그리고 우파의 정체성주의*와 좌파의 평등주의 사이에서 꼼짝 못하는 보수 프랑스에서는 보지 못하리라 생각했던 이념이다. 프랑스는 '자유주의자'나 '유럽인'이라는 말을 욕설처럼 여기는 곳이며, 중도주의는 비겁한 합의라는 오해를 받는 곳이다. 급진적 혁명이나 '아무것도 아닌 것'보다는 점진적 개혁을 선호하는 나라가 프랑스다. 이런 나라에서 마크롱은 2017년 5월 7일 루브르 피라미드 앞에서 자신의 대선 승리를 축하하면서 유럽가**를 사용했다. 당선 기념식에서 유럽가를 사용한 최초의 프랑스 대통령이 된 것이다.

마크롱은 정부수반은 물론이고 최소한 장관 셋이 독일어를 쓰

---

* 프랑스에서 유래한 범유럽주의적 극우 이념.
** EU와 유럽이사회의 공식 행사에서 사용하는 노래. 베토벤 「교향곡 9번」 일부를 바탕으로 만들었다.

는 친독일 정부를 구성한 최초의 대통령이다. 독일인들에게는 믿을 수 없을 만큼 좋은 사람이다. 베를린에서도 우호적인 분위기가 느껴졌다. 마크롱이 대통령으로서 독일을 처음 방문한 5월 15일 월요일, 총리 관저 앞에는 프랑스어로 '우정의 이름으로'라고 적힌 파란색 현수막이 걸려 있었다. 옆에 놓인 스피커에서는 에디트 피아프의 노래 「라비앙 로즈」가 흘러나왔다. 메르켈이 총리 관저 앞뜰에서 새로운 프랑스 파트너를 맞이해 테라스로 올라가 베를린을 보여줬을 때, 군중 수백 명이 철책 앞에 모여 작은 프랑스기와 유럽기를 흔들었다. 사람들은 오케스트라에 맞춰 '라마르세예즈'*와 독일 국가를 불렀다. 독일 시민들은 2016년 11월, 트럼프가 당선된 지 9일 만에 작별 인사를 하러 독일을 방문한 오바마에게만 이 정도의 집단적 기쁨을 드러냈다.

총리는 재빨리 정신을 가다듬었다. 메르켈은 젊은 프랑스 대통령을 환영하는 연설에서 헤르만 헤세의 말을 인용했다. "모든 시작에는 마법이 깃들어 있습니다…" 그리고 메르켈 자신에게도 해당하는 결론을 지었다. "그러나 그 마법은 성과가 있어야만 지속됩니다." 너무 흥분하지는 말자는 뜻이었다. 이 새로운 프랑스 대통령은 분명 다른 사람들보다 유럽인답고 진지하지만, 우리는 그가 약속한 대로 노동 시장을 자유화하고 공공 지출을 제한할지 지켜봐야 한다는 말이었다. 메르켈은 이렇게 자기 자리를 지키고 있

* 프랑스 국가.

지만, 그동안 프랑스 대통령 여러 명이 지나가는 것을 보았기 때문이다. 네 명이면, 제5공화국 국가원수의 절반에 해당하는 숫자다!

메르켈은 동독의 처음이자 마지막 민주 정부에서 대변인으로 있던 시절, 데메지에르와 함께 엘리제궁에서 미테랑을 만나기도 했다. 12년간 집권하고 프랑스 대통령을 네 명 겪으면서 메르켈은 자신의 열정을 진정시키는 법을 배웠다. 메르켈은 결국, 자신들이 역사의 흐름을 바꿀 거라고 확신했다가도 현실의 단순한 기쁨으로 빠르게 돌아가고 마는 이 혈기왕성한 프랑스인들에게 익숙해졌다.

메르켈 자신은 서구 문화에 익숙하지 않았다. 그리고 전임 총리들이 가지고 있던 프랑스-독일 간 친밀함도 갖고 있지 않았다. 하지만 메르켈은 곧 적응했다. 프랑스 정치인들은 독일에 대항하는 동맹을 만들려고 꾸준히 시도했다. 독일과 독점적인 연합관계에 갇히지 않으려고 했고 동맹국이지만 프랑스를 주눅 들게 만드는, 그래서 좋아하지만 성가신 나라 독일을 견제하려고 했다. 사르코지는 지스카르 데스탱*처럼 영국과 동맹을 맺으려고 했고, 올랑드는 미테랑처럼 남유럽 국가들과 동맹을 맺으려고 노력했다. 하지만 몇 달이 지나면 그들은 그리운 옛 커플인 프랑스-독일보다 더 신뢰할 수 있는 관계는 없다고 깨닫곤 했다.

메르켈은 연대와 책임 사이에서, 유럽 재정 지출의 균형을 맞춰

---

* Giscard d'Estaing, 미테랑 직전에 집권한 프랑스 대통령.

야 하는 그 섬세한 게임에서 프랑스인은 언제나 매미*이고 독일인은 개미일 거라는 점을 이해했다. 이제 메르켈은 구조 개혁을 하겠다는 약속을 지키지 않는 이 전형적인 프랑스 기술을 경계할 줄 안다. 시라크 전 대통령은 아무 일도 하지 않으면서 개혁주의자 총리 알랭 쥐페(Alain Juppé)를 제거했다. 사르코지 전 대통령은 가장 부유한 유권자들에게 세금 선물을 주었고, 자신은 초대받지도 않은 유로그룹 회의에 참석해서는 지출 삭감 계획을 따르지 않겠다고 발표했다. 올랑드 전 대통령은 당선된 후 책임 협약을 체결하기까지 2년, 노동 개혁을 시작하기까지 4년이나 걸렸다. 사르코지와 그 뒤를 이은 올랑드는 각각 5년 단임으로 물러났는데, 그들은 이웃 나라 독일의 존경을 받기에는, 그리고 재선에 성공하기에는 너무 늦게 각성했다.

메르켈은 무엇보다 이 프랑스 파트너들에게서 신뢰와 약속 이행을 기대했다. 프랑스인은 특히 약속을 말로 표현하는 데 뛰어나다. 마크롱은 메르켈이 겪는 네 번째 프랑스 대통령이다. 마크롱 전임자들에 대한 실망으로 마크롱에게 요구하는 기준이 훨씬 높아졌고, 마크롱도 그 점을 알았다. 그는 "프랑스가 규칙을 어겼고 결과적으로 신뢰를 무너뜨렸다"라고 말했다. 마크롱은 독일 언론인이자 작가인 쿠르트 투콜스키(Kurt Tucholsky)가 쓴 아주 적절한 문구를 덧붙일 수도 있었을 것이다. '독일인을 사랑하려면 그들을

---

* 이솝 우화 원작에는 베짱이 대신 매미가 등장한다.

이해해야 한다. 그리고 프랑스인을 이해하려면 그들을 사랑해야 한다.'

메르켈이 가장 좋아하는 프랑스 대통령은 누구일까? 나는 메르켈 참모들에게 이 질문을 여러 번 했지만 전혀 지치지 않았다. 하지만 수다스러운 프랑스인과 달리, 독일인답게 신중한 그들은 언제나 똑같이 난처한 표정을 짓고 답을 피했다. 결국 그들 중 한 명이 입을 열었다… 하지만 독일식으로 대답해주었다. "제가 말할 수 있는 건, 메르켈은 올랑드와 사르코지 사이에 있는 시라크와 마크롱을 더 좋아했다는 정도예요."*

메르켈의 임기 네 번에 공통점이 있다면 바로 언제나 위기가 있었다는 사실이다. 그리고 각 위기는 프랑스의 각 지도자와 어느 정도 관련이 있었다. 먼저 시라크 시기에는 구소비에트 블록에 속한 나라를 중심으로 새로운 10개국이 EU에 추가로 가입하면서 발생한 격변을 해결해야 했다. 그리고 특히 유럽헌법조약이 프랑스 국민투표에서 부결된 문제에도 대응해야 했다. 사르코지 시기에는 유럽헌법조약의 실패를 보상하려는 어설픈 리스본조약, 세계 금융 위기라는 역사적 사건, 유럽 국가들의 부채 위기가 만들어낸 눈물과 떨림이 있었다. 올랑드 시대에는 위기가 많았다. 푸틴의 크름반도(크림반도) 병합, 러시아-우크라이나 전쟁, 이슬람이 프랑스에서 벌인 공격, 이민자 위기, 브렉시트에 대한 국민투표, 트럼프

---

* 올랑드는 좌파, 사르코지는 우파였고, 시라크와 마크롱은 좌파와 우파 사이에서 각각 중도 우파와 중도를 표방했다.

의 미국 대통령 당선. 마크롱 시대에 메르켈은 자신의 임기를 마무리 짓고 전례 없는 규모의 보건·경제 위기인 코로나바이러스에 함께 맞선다. 마크롱과 메르켈은 더 정치적인 EU를 만드는 과정에 중요한 단계가 될 연대 부양책으로 유럽의 위기에 함께 대응한다.

2005년 메르켈이 처음 총리직에 올랐을 때 시라크도 다른 세계에서 온 사람 같았다. 모든 국가수반과 정부수반 가운데 프랑스식으로 메르켈 손에 입을 맞추며 인사한 사람은 시라크뿐이었다. 유럽이사회의 바에 가서 샌드위치와 맥주를 주문하고는 이를 쟁반에 담아 메르켈에게 가져다준 유일한 사람이기도 했다. 토론이 격해져 교착 상태에 빠지면, 그는 분위기를 진정시키는 특별한 방법을 사용했다. 자기 유리잔을 펜으로 두드리면서 모두에게 침묵을 요구하고는 엄숙하게 말했다. "여러분, 프랑스에서 제안하는바… 커피 한잔합시다!" 드골 장군 세대인 시라크는 메르켈에게 멘토였다. 드골 장군 세대의 남성들은 여성들이 권위와 권력을 행사할 때 불편함을 느끼는데, 그는 과도한 정중함과 친절로 불편함을 상쇄했다.

시라크는 메르켈에게 정다운 할아버지처럼 연기했다. 총리를 괴롭히는 소질이 있는 사람, 메르켈에게 헬무트 콜을 떠올리게 하는 사람이었다. 그러나 메르켈은 시라크를 존경하고 정말 좋아했으며, 그의 생일이 되면 커다란 맥주통을 보내기까지 했다. 시라크는 그 선물을 아주 좋아했다. 시라크가 병환에 걸리자 메르켈은 그

2007년 2월 23일 독일 메세베르크 궁전에서
자크 시라크 프랑스 대통령과 메르켈이 회담을 가졌다.
'신사' 타입인 시라크는 모든 국가수반과 정부수반 가운데
프랑스식으로 메르켈 손에 입을 맞추며 인사한 유일한 사람이다.
메르켈은 포옹 대신 손등에 키스를 하는 덕분에
시라크를 비교적 편하게 생각했다. 둘은 처음엔 슈뢰더와의
우정 문제, 이라크 분쟁 등의 사안으로 불편한 관계였으나,
나중엔 서로의 안부를 가장 먼저 물을 만큼
돈독한 사이가 됐다. 시라크는 메르켈을 정중하고 친절한
태도로 대했고, 메르켈은 시라크를 존경했다.

의 안부를 자세히 살폈다. 마크롱이 베를린에 왔을 때 먼저 물어본 것 중 하나도 시라크의 건강 문제였다.

새로 총리가 된 메르켈과 이미 연임 중인 시라크 대통령의 만남은 전혀 편치 않게 시작되었다. 둘 사이에는 슈뢰더와의 불편한 우정 문제 그리고 역사적인 이라크 분쟁이 있었기 때문이다. 시라크는 메르켈의 전임자이자 사회민주당 소속인 슈뢰더 총리와 정치적 견지는 달라도 강력한 우호 관계를 맺었다. 슈뢰더와 시라크는 2003년 미국이 이라크 독재자 후세인을 상대로 전쟁을 벌일 때 함께 반대 의견을 냈는데, 그 주된 이유는 각 나라 여론을 거스르지 않으려는 것이었다. 어떻든 슈뢰더와 시라크는 전쟁 반대로 결속했고, 불행하게도 조지 W. 부시 대통령의 신보수주의 십자군 원정에 따르기로 한 블레어와 멀어졌다.

메르켈은 선생을 지지했는데, 그 이유의 뿌리는 그를 형성한 특별한 환경에 있었다. 동독에서 보낸 과거 때문에 메르켈은 미국이 구현한 서구주의의 열렬한 신봉자가 되었다. 러시아는 여전히 위험한 존재이고, 미국은 민주주의와 자유라는 절대적이고 타협할 수 없는 가치를 보장했다. 미국은 마셜 플랜,* 서베를린을 개방한 긴급 공수작전,** 자유의 수호, 1963년 베를린에서 있었던 존 F. 케네디의 연설 "나는 베를린 시민입니다"(Ich bin ein Berliner) 그 자

---

* 제2차 세계대전 후 미국이 서유럽에 시행한 대외원조계획.
** 1948~49, 구소련이 서베를린을 봉쇄했을 때 미국 등이 긴급보급기간을 펼쳐 물자를 보급함.

체였다.

메르켈은 2003년 2월 19일 아스펜 연구소* 초청으로 이라크전쟁에 대한 토론에 참여했지만 명확한 태도를 밝히기가 너무 조심스러웠다. 하지만 그는 그랜드호텔 에스플라나데에서 단호하게 대서양주의적 연설을 함으로써 여론을 뒤집었다. 메르켈은 연설에서 헨리 키신저(Henry Kissinger)와 콜린 파월(Colin Powell)을 언급하면서, 미국 없이 유럽은 아무것도 아니라고 말했다. 메르켈은 미국의 담화에 발맞춰 2001년 9·11테러는 미국에 대한 공격이 아니라 문명 세계 전체에 대한 공격이며 독재자들 손에 있는 대량살상무기가 우리 모두를 위협한다고 주장했다. 그러나 유럽은 자체적으로 안보를 보장할 수도 없고 보장하기를 원하지도 않았다. 제도, 의지, 역량, 즉 군사 자원이 부족했기 때문이다. 메르켈은 남아 있는 유일한 대안은 방위 동맹을 맺는 것이라고 결론 내렸다.

당시 제1야당 대표였던 메르켈의 연설은 상처 입은 여성의 연설이기도 했다. 그보다 이틀 전인 2003년 2월 17일, 시라크는 EU 가입 후보인 동구권 국가들을 경멸하는 모습을 보여 그에게 큰 충격을 주었다. 폴란드, 헝가리, 체코를 비롯한 6개국은 대담하게도 미국에 이라크전쟁을 지지한다는 서한을 보냈는데, 이에 대해 프랑스 대통령은 오랫동안 권력을 쥔 자의 오만함으로 응수했다. "나는 그들이 입을 다물 좋은 기회를 놓쳤다고 본다"라고 말이다.

* Aspen Institute, 미국의 비영리 정책 싱크탱크.

메르켈은 이 말을 개인적인 모욕으로 느꼈다. 그 동구권 국가들은 바로 그 자신이었다.

그들은 제2차 세계대전 이후 소련에 합병되어 유럽의 나머지 지역과 단절되었고, 장벽 너머로부터 전체주의라는 비난을 받았다. 그리고 서구 국가들은 이들의 운명을 걱정해주지 않았고, EU 가입을 요구하기 전에 1989년* 이후에야 시작된 더딘 발전을 만회하라고 촉구했다. 동구권은 유럽 문화의 땅이었지만 유럽은 이들을 버려뒀다. 메르켈도 그들처럼 후발 주자이고 유럽으로 이주해온 사람이다. 그는 오랫동안 오시였고, 자신들만 중요하다고 생각하는 서독 남성들 사이에 어색하게 끼어 있는 동독 출신 여성이었다.

자기 길을 좇아 총리가 된 후에도 메르켈은 자신이 어디서 왔는지 잊지 않았으며 새롭게 도착한 동구권 국가들과 유사성도 잊지 않았다. 그들과 마찬가지로, 메르켈도 유럽이 자기 없이 시작되는 광경을 지켜봐야 했다. 메르켈은 1957년 체결된 로마조약** 60주년 기념식을 각국 지도자들과 함께 거창하게 치렀지만, 조약이 체결될 당시 메르켈은 열외에, 장벽 뒤에 있었다. 신규 회원국의 가입에 따른 EU 확대(2004)로 EU가 정치적으로 약화된다고 할지라도, 그리고 어떤 대가를 치르더라도 메르켈은 그런 확대를 옹호할 것이다. 시라크 대통령이 내뱉은 말은 그가 오만하게도 당연하다

* 동구권 대혁명이 일어난 해.
** 유럽 6개국이 유럽경제공동체(EEC)를 설립하기 위해 맺은 조약.

고 여기는 상징과 기준을 가지고 성장하지 못한 사람들에게는 모복석이었다.

그러나 메르켈은 분별력 있는 사람이었다. 메르켈은 총리로 선출된 후 불만을 억누를 테고, 특히 이라크전쟁에 찬성하는 부시 대통령 편에서 눈치채지 못하게 빠져나올 기회를 엿보게 될 것이다. 총리가 아니라 야당 기독교민주연합(CDU) 당수라는 적절한 시기였기에 메르켈은 선택을 피할 수 있었다. 만약 이때 메르켈이 총리였고 그 선택을 했다면, 결국 실패로 끝나는 부조리한 전쟁 속으로 독일을 끌고 갔을지 모른다.

시라크는 중동에 대한 이해로 메르켈에게 깊은 인상을 주었다. 메르켈은 이미 시리아 독재자 바샤르 알-아사드에게 어떠한 양보도 하지 않기로 결정한 상태였다. 그러나 당시 이 지역 외교에 익숙지 않던 독일은 프랑스와 기꺼이 동맹을 맺고 시리아나 레바논에 어떤 태도를 취할지 물었다. 시라크 측은 미셸 바르니에, 파스칼 라미 등 많은 사람이 이미 경험한 '메르켈 방식'에 금세 강한 인상을 받았다. 즉 신임 총리가 복잡한 서류를 아주 작은 사항들까지 연구하면서 보여준 기술 말이다. 디테일의 예술이었다! 메르켈은 이 분야에서만큼은 마치 편집증이 있는 것 같다. 모든 것이 세력 관계로 이루어지는 이 정상의 자리에서는 주제를 깊이 이해하는 것이 곧 싸움을 위한 체력을 기르는 일이었다. 메르켈은 그것을 빠르게 이해했고, 과학 아카데미에서 물리학을 연구하며 그 방법을 습득했다. 이것이 처음부터 메르켈이 지도자로서 인정받는 방식이었고 그는 앞으로도 계속 그 방식을 지켜갈 것이다.

메르켈은 매우 꼼꼼하게 정리하거나 관련짓는 일에 탁월하다. 앞을 내다보는 천재성이나 이데올로기는 없지만 그때그때 차근차근 실천해나가는 실용주의를 갖고 있다. "단락 3, 작은 b, 두 번째 줄 '특히'는 삭제해야 합니다…" 정상회의에서 메르켈은 손에 펜을 쥐고 말한다. 그는 지칠 줄 모른다. 다른 참석자들은 한숨을 쉬며 시계를 보고는 메르켈을 그냥 내버려둔다. 이것을 즐기는 사람은 그뿐이다. 하지만 결국 거창한 비전에 이끌리지 않고 결정을 내리는 사람은 메르켈이다. 알게 모르게, 언제나 그렇듯이. "메르켈이 권력자라는 게 느껴지죠. 그가 되었다고 말하면 된 거예요." 유럽이사회 관계자가 말했다.

총리 취임 4주 만에 메르켈은 EU 예산안 협상에 단호하게 개입함으로써 브뤼셀의 유럽이사회에 참석한 모든 사람을 꼼짝 못하게 했다. 미테랑이 '칼리굴라의 눈과 메릴린 먼로의 입'을 가졌다고 표현한 대처 전 영국 총리가 동전 하나에까지 집착하던 시절 이후, 시라크는 메르켈을 상대하는 것 역시 보기와 달리 쉽지 않을 거라고 느꼈다. 특히 메르켈은 영국과 독일이 높이 평가하는 예산 규율을 고수하는 문제에 관해 블레어와 힘을 합쳐 프랑스와 대립하기 시작했다. 게다가 시라크는 메르켈보다 슈뢰더와 슈뢰더의 남자답고 호탕한 웃음을 더 좋아했다. 하지만 이러한 근본적 대립과 개인적 취향을 넘어 메르켈과 시라크의 독일-프랑스 관계는 그 어느 때보다 우호적이었다. 그리고 이 좋은 관계는 늙은 사자

시라크가 후임자에게 권력을 넘기기까지 손등 키스와 그밖의 수법들을 동원하면서 2년 동안 지속되었다.

2007년, 사르코지가 시라크를 이어 대통령이 되었다. 이번에는 메르켈이 반대 역할을 했다. 이미 자리를 잡은 메르켈이 처음 지도자 자리에 오른 신임 프랑스 대통령을 맞이했다. 당시 EU 의장국은 독일이었고, 메르켈은 자신이 총리로 선출되었을 때 EU 의장을 맡았던 블레어 영국 총리가 자신에게 했던 것처럼 프랑스 대통령을 도와주었다. 메르켈과 사르코지는 '메르코지'라고 불렸다. 완전히 상반된 두 성격으로 형성된 이상한 동물 메르코지는 금융위기와 유로화 구제라는 긴 풍랑 속에서 필요에 따라 결속했다. 처음에는 어려웠고 그다음에는 곡절이 많았다. "그들은 함께 좋은 시절을 보냈지만 위기도 많이 겪었어요. 사르코지와 관계는 항상 아슬아슬했어요. 그건 총리를 약간 짜증 나게 했죠." 총리의 한 측근이 이렇게 요약했다.

사르코지는 취임식을 치른 2007년 5월 16일 독일 총리 관저를 방문했다. 둘의 첫 만남은 서먹했다. 독일 총리는 상대방의 충동적이고 권위적인 성격에 대해 미리 들었다. 프랑스 대통령은 총리가 헬무트 콜을 시작으로 모든 적수를 하나씩 정치적으로 살해했음을 알았는데, 이것이 어떤 경의를 불러일으켰다. 물론 이때 메르켈은 지금과 같은 아이콘은 아니었다. 메르켈은 자신의 전임자이자 라이벌인 슈뢰더를 아주 근소한 차이로 물리쳤다. 그래서 메르켈은 아직 자신감을 얻지 못한 상태였지만, 그래도 사르코지의 프랑스보다 1년 반 먼저, 즉 2007년 1월 1일부터 EU 의장국을 맡고 있었다. 이는 메르켈이 사르코지에게 내보이고 싶은 패였다.

총리 관저 꼭대기 층 식당에서 열린 취임 만찬은 마치 같은 무리의 두 우두머리 수컷이 힘겨루기를 하는 것 같았다. 그는 상대를 꿰뚫어보는 듯한 푸른색 눈동자로 먹잇감을 보듯 사르코지를 응시했다. 사르코지는 마초임을 과시하는 듯한 원기 왕성한 신체 언어로 대응했다. 메르켈은 프랑스의 정치 상황에 대한 예의 바른 서론(세골렌 루아얄을 누르고 당선된 데에 대한 축하, 프랑수아 피용을 총리로 임명한 것 등)을 꺼낸 다음, 유럽헌법조약 문제를 공격했다. 프랑스와 네덜란드가 2005년 국민투표에서 유럽 헌법에 '반대'하는 바람에 유럽 통합 분위기가 깨졌고 EU 기능이 마비되었기 때문이다.

사르코지는 유럽헌법조약 대신 미니조약(후에 리스본에서 채택됨)에 대한 아이디어를 냈다. 총리에게는 흥미로운 해결책이었다. 미니조약으로 제도적 교착 상태에서 벗어날 수 있고 그렇게 되면 메르켈이 6개월 동안 맡고 있는 EU 의장으로서 체면은 차릴 수 있었다. 사르코지 대 메르켈 1 대 0. 이것으로 사르코지가 앞서갔다. 이제 메르켈이 득점할 차례였다.

메르켈은 지도자로서 선배인 점과 서류를 잘 다루는 점을 이용해 진행 중인 무역 협상에서 기술적 측면을 노렸다. 예를 들면 "EU 우편 지침에 관한 프랑스 견해는 무엇입니까?" 같은 것이었다. 사르코지는 그럭저럭 난관을 벗어났지만 이제 점수는 1 대 1로

2011년 6월 20일 베를린에서 열린 유로존 정상회의에서
니콜라 사르코지 프랑스 대통령과 메르켈이 대화를 나누고 있다.
메르켈과 사르코지는 완전히 상반된 성격이었다.
메르켈은 온건하고 침착하고 평온하게 유럽 최강국을
이끌었고, 합의 없이 성급하게 결정하거나
거창한 말을 싫어했다. 사르코지는 정력이 넘치고
열광적이며 활기차고 수다스러운 데다 쇼맨십이 있었다.
둘 사이에는 통하는 게 없었다.

동점이 되었고 공은 중앙에 있었다. 사르코지가 공을 가져갔다. 미니조약을 위해 프랑스 대통령은 차기 유럽이사회가 열리기 전 사파테로(Zapatero) 스페인 사회주의 총리 그리고 메르켈과 사이가 좋지 않은 폴란드의 카친스키 형제*를 직접 설득하겠다고 제안했다. 사르코지가 메르켈 발에 박힌 커다란 가시를 뽑아내 주었다. 2대 1이 되었다.

메르켈-사르코지 파트너십은 독일-프랑스 커플을 그린 캐리커처 같았다. 메르켈은 온건하고 침착하고 평온하게 유럽 최강국을 이끌었고, 합의 없이 성급하게 결정하거나 거창한 말을 싫어했다. 사르코지는 정력이 넘치고 열광적이며 활기차고 수다스러운데다 쇼맨십이 있었다. 둘 사이에는 통하는 게 없었다. 총리를 이름으로 부르고, 시끄럽게 볼 인사를 하고, 팔이나 손을 잡는 사르코지의 라틴식 매너도 메르켈과 맞지 않았다. "니콜라, 내 손을 잡아끌지 말아요! 그들이 보고 싶어 하는 건 내가 아니라 당신이에요!" 메르켈은 파리에서 열린 7월 14일 혁명 기념식에서 자신을 대중 앞에 데려가 인사시키려는 사르코지에게 말했다.

게다가 사르코지는 메르켈의 남편 요아힘 자우어를 '미스터 메르켈'로 잘못 부른 일도 있었다. 사르코지의 이런 행동들은 동독에서 자란 목사의 딸이 시라크와 그의 옛날식 손등 키스를 그리워하게 만들었다. 메르켈은 사르코지의 에너지와 결단력을 높이 평

---

* Kaczyński. 각각 폴란드 대통령과 총리를 지낸 쌍둥이.

가했지만, 그가 통제할 수 없고 예의가 없으며 '블링블링'하고* 만족할 줄 모르며 충동적이라고 생각했다. 항상 메르켈이 결정을 내리도록 떠미는 사르코지의 방식도 마음에 들지 않았다. 사르코지는 메르켈의 냉정함, 신중함, 느림 때문에 짜증이 났다. 메르켈이 말하는 방식은 이랬다. "잠깐만요. 생각해봐야 해요. 연방의회와 논의해야 해요." "잠깐, 잠깐만요…"

사르코지는 사적인 자리에서 그를 흉내 내며 신경질을 부렸다. "메르켈은 마지막 분 마지막 초까지 항상 기다려야 하죠! 난 그 시간에 행동해요!" 그는 2008년 금융 위기 당시 기자회견에서 독일이 상황을 파악하는 데 느리다는 점을 빗대어 다음과 같이 공개적으로 말했다. "프랑스는 행동하고 독일은 생각합니다." 메르켈은 그 표현을 좋아하지 않았다. 그는 곧 '프랑스'가 말할 때 독일이 행동했으며, 연방의회에 두 번째 경기부양책을 검토하도록 요청했다고 언급하며 반박했다. 프랑스 대통령은 사과했다. "독일은 행동하고, 프랑스는 생각합니다." 그가 이렇게 바로잡았다.

블레어와 놀랍도록 죽이 잘 맞은 사르코지는 독일인들의 진지함보다는 영국인들의 가벼운 유머에 더 끌렸고, 한동안은 그의 전임자들처럼 전통적인 커플 관계를 프랑스-독일에서 영프해협 쪽으로 바꿔보려고 했다. 메르켈은 그러한 전략을 인정하지 않았고, 독일의 도움 없이 '지중해 연합'을 구상하려는 계획(사르코지의 참

---

* 과도하게 치장하거나 품위 없이 화려함을 드러내는 것.

모이자 자국 주권주의자인 앙리 개노(Henri Guaino)가 검토했으나 재빨리 파묻혀버림)도 환영하지 않았다. 프랑스 국가원수가 EU 의장직을 맡는 권한이 우연히 2008년 하반기로 잡혔지만 별 도움이 되지 않았다.

전임 대통령들보다 참을성이 부족한 사르코지는 메르켈의 느릿함이 그의 성격일 뿐 아니라 프랑스와는 다른 제도적 의무 때문임을 이해하지 못했다. 독일 총리는 프랑스 제5공화국 대통령과 다르며 권력의 독립을 매우 엄격히 감시하는 자리다. 독일 총리는 연립 정당의 의견을 고려해야 하고, 이를 아주 정중히 연방의회에 회부해야 하며, 각 주 주지사와 반드시 상의해야 하고, 헌법재판소의 감독 없이는 어떤 일도 실행해서는 안 된다. 또 미리 결론을 내리지 않고, 앞서서 자세를 취하지 않으며, 타협 시도가 모두 실패할 때만 중재에 나선다.

코로나 위기가 한창이던 2021년 3월 독일 각 주에 더 엄격한 격리 체제를 강요하지 못하자 메르켈은 독일 텔레비전에 나와 이렇게 말했다. "민주주의에서 총리 권한만으로는 충분하지 않습니다. 설득해야 합니다." 총리 권한은 제도적으로 분배되어 있어 상대적일 수밖에 없다. 이는 사르코지를 끓어오르게 만드는 요소로, 말 그대로 그가 소리 지르게 만든 적도 있다. 2009년 1월, 바이에른 주도 뮌헨에 있는 호텔 바이에리셰어 호프에서 열린 연례 안보회의 만찬에서였다.

이로부터 얼마 전 유럽 최대 엔지니어링 회사인 독일 기업 지멘스(Siemens)가 프랑스의 국영 원자력 다국적 기업 아레바(Areva)의 소유 지분을 정리하겠다고 발표하는 바람에 사르코지는 격노했고 또 이를 도저히 인정할 수 없었다. "지멘스가 아레바를 떠나도록 허락했다니 정말 믿을 수 없군요!" 전채요리를 기다리는 동안 사르코지가 내뱉었다. 메르켈이 말했다. "내가 뭘 할 수 있었겠어요? 독일에서 산업은 민간 중심이에요. 우린 영역을 뒤섞지 않아요. 게다가 나도 몰랐던 일이에요. 당신처럼 나도 지금 알았어요." 사르코지가 소리쳤다. "당신은 나를 비웃는군요! 당신이 프랑스-독일 관계를 파괴하고 있어요!" 메르켈은 아주 침착했다. "이봐요, 당신이 나를 믿든 안 믿든 나는 몰랐다니까요." 사르코지는 어깨를 으쓱해 보이고는 더 들으려 하지 않고 계속 소리쳤다. 테이블에 함께 앉은 몇몇 사람은 너무 놀라 얼어붙었다.

저녁식사 후 총리는 자신이 좋아하는 문구 하나를 언급했다. "인 데어 루에 릭트 디 크라프트"(In der Ruhe liegt die Kraft, 침착함 속에 힘이 있다). 그가 '단순한 해결책이 없어' 지칠 때 떠올리는 문장이다. 메르켈이 좋아하는 또 다른 문구는 라틴어로 '레스피케 피넴'(Respice finem), 결과를 또는 일의 목적을 먼저 생각하라는 의미다.

2008년 9월 리먼 브라더스 파산과 함께 전 세계를 공포로 몰아넣은 금융 위기는 메르켈과 사르코지의 양립할 수 없는 성격을 가장 명확히 드러냈다. 2007년 8월, 사르코지가 메르켈에게 이미 위험 수위에 다다른 재정 문제를 G8 의제에 포함하자고 요청하는 메시지를 보냈다. "뭐가 긴급 상황이죠?" 총리가 물었다. 사르코지는 창의적이고 주도적인 모습을 보이고 싶어 안달이었다. 더군다나 2008년 하반기는 프랑스가 EU 의장직을 맡은 시기였다. 그는 프랑스 지도자였고, 너무 오랫동안 신중해서 과녁을 벗어나는 것처럼 보이는 메르켈보다 용의주도했다. 사르코지는 처음부터 올바른 진단을 내렸다. 그는 공동 십자군을 원했다. 메르켈은 적자를 늘리는 일에만 재능이 있는 이 프랑스인들의 본성을 경계하면서 때를 기다렸다.

2008년 10월, 사르코지는 유로존 국가원수와 정부수반들을 엘리제궁으로 소집했다. 영국은 유로존에 속하지 않았지만 총리이자 노동당 소속인 고든 브라운도 게스트로 회의에 초청받았다. 브라운은 경제적으로는 자유주의자이지만, 몇몇 영국 은행을 국유화했다. 브라운은 강력한 대응을 권했다. 은행에 자금을 지원하고 적자는 불어난 대로 두고 규칙은 깨버리라고 했다. 메르켈은 불만스러워했다. 메르켈은 독일 은행들이 파산으로부터 안전할 거라고 믿었고, 이 위기가 어느 정도인지 아직 파악하지 못했다. 회의 중에 독일 히포 레알 에스타테(Hypo Real Estate)은행이 자금 공급이 막혀 괴사 상태에 빠졌다는 전화를 받기 전까지는 말이다. 메르켈은 침묵했고 다음 날 놀라울 정도로 유연해졌다.

금융 위기부터 그리스 위기까지 둘의 레퍼토리는 같았다. 사르코지가 흥분할수록 메르켈은 고집을 부렸다. 사르코지는 유럽통화기금을 만들고 싶어 했지만 메르켈은 독일이 처음에 한 푼이라도 넣는 것을 원하지 않았다. "당신은 리먼을 좋아했잖아요. 그리스도 좋아할 겁니다!" 사르코지는 그리스를 돕기 전에 너무 많은 시간이 흐르면 사태가 치명적일 수 있음을 설명하려고 이렇게 말했다. 사르코지는 참모들의 조언에 따라 때때로 자신의 태도를 누그러뜨리고 좀더 부드럽게 메르켈을 설득하려고 노력했다. 유럽 정상회의 전에 얻은 결과는 다음과 같았다.

사르코지: "지금 해야 해요, 앙겔라. 이게 우리 제안입니다. 내가 당신의 반대를 충분히 고려했다는 걸 당신도 알잖아요. 그러니 우리 내려가서 발표합시다."

메르켈: "아니요. 지금 당장 발표할 수는 없어요. 복잡해요. 생각해볼게요."

사르코지, 속삭이면서: "봐요, 난 노력했고 메르켈의 말을 고려했는데도 어쩔 수 없네요. 그가 원하지 않아요. 그는 항상 모든 걸 막아선다니까요!"

메르켈, 속삭이면서: "사르코지와는 힘드네요. 항상 강요하려고 해요. 하지만 간단한 해결책은 없어요."

위기는 그들을 움츠러들게 했지만 결속시켰다. 메르켈과 사르코지는 서로를 알아가고 이해하게 되었다. 그들은 다른 모든 이를 제거하면서 둘이 공범임을 알게 되었다. 2009년 10월 어느 날 저녁, 엘리제궁에서 메르켈과 사르코지는 목청껏 웃었다. 언제나 그렇듯 대통령은 총리를 위해 치즈 플래터와 고급 보르도 와인을 신경 써서 준비했고 총리는 재선에 성공해 즐거워했다. 리스본조약이 곧 채택될 참이었고, 그래서 유럽이사회 의장이 필요했다. 유럽 헌법조약을 리스본조약으로 단순화하면서 생겨나는 새로운 직책이었다. 둘은 동료들 가운데 가능성 있는 후보들을 살펴봤다. 공을 던져 인형을 하나씩 쓰러뜨리는 놀이 또는 맥베스 부인에게 어울리는 마녀 집회 같았다.

저녁식사를 하는 동안 동료 지도자들 이름이 하나씩 거론되었다. 블레어, 융커, 발케넨더,* 쉬셀**… 둘은 재밌어하며 웃었다. 자질, 특히 단점을 검토하며 하나씩 제거해나갔다. 이 사람은? 탈락. 치즈 더 먹을래요, 앙겔라? 디저트는 마무리가 중요하죠. 사르코지는 블레어를 밀었다. 메르켈은 단호히 반대했다. 메르켈은 그렇게 성격이 강한 의장을 원하지 않기에 불편했다. 사르코지가 말했다. "그럼, 누구요? 판 롬푀위?" 메르켈이 어리둥절해서 물었다. "그게 누구죠?" 메르켈 통역사도 메르켈만큼 이 이름이 낯설었다. 통역사는 이해하지 못하고 총리 귀에 속삭였다. "베르호프스타트요."(전 벨기에 총리이자 유럽의회 의원. 예전에 메르켈과 블레어가 합심해 몰래 일을 꾸몄던 상대다) 동문서답이 오갔다. 메르켈: "베르호프스타트? 왜 그 사람이에요?" 사르코지가 정정했다. "아니, 아니에요. 판 롬푀위 말이에요. 벨기에 총리요!" 메르켈: "아! 판 롬푀위! 좋은 생각이네요. 생각 좀 해보고요." 합의에 따라 그리고 불편한 사람 없이, 헤르만 판 롬푀위가 이 여세를 몰아 유럽이사회

* Balkenende, 2002~10 네덜란드 총리.
** Schüssel. 2000~2007 오스트리아 총리.

의장으로 선출될 것이었다.

'메르코지'가 삐걱대는 소리가 무성하더니 곧이어 화해하는 소리도 들렸다. 메르켈은 정원과 이케아 가구가 있는 브란덴부르크의 별장으로 사르코지를 초대해 주말을 보내려고 했다. 화려함과는 거리가 있었다. 구동독의 조용한 시골에서 지내는 일에 흥미가 그냥저냥인 사르코지는 그곳에 갈 시간이 나지 않았다. 그리고 메르켈을 파리에 있는 자기 집으로 초대해 자기 부인 카를라 부르니와 저녁을 함께하고 싶어 했다. 카를라는 메르켈을 위해 사부아식 퐁뒤를 준비시켰다.

사르코지의 가장 큰 즐거움은 엘리제궁에서 가까운 르 브리스톨 레스토랑의 테라스에서 총리와 함께 점심식사를 하는 것이었다. 메르켈이 좋아하는 메뉴는 브레스 지역 암탉으로 만든 요리였고, 사르코지는 다크 초콜릿 수플레를 좋아했다. 사르코지가 수플레를 게걸스럽게 먹는 모습을 메르켈이 놀라워하면서도 재미있게 바라보았다. 목련나무와 흰 파라솔 그늘 아래서. 그들을 갈라놓았던 금융 위기는 결국 그들을 시련 속에서 결속하게 만들었다.

리비아전쟁은 또 다른 불화 요소였는데, 둘의 레퍼토리는 똑같았다. 사르코지가 재촉하면 메르켈은 뒤로 물러섰고, 사르코지가 발을 동동거리면 메르켈은 생각에 잠겼다. "자, 갑시다." "기다려요, 생각 중이에요." 위급 상황에서도 행동하기 전에는 심사숙고해야 한다는 이 강박관념… 사르코지는 리비아 상황에 개입하길 원했다. 리비아에서는 독재자 카다피가 반정부 시위대가 장악한 리비아 제2의 도시 벵가지에서 학살을 저지르겠다고 위협했다. 메르켈은 그런 작전이 적절한지 확신하지 못했다. 사르코지: "우리는 빨리 행동해야 해요. 벵가지는 무너질 겁니다. 아무것도 하지 않고 사람들이 학살되도록 내버려둘 순 없어요." 메르켈: "레스피케 피넴." 궁극적인 목적이 무엇인가? 독일은 당시 유엔 안전보장이사회 임시 회원국이었다. 프랑스는 독일의 투표를 기대하며 압박했다. 캐머런 영국 총리가 메르켈에게 전화를 걸어 설득했지만 헛수고였다. 독일은 기권했고, 사르코지는 화를 냈다.

메르켈과 사르코지는 둘의 차이점 그리고 갈등을 정면으로 바라봤다. 사르코지가 메르켈을 초대한 기 사부아(Guy Savoy) 레스토랑에서, 사르코지는 자신이 가장 좋아하는 음식인 아티초크와 송로버섯을 넣은 수프를 앞에 놓고 모든 것을 이해하게 되었다. 2008년 초의 이 고해 만찬에서, 좋은 보르도 와인 몇 잔은 메르켈이 심경을 드러내게 만들었다. 사르코지는 술을 전혀 마시지 않지만 차와 탄산수를 마셔도 수다스러웠다. 메르켈은 사르코지가 2005년 국민투표 이후 유럽헌법조약을 구해낸 방식에 감탄했다. 하지만 그가 금융 위기에 용감히 맞설 수 있을지는 아직 알 수 없었다.

"당신은 내가 너무 느리다고 나무라죠." 메르켈이 사르코지에게 말했다. "내가 시간을 이해하는 방식은 당신과 달라요. 난 정치에 늦게 입문했고, 정치를 하는 게 가능할 거라고 상상조차 못 했어요. 난 동독에 있었고, 은퇴할 때까지 그곳에 머물다가 서독에서 삶을 끝내게 될 거라 생각했거든요. 장벽은 너무 갑자기 붕괴되었어요. 나는 시간을 갖고 기다리는 사람이에요. 느림 속에 희망이 있다는 걸 보았으니까요." 그는 소녀 시절 다이빙대에서 뛰어내리기가 무서워 수영 선생님이 더는 참지 못하고 호루라기를 부는 마지막 순간까지 기다렸다는 말은 하지 않았다. 운명은 그가 처한 상황을 악화시켰다. 그래서 독일을 제도의 균형과 타협의 땅으로 구현하려는 메르켈의 과정에는 그만의 고유한 스타일이 추가되었다. 동독의 무거움. 다시 말해, 메르켈의 느릿함.

2012년 5월, 사르코지가 물러가고 메르켈은 함께 일할 세 번째 프랑스 대통령을 맞았다. 프랑수아 올랑드. 메르켈은 '사르코'*와 함께했을 때처럼 매일 자신에게 '오늘은 또 내게 뭘 제안할까?'를 묻지 않아도 된다는 것을 단번에 느꼈다. 올랑드와 있으면 훨씬 조용했다. 독일 측 참모는 "조금 심하다"라고 말했다. '메르콜랑드'도 처음에 좋지 않게 시작했다. 한 참모가 "우리가 실수를 저질렀어요"라고 고백했다. 2012년 프랑스 대선 운동 기간에 사르코지는 현직 대통령에 맞서 출마한 사회당 올랑드와 면담하지 말라고 메르켈에게 요청했고, 메르켈 측은 그 말을 따랐다.

사르코지: "어떤 경우에도 올랑드와 면담해서는 안 됩니다. 하지 마세요. 도움이 될 겁니다. 내가 선거에서 이기길 원하죠, 앙겔라?"

* 사르코지의 애칭.

262

메르켈: "물론이에요[둘 다 유럽의회에서 같은 의회 그룹인 EPP(유럽인민당 그룹) 소속이니 당연하죠]."

사르코지: "좋아요. 그러니까 올랑드를 만나지 않는 거예요. 도움이 될 거예요."

이 상황을 내게 들려준 참모는 아쉬운 마음에 한숨을 내쉬었다. "메르켈은 사르코지 대통령의 요구를 마지못해 받아들였어요. 그게 실수였죠. 이번에 피용, 아몽, 마크롱과 면담한 것처럼 그때 올랑드 후보와도 면담했어야 했어요."

이 일은 메르켈과 올랑드가 시작부터 어렵게 만들었다. 번개는 내리쳤지만, 아직 주피터 수준은 아니었다.* 2012년 5월 15일 취임식 날 저녁, 처음 독일을 방문하는 새로운 대통령 올랑드를 태우고 날아가던 대통령 전용기 팔콘에 공교롭게도 번개가 내리쳤다. "둘의 관계가 빠르게 좋아지긴 했지만 나중에 마크롱과 함께했을 때처럼 원활하고 분명하지는 않았어요."

메르켈은 올랑드가 '미스터리'하고 '파악하기 힘들다'고 생각했다. 그러나 '메르코지'와 대조적으로 '메르콜랑드'는 더 유연하게 작동할 조건을 갖추었다. 지난 5년간이 아주 부산스러웠다면, 올랑드는 침착하고 조심스러워 메르켈을 좀 쉽게 해주었다. 메르켈은 올랑드가 전임자보다 마음에 드는 교섭 상대라고 생각했다. 올랑드는 메르켈을 거칠게 다루지 않고 그에게 여지를 남겨주었

* 번개와 주피터(제우스)는 마크롱 대통령의 스타일이나 세계적 지도를 두고 프랑스에서 자주 쓰는 표현이다.

다. 다른 사람들처럼 메르켈도 올랑드의 지성과 유머를 좋아하고 존경했다. 메르켈과 올랑드의 성격이 서로 정반대가 아니기에 더욱 그러했다. 둘 다 유연성과 뻔뻔함이 필요한 직책, 즉 정당의 지배자였다. 둘 다 전술가이고, 용의주도하며, 매우 침착하고 프랑스-독일 상징에 집착하는 친유럽 중도주의자였다.

메르켈은 합의에 관해 잘 알고 있었다. 그리고 메르켈이 오랫동안 대연정을 이끌면서 반대 정당들을 하나로 모은 방식은 '통합'과 '분열 극복'을 내세웠던 사회주의자 올랑드를 떠올리게 했다. 물론 그 시절은 올랑드가 대통령을 맡은 5년보다 더 평화로운 때였지만 말이다. 올랑드는 독일 총리와 닮은 점이 있다는 사실에 즐거워하며 이렇게 말했다. "메르켈은 타협을 정말 좋아해요." 그는 엘리제궁 정원에서 그 닮은 점은 바로 그들의 자질임을 강조했다. "메르켈은 언제나 열심히 할 겁니다. 자신의 정당에, 대연정에, 지역구에, 프랑스에… 협상하고 함께 해결책을 모색하면서 언제나 타협을 향해 나아가야 한다는 생각. 우린 그 점이 일치해요."

하지만 메르켈과 올랑드는 경제와 유럽 문제에서는 그리 일치하지 않았다. 총리 측 인사가 말했다. "같은 주제에 대해 반대 의견을 말하는 두 명이 있으면, 올랑드는 두 사람 모두에게 동의할 수 있었어요. 그는 항상 명확하지 않았고 파악하기도 쉽지 않았어요. 메르켈은 그가 예스라고 하는지 노라고 하는지 통 알 수 없었죠…" 메르켈은 CDU 당 대표이고 당에서 많은 전략을 사용했지만, 유럽을 당이 아닌 국가로 바라본다. 이는 동독과 서독이 나뉘

2015년 1월 11일 프랑스 대통령의 관저인 엘리제 궁전.
프랑수아 올랑드 프랑스 대통령이 메르켈의 목에 팔을 두르자
메르켈이 올랑드를 포옹한 채 위로하고 있다.
메르켈은 올랑드가 전임자인 사르코지보다
마음에 드는 교섭 상대라고 생각했다.
메르켈과 올랑드의 성격이 서로 정반대가 아니기에
더욱 그러했다. 둘 다 전술가이고, 용의주도하며,
매우 침착하고 프랑스–독일 상징에
집착하는 친유럽 중도주의자였다.

었던 트라우마에서 오는 반사작용이다. 메르켈은 유럽이 더는 분열되지 말아야 한다고 생각한다.

올랑드에게는 무리 짓는 습관을 버릴 시간이 메르켈만큼 많지 않았다. 로마조약 60주년 기념을 준비하려고 모인 회의에서 유럽 4개 주요 국가인 프랑스, 독일, 이탈리아, 스페인의 국가원수와 정부수반이 모여 사진 찍을 기회가 있었다. "올랑드는 사회민주주의자이자 이탈리아 총리인 마테오 렌치(Matteo Renzi)와 함께 포즈를 취하고 싶어 했지만, 보수주의자인 스페인 총리 마리아노 라호이(Mariano Rajoy)가 있어서 불편해했어요." 메르켈의 한 참모가 말했다. "라호이는 그중에서 다수파에 속하지 않으니 낄 수 없었죠." 사진 촬영에서 라호이를 교묘하게 배제한 올랑드를 설명하는 부분이었다. 메르켈은 올랑드가 하는 대로 내버려두었다. "메르켈에게 중요한 건 프랑스-독일 관계입니다. 정치에서는 자기주장을 해야 할 때가 있고 물러서야 할 때가 있죠." 한 참모가 현명하게 요약했다.

2014년 메르켈은 자신의 지역구 메클렌부르크-포어포메른으로 올랑드를 초대했다. 조지 W. 부시 대통령과 다른 지도자들이 2007년 G8 회담을 하려고 방문했던 곳이다. 메르켈과 올랑드는 뤼겐섬에 있는 '메르켈의 오두막'까지는 가지 않았지만, 정답게 보트를 타고 여행했다. 슈트랄준트는 세계 거물급 인사를 맞이하는 일에 익숙지 않았다. 이날 파란색-흰색-빨간색이 세로로 들어간 프랑스 국기 대신 이 세 가지 색이 가로로 들어간 네덜란드 국기를 게양하는 실수를 저질렀다. 올랑드의 5년 임기가 끝나는 시점에 프랑스는 정부 적자가 3%를 넘는 유일한 유로존 국가로 남았지만, 독일 총리는 약속한 구조 개혁을 단념했다. 메르켈은 올랑드의 단순하고 자연스러운 성격이 마음에 들었다.

올랑드는 다른 사람들과 마찬가지로 메르켈의 차별성을 경험했다. 자유가 주는 안락함을 느끼며 자란 평범한 서독 사람의 눈으로는 이해하기 어려운 독특함이 있었다. "우린 동갑이지만, 개인사를 고려하면 기준이 전혀 달라지죠." 전 프랑스 대통령이 말했다. "동독에서 메르켈은 프랑스에 익숙하지 않았어요. 프랑스는 1968년 5월부터 1981년 5월까지 격변기였고, 난 그 속에서 자랐어요. 메르켈은 프랑스가 종종 타협이 아닌 갈등의 문화 속에 있었다는 사실에 놀라곤 했어요."

그러나 메르켈과 사르코지가 그랬던 것처럼, 메르켈과 올랑드도 공동의 위기와 시련 속에서 결국 가까워졌다. 프랑스에서 일어난 이슬람주의자들의 공격, 독일의 저먼윙스(Germanwings) 비행기 추락사고, 프랑스의 재정난, 그리스를 유로존에 남게 하려는 그들의 전투적 노력, 올랑드가 주요 설계자였던 파리기후협약의 성공, 우크라이나 전쟁…

메르켈과 올랑드는 푸틴 러시아 대통령이 우크라이나 정부군과 분리주의자 반군 사이에 맺은 민스크협정을 보장하도록 설득했고, 이를 위한 장치로 '노르망디 포맷'을 설정하는 데 성공했다. 노르망디 포맷은 노르망디 상륙작전 기념식 때 탄생한 4자 협상 늘이다. 협상에 참여한 러시아와 우크라이나의 두 전쟁당사자(푸틴과 포로셴코)와 누 유럽 중재인(메르켈과 올랑드)은 이후로도 여러 차례 회담했다. 메르켈과 올랑드는 진정한 휴전을 성사시키지는 못했지만 함께 노력해 푸틴이 열망했던 러시아군 진격을 막을 수 있었다. 이후 상황은 얼어붙었다.

다른 위기가 그들을 기다렸다. 이번에는 대협력의 순간은 아니다. 2015년 말, 독일은 비참한 상황에 놓인 난민 89만 명을 받아들였다. 시리아전쟁의 잔혹함을 피해 수십만 명이 터키와 발칸반도를 지나 유럽으로 향했다. 9월 초 헝가리에 모여든 난민은 수천 명이었다. "독일! 독일!" 더 부유하고 난민에 호의적이라고 알려진 독일은 그들이 꿈꾸는 새로운 엘도라도였다. 프랑스가 중동에서 망명 국가로서의 신용을 잃었기 때문이다. 메르켈은 오스트리아 총리의 동의를 받은 다음, 터키에서 헝가리로 와서 개처럼 취급받는 난민들에게 문을 활짝 열어주었다. "우린 해낼 수 있습니다." 그는 8월 31일 이렇게 말한 후 거듭 반복했다.

2015년 말, 100만 명에 가까운 난민이 독일에 망명을 신청했다. 시민 사회는 그들을 환영하려고 아낌없이 지원했다. 학교는 체육관을 제공하고 주민들은 교대로 식량을 나눠주었다. 각 주는 예산의 상당 부분을 내주었다. 한편 프랑스는 못 본 척 사태를 얼버무리려 했고, 책임을 떠넘겨 독일이 이 인도주의적 비극에 대처하도록 내버려두었다. 심지어 올랑드 정부의 사회주의 총리 마뉘엘 발스(Manuel Valls)는 2016년 2월 뮌헨에서 메르켈을 공개적으로 비판했다. 메르켈은 그가 자기 의견을 말하도록 두었다. 압력을 받으면서도 연대라는 이름으로 난민들에게 문을 연 메르켈은 프랑스 때문에 유럽 연대의 한계를 경험하기도 했다.

클레망 본(Clément Beaune)은 2016년 2월 프랑스 베르시에서, 독일과 프랑스의 경제부 장관 지그마 가브리엘(Sigmar Gabriel)과 마크롱, 재무부 장관 쇼이블레와 미셸 사팽(Michel Sapin)이 참석한 실무 오찬 자리에 있었다. 당시 마크롱의 고문이었고 현재 유럽 담당 국무장관인 클레망 본이 회상하는 바에 따르면, 쇼이블레는 프랑스가 난민 수만 명을 수용하기로 한 약속을 이행하지 않아 독일이 부담을 떠맡게 된 상황을 놓고 대화를 시작하려고 했다. 지그마 가브리엘이 주제를 이어받았지만 별 소득은 없었다. 클레망 본은 이렇게 회상했다. "가브리엘은 난민들을 체육관에 수용하려고 스포츠 수업이 취소되었고, 일부 주에서는 당국이 난민들을 위해 가구들을 사는 바람에 이케아에 가구가 남아 있지 않다고 설명했어요. 그러자 미셸 사팽이 말했죠. '자, 여러분, 이제 일어나서 점심 먹으러 갑시다!'라고요."

2017년 5월 8일, 마크롱이 대통령에 당선된 다음 날, 메르켈은 올랑드에게 작별 만찬을 제안했다. 올랑드는 향수에 젖어 독일로 향하는 마지막 비행에 나섰다. 그가 탄 팔콘은 이번에는 번개를 맞지 않았다. 메르켈은 총리 관저에서 가장 가까운 레스토랑을 선택했는데, 레스토랑 이름은 이상하게도 이번 만남과 어울리지 않는 '파리-모스크바'였다. 그들이 민스크에서 푸틴과 협상하며 보낸 밤들에 대한 무의식적인 경의였을까?

그러나 2016년, 메르켈과 올랑드는 힘든 한 해를 함께 보냈다. 영국의 브렉시트 국민투표에 이어 트럼프가 미국 대통령으로 당선되면서 유럽에 역풍이 불었다. 8월 30일에는 올랑드 정부의 경제부 장관 마크롱이 사임을 표하고, 자신이 창당한 앙마르슈*에 헌신하며 '새로운 정치적 제안을 구상하겠다'는 뜻을 드러냈다. 메르켈과 올랑드는 우크라이나, 유로존, 프랑스-독일, 그리고… 마크롱에 대해서도 이야기했다. 올랑드는 자신의 전 비서관이기도 했던 마크롱을 떠올리며 씁쓸한 마음을 감추지 못했다. 그는 마크롱의 움직임을 예상하지 못했고, 마크롱은 가차 없이 그를 뛰어넘었다. 메르켈과 베를린에서 먹곤 했던 슈니첼을 먹은 올랑드에게 슬픔이 흐릿하게 몰려왔다. 그는 다시 팔콘을 타고 이번에는 독일을 떠나는 마지막 비행에 나섰다.

* En Marche, 프랑스어로 '전진'을 뜻함.

15 2016, 끔찍한 한 해

> "난 시인이 아닙니다.
> 그건 내 분야가 아니에요."
>
> — 앙겔라 메르켈

메르켈은 2017년 9월 총선에서 4선에 도전하기까지 고민을 거듭했다. "그건 간단한 일이 아니에요." 그는 올랑드 대통령에게 털어놓았고 많은 측근에게 조언을 구했다. 메르켈은 2016년 11월 20일 베를린 기독교민주연합(CDU) 당사에서 자신의 출마를 공식화하면서 "오래전부터" 이 문제를 생각해왔다고 고백했다. "11년간 업무를 수행한 후 4선에 출마하기로 한 것은 결코 가벼운 결정이 아닙니다." 그리고 느리고 사려 깊은 물리학자로서 면모를 완벽히 드러냈다. "제겐 시간이 필요합니다. 결정을 늦게 내리죠. 하지만 결정하고 나면 그것을 지킵니다."

이로부터 두 달 전인 9월 2일, 메르켈은 올랑드와 함께 제네바 호수 근처에 자리한 에비앙(Évian)에 있었다. 에비앙레뱅(Évian-les-Bains)에서 열리는 프랑스-독일 회담을 위해서였다. 이제 정기 의례로 자리 잡은 프랑스-독일 회담의 25차 개최를 기념해 독일 총리와 프랑스 대통령은 파스칼 라미 전 세계무역기구 사무총장을 비롯한 주요 인사 30여 명 앞에서 함께 연설했다. 제네바호수는 아름답고, 모두가 화합하는 분위기에 동참하고, 누구도 비관적인 태도를 보이지 않으려고 노력했지만 분위기는 무거웠다. 얼마 남지 않은 2016년은 그들에게 끔찍한 해였다.

지난 6월 영국이 투표로 결정한 브렉시트로 하늘이 무너지는 듯했다. 그리고 이제 곧 트럼프가 미국 대통령으로 당선될 터였다. 브렉시트와 트럼프는 공통점이 있었다. 승리를 위해 새로운 정치 전략, 즉 가짜 뉴스와 고의적인 거짓말 퍼뜨리기, '주관적' 사실에 유리하도록 진실을 의심하게 만들기, 자신에게 유리한 '폴로어' 수 늘리기. 모든 것이 소셜 네트워크를 활용하는 엄청나게 기발한 방해 전략이었고, 민주주의를 히스테리 상태로 만들었다. 브렉시트와 트럼프 둘 다 '국민의 뜻'을 따르겠다고 약속하면서 권력을 얻으려 공포와 환상을 이용했고, 희생양을 지목했으며, 간단하고 공상적인 해결책이 있다고 선전했다. 둘 다 국가의 자부심을 일깨웠고, '주권 회복' 꿈을 꾸게 했으며, 다자주의와 그 원칙을 없애버렸다. 이유는 달랐지만 둘 다 EU를 표적으로 삼았고 순풍을 받고 있었다.

유럽의 자유민주주의와 의회민주주의 모델은 이제 더는 인기가 없다. 일시적인 문제가 아니라 표면화되고 있는 격변이다. 곳곳에서 사회민주주의 좌파와 중도 우파의 거대 양당이 무너지고 있고, 다양한 형태가 확산되고 있다. 이러한 세력 지도는 독재주의자들과 내셔널리스트들에게 유리하게 기울어져 있는데, 이들에게는 종신 지도자를 꿈꾸는 러시아 대통령 푸틴이 그러한 세력의 주동자이자 세계적 토템이다.

무서운 기세로 변화가 시작되었다. ㄱ 이후 독일 의회에서 극우파 부상, 오스트리아 정부에서 우익-극우 연합, 이탈리아 수뇌부에서 극우와 반체제 세력 연합, 헝가리에서 점점 더 반자유주의자가 되어가는 오르반의 재선 성공, 브라질에서 군인 출신 극우 후보의 대통령 당선, 프랑스에서 극우 후보 마린 르펜의 대선 결선 투표 진출 등이 있을 것이다. 네덜란드 민족주의 지도자 헤이르트 빌더르스(Geert Wilders)는 훗날 2017년 3월 네덜란드 총선에서 결국 패배하지만, 그전까지 한창 인기를 끈다. 이탈리아 사회민주주의자인 마테오 렌치는 아직 사임하지 않았지만, 베페 그릴로(Beppe Grillo)가 이끄는 포퓰리즘 정당 오성운동의 인기가 그를 위협했다.

프랑스 정치는 큰 혼란과 불확실성에 빠져 있었다. 올랑드가 연임에 도전할지 미지수인 상황에서 잠시라도 마크롱을 떠올리는 사람은 없었다. 마크롱 자신을 빼고는 말이다. '페넬로프 게이트'*는 아직 터지지 않았고 프랑수아 피용은 중도 우파 대선 후보 경선에서 최종 선출되지 않은 상황이었다. 프랑스 선거 캠페인

---

* 프랑수아 피용이 2016년 대선 후보로 선출되었으나 의원 시절 부인 페넬로프를 보좌관으로 허위 채용해 세비를 삭복했던 일이 드러나 대선에서 패배하고 기소된 사건.

은 아직 제5공화국에서 가장 놀라운 정치 드라마를 만들어낼 완전한 광기의 수준에 도달하기 전이었다. 여전히 국민전선(Front National) 마린 르펜 후보의 승리가 점쳐졌다. 엘리제궁과 가까운 포부르-생토노레 거리에 있는 마린 르펜의 선거운동본부는 행운의 부적으로 브렉시트 포스터를 내걸기까지 했다.

메르켈은 이러한 새로운 역사의 순환이 나타나는 징후를 분석하기에 가장 좋은 위치에 있었다. 그 자신이 둘로 나뉜 유럽에서 태어나 자유가 금지되고 자유를 꿈꿔야 하는 쪽에서 자랐다. 그리고 베를린 장벽이 붕괴된 행복감 속에서 모든 사람이 그랬던 것처럼, 두 전체주의 국가가 결국 종말을 고하고 전 세계에 민주주의가 도래할 거라고 믿었다. 그는 세계화의 부상, 그로 인한 잔혹성, 사회의 격변, 분노의 증가를 목격했다. 그토록 비싼 값을 치르고 얻은 자유민주주의가 거의 30년 만에 정반대 열망, 즉 정체성과 민족주의의 부활, 극도의 보수주의와 권위주의, '민주주의를 가장한 독재', '반자유주의'에 대한 열망을 낳는 것을 보았다.

2016년 9월 2일 에비앙에는 의기소침한 분위기가 가득했으므로 모두 낙관론을 되찾고자 노력 중이었다. 호수가 내려다보이는 루아얄호텔의 대형 회의실에서 파스칼 라미를 비롯한 참석자들이 독일 총리와 프랑스 대통령에게 설명을 요구했다. "총리님 그리고 대통령 각하, 유럽에 비전과 서사를 제공하는 일은 두 분에게 달려 있습니다. 우릴 매혹하고 설득해주길 바랍니다!" 올랑드는 난감해했다. 그는 이미 프랑스에서 집중포화를 맞고 있고 낮은 지지율로 임기를 마무리하는 중이었다. 올랑드는 농담을 던졌다. "아시잖습니까. 제가 사람들을 매혹하기가 지금으로서는…" 뒤이어 메르켈이 간결하고 솔직하게 말했다. "당신 말이 맞습니다. 하지만 난 시인이 아닙니다. 그건 내 분야가 아니에요. 내게 유럽의 기수가 되라고 하진 마세요. 그런 건 할 줄 모릅니다."

독일 총선은 2017년 9월 24일로 예정되어 있었고, 메르켈은 4선에 도전할 생각이 없었다. 그는 예순둘이고, 선거 때면 예순셋이 될 것이며, 이미 12년 동안 통치해왔다. 자신에게도 너무 무겁고 유권자들에도 지루한 일이었다. 제2차 세계대전 이후 오직 두 총리(둘 다 CDU 소속)만이 이 자리에 메르켈보다 더 오래 있었다. 아데나워는 1949년부터 1963년까지 14년, 헬무트 콜은 1982년부터 1998년까지 16년 동안 이 자리를 지켰다. "장기 집권 기록을 깨고 싶다는 생각이 동기부여가 되었을 거예요"라고 올랑드가 추측했다. 그러나 메르켈은 헬무트 콜처럼 너무 오래 자리를 지키는 것이 위험함을 알았다.

2016년 말, 추세가 점차 그에게 유리하게 변하기는 했지만 최상의 상황은 아니었다. CDU는 지방선거에서 여러 차례 실패를 겪었다. 2015년 난민 위기 때 난민 100만 명에게 보여준 메르켈의 인류애는 국제 언론의 찬사를 받았지만 독일 내에서는 성치적 대가를 치러야 했다. 메르켈의 "우린 해낼 수 있습니다"를 유권자들은 이해하지도 높이 평가하지도 않았다. "우린 할 수 있어요. 우린 할 수 있습니다. 말이야 쉽죠! 메르켈은 모두를 받아들이고 상황을 엉망으로 만들어 결국 우리가 해결하게 내버려둬요!" 2016년 한 나이 든 CDU 당원이 내게 말했다. 이렇게 짜증 내는 사람이 그뿐만은 아니었다. 총리는 자기 세력의 일부인 CDU 내 우파와 CSU 내 극보수주의자들을 언짢게 만들었다. 메르켈은 지금까지 거의 눈에 띄지 않았던 독일의 극우 정당 독일을위한대안(AfD)의 성장에 기여하고 말았다.

파리, 브뤼셀, 니스에 이어 2016년 12월 베를린 크리스마스 마켓에서도 이슬람 세력의 테러가 발생했다. 이후 맨체스터와 런던에서도 발생할 것이다. 브렉시트 선전가들에게 메르켈의 행동은 지나치게 개방된 유럽을 비난할 절호의 기회를 제공했다. 나이절 패라지*는 초라한 차림을 한 난민 무리를 보여주는 난민 반대 포스터 앞에서 당당하게 포즈를 취했다. 한 참모가 내게 "메르켈 총리는 큰 소리로 화를 내거나 욱하는 스타일이 아니고" 침묵하고 분석하며 다음을 준비하는 사람이라고 말했다.

2016년 11월 8일 트럼프가 미국 대통령으로 당선된 일을 계기로 메르켈은 스스로는 원하지 않았던 선거에 나서기로 결정했다. 그로부터 2주도 채 지나지 않은 11월 20일, 총리는 네 번째 임기에 도전하겠다고 선언했다. 출마 선언은 1시간 30분 동안 진행되었고 총리는 분명하게 의사를 전달했다. "2016년은 평온하지도 안정적이지도 않았습니다. 그 반대였습니다. 우리는 특히 미국 대선

---

* Nigel Farage, 브렉시트 찬성파인 영국 정치인.

이후 NATO와 관련해서 그리고 러시아와의 관계에 대해서 스스로 재편성해야 하는 세상에 직면했습니다." 메르켈은 트럼프 당선 후 자신이 했던 발언을 다시 빌려 민주적 '가치 수호'와 '우리 삶의 방식'을 언급했다. 마치 사회의 기본질서가 더는 당연한 것으로 여겨지지 않아서 이렇게 상기시켜야 한다는 듯이 말이다. "민주주의, 자유, 법치 존중, 출신·피부색·종교·성별·성적 취향·정치적 견해와 무관한 인간의 존엄성 존중."

메르켈 지지자들은 그를 포퓰리즘의 부상에 맞서 서구 민주주의의 가치를 지켜낼 마지막 수호자로 여겼다. 메르켈을 만나러 베를린을 찾은 오바마의 고별 방문은 마치 장례 행진처럼 보였다. 오바마가 메르켈에게 남아 있는 자유와 휴머니즘의 가치를 부탁하는 듯했다. "미국은 세계를 저버렸습니다. 유럽의 어떤 지도자도 오늘날 메르켈이 가진 정치적·도덕적 힘을 가진 적이 없습니다." 클린턴 전 미국 대통령 시절 차관보를 지낸 제임스 루빈(James Rubin)이 한 말이다. 그럼 메르켈은 그것을 원할까? 전혀 아니다.

여기에 역설 그리고 크나큰 오해가 있다. 오래전부터 프랑스는 독일을 보며 쓰라림을 느껴왔다. 독일을 권력과 패권에 대한 의지를 넘어 EU를 마음대로 주무르려는 목적으로 EU에 집착하고, 이로써 세계를 지배하려는 영원한 적으로 보았기 때문이다. 독일은 실제로 유럽 1위, 세계 4위의 경제 강국이며 앞으로도 그럴 것이다.

물론 흠잡을 것도 많다. 독일의 파트너들은 다른 국가에 피해를 주는 독일의 경제 운영 방식(너무 낮은 임금, 무역 흑자, 기반 시설 투자 부족)을 언급한다. 독일은 강해지길 원한다. 그건 맞는 얘기다. 하지만 독일은 지나치게 강해지길 원하지는 않는다. 독일인들에게는 역사에 대한 트라우마가 여전히 존재하며 파편처럼 박혀 그들을 괴롭힌다. 메르켈은 오바마가 떠난 후 서방 세계의 리더 역할을 떠맡을 생각이 없었다. 모두가 메르켈을 압박했지만, 그는 이런 생각이 너무도 '우습고 터무니없다'고 말했다. 마지막 서방 세계 사람, 마지막 민주주의자, 모두가 믿고 의지하는 사람. 그가 정말로 되고 싶지 않은 것이었다.

글로벌 무티는 세상의 무게를 혼자 짊어지고 싶지 않았다. 그러나 트럼프의 당선과 프랑스 대선의 불확실성은 그에게 선택할 여지를 주지 않았다. 메르켈은 목사의 딸로서 원칙과 사명감이 있었지만, 독일 경제의 3대 축인 대서양 동맹, 국제 자유무역, 거대 단일 시장을 가진 EU가 무너질 위기에 처했다. 뒤처진 이들의 불행을 이용해 득을 보는 포퓰리스트들 때문에 이 세상은 병에 걸려 종말을 향해 가고 있다. 서방의 가치가 더는 독점하지 못하는 세계, 푸틴의 러시아가 악화된 내셔널리즘과 군사력 행사로 자국의 경제적 약점을 보완하는 세계, 중국이 강력한 힘을 내세워 다른 나라들을 위협하는 세계. 그렇게 세계는 점점 더 상호의존적 관계가 되고 있다.

2017년 5월 28일 뮌헨에서 메르켈 총리는 역사적인 연설을 했다. 장소도, 청중도, 상황도 그리 적합하지는 않았다. CDU 자매 정당인 바이에른 CSU 당원들과 지지자들 앞에서 간단한 선거 회의를 하는 중이었다. 메르켈은 이탈리아 타오르미나에서 열린 G7 정상회의에서 막 돌아왔는데, 그곳에서 미국과 유럽을 갈라놓는 새로운 단절을 확인했다. 그 정상회의에서 트럼프 대통령은 지구를 구하기 위한 공동의 노력에 동참하기를 단호히 거부했다. 게다가 트럼프는 며칠 후 파리기후협약 탈퇴를 발표함으로써 세계에 등을 돌릴 것임을 내비치기까지 했다. 미국 그리고 브렉시트가 진행 중인 영국의 이중 퇴각은 서방 세계의 지정학적 질서를 뒤흔들었다.

뮌헨의 CSU 앞에서 총리는 엄숙하게 말했다. "우리가 다른 사람들에게 완전히 의존할 수 있었던 시대는 부분적으로 끝났습니다. 저는 지난 며칠 동안 그것을 경험했습니다. 우리 유럽인들은 우리 자신의 운명을 진정으로 우리 손에 맡겨야 합니다." 그가 말을 이었다. "물론 우리는 미국, 영국 그리고 러시아와도 가능한 한 좋은 친구, 이웃으로 남아야 합니다. 그러나 우리는 알아야 합니다. 유럽인으로서 우리는 우리의 미래와 운명을 위해 스스로 싸워야 한다는 것을 말입니다." 이는 또한 독일에서 극도로 민감한 주제인 국방예산의 추가 증액에 대해 유권자들이 미리 마음의 준비를 하도록 돕는 방법이기도 했다.

이로부터 이틀 후 메르켈은 유럽이 이제 "국제적으로 헌신하는 행동가"라고 명확히 말했다. 『뉴욕타임스』는 이를 '잠재적 지각 변동'이라고 평했다. 오랫동안 이어진 베를린과 워싱턴 간의 충

2018년 6월 9일 캐나다 라말베에서 열린 G7 정상회의에서
미국 트럼프 대통령과 마주한 메르켈. 트럼프 대통령은 늦게 도착해서
일찍 출발했을 뿐 아니라 거의 모든 주제에서
동맹국들과 거리를 두었다. 독일 지도자들 가운데
가장 열성적인 범대서양주의자이며,
서방 모든 국가 지도자 중 자유에 가장 집착하는 메르켈은
전후 질서의 수호자이자 한 세기 가까이 서방을 수호해온
미국이 유럽과 관계를 저버렸다고 생각했다.

실한 동맹에 막힘 현상이 생겼다. 프랑스 사회당 소속 위베르 베드린(Hubert Védrine) 전 외무부 장관은 "메르켈의 이 성명은 여론의 변화를 시사하기 때문에 더 중요합니다"라고 말했다. "메르켈을 이야기할 때 우리는 그의 힘이 그 자신에게서 나오는 것이 아니라 그가 따르는 독일 여론에서 나온다는 사실을 과소평가합니다. 그러니까 메르켈이 이러한 성명을 발표한 건, 선거 관점에서 볼 때 하나의 신호인 겁니다. 독일이 트럼프를 불안해한다는 그리고 독일과 마크롱이 이끄는 프랑스가 공조할 수 있다는 신호 말입니다."

파리 리볼리 거리에 새롭게 마련한 사무실에서 세상 사정에 밝은 한 프랑스인이 이러한 사회 격변을 주의 깊게 관찰하고 있었다. 얼마 전 엘리제궁을 떠난 올랑드였다. "뮌헨에서 한 이번 연설은 비록 시작이긴 하지만 중대한 단절을 의미합니다." 그가 지적했다. "독일은 지금까지 경제 문제와 위기에 집중해왔어요. 메르켈이 뮌헨에서 그 선을 뛰어넘은 겁니다. 국방과 안보 문제를 추가 의제로 둔 것이나 마찬가지죠. 새로워요."

올랑드가 대통령 시절 말리 내전에 개입하며 말리에 있는 독일 공군 함대에 무기 보급 지원을 요청했을 때 메르켈은 늘 그렇듯 이렇게 대답했다. "우리 연방의회는 치사 물질의 수송을 허용하지 않습니다…" 마치 테러처럼, 트럼프의 예측 불가능성이 상황을 바꿔놓았다. 이때까지만 해도 독일인들은 식민지 소송의 부재가 자신들을 외부 세계로부터 보호해준다고 여겼다. 그러나 이제는 독일인들도 해결되지 않은 갈등의 결과를 감내하게 되었다. 바로 난민 위기 그리고 독일까지 낙진 이슬람 테러다.

올랑드는 "독일은 지금 중동과 아프리카를 결정적인 지역으로 보는데, 이 역시 새로운 거죠"라고 말하면서, 그래도 대서양의 연대가 여전히 우선순위임을 명확히 했다. "독일이 대서양 동맹을 재검토하는 일은 결코 없을 겁니다. 메르켈이라면 더욱 그렇죠. 하지만 세상이 더 불안정해졌고, 트럼프는 예측할 수 없는 사람이에요. 메르켈은 이제 독일이 방위 전략을 가지고 더 많은 외부 군사 작전에 참여해야 한다는 점을 받아들이는 겁니다."

끔찍했던 2016년은 2017년 1월 20일이 되어서야 끝났다. 두 달 반 전 미국 대통령에 당선된 트럼프의 취임식이 열리는 날이었다. 메르켈은 취임식에 가지 않고 텔레비전으로 그 행사를 보지도 않았다. 그 대신 중요한 인상주의 작품들의 개인 컬렉션을 전시하는 포츠담 바르베리니박물관 개관식에 참석했다. 메르켈은 자홍색 재킷을 입고 서구 문화를 상징하는 모네의 그림을 응시하며 워싱턴에서 열리는 세계적 행사를 등지고 서 있었다. 그런 메르켈의 뒷모습을 찍은 사진은 장엄하게 느껴졌다.

동독에서 메르켈은 미국을 꿈꿨다. 자유세계의 강대국, 자유롭게 돌아다니고 소리 내어 의견을 말할 자유를 빼앗긴 시민 수백만 명이 남몰래 갈망하던 곳. 트럼프는 응석받이 아이처럼 굴었다. 변덕스러운 대통령, 내셔널리즘의 기수, 장벽 건설자, 무슬림을 제물로 삼아 미국 시민권에 대한 종교적 선호를 확립하려는 사람. 트럼프는 미국을 다른 페이지의 세상으로 넘겨버렸다. 백악관에 들어가기 닷새 전 트럼프는 보수 일간지 두 곳, 즉 독일의 『빌트』, 영국의 『타임스』와 인터뷰했다. 인터뷰에서 그는 미국의 전통적 동맹인 유럽을 상대로 전쟁을 선포했다. 메르켈? 난민 문제로 '재앙과 다름없는 실수'를 저질렀다. 브렉시트? '성공'했지만 다른 나라들도 'EU를 떠나도록' 이끌어야 할 테고 '영국이 탈퇴한 것은 옳았다.' NATO? '구식' 조직. 푸틴은 이를 기쁘게 생각했다. 메르켈은 클로드 모네가 그린 빛을 바라보았다. 유럽에 그리고 계몽주의에 내리쬐는 빛을.

히틀러가 집권한 때부터 80여 년이 지난 지금, 독일 지도자 메르켈은 개방성, 이민자 포용, 범세계주의, 다자주의, 자유 수호의 가치를 구현하고 있다. 그리고 미국 지도자 트럼프는 어리석은 역사적·비극적 반전을 나타냈다. 새로운 민족주의자들은 예전에 민주주의와 자유주의를 이끌었던 앵글로색슨 사회에서 주로 발견된다. 그리고 인류에 대한 가장 끔찍한 범죄의 발상지였던 독일은 이제 자유민주주의의 희망이 되었다. 오바마는 백악관을 떠나기 전 베를린을 방문해 서구 가치의 횃불을 메르켈에게 전달하러 왔다는 분명한 메시지를 전달했다. 1945년 이후 처음으로, 미국이 더는 그 가치를 보증할 수 없게 되었기 때문이다.

메르켈은 2017년 선거 출마를 선언하면서 책임을 지는 사람으로서 엄숙한 분위기를 풍겼다. 테러리스트의 공격이 넘쳐나고 중심축이 흔들리는 상황에서, 이 퇴보하는 세계에서 메르켈은 마지막 위대한 민주주의자가 될 것이다. 정작 자신은 조금도 차지할 의노가 없었던 사리. 메르켈은 번영하는 유럽을 건설하고, 사회적 시장 경제를 잘 운영하며, 원칙·예산 약속·도덕·조약·법을 존중하길 열망한다. 하지만 무엇보다도 자유세계의 영웅으로 여겨지지 않기를 열망한다. 메르켈은 그것이 '우습고 터무니없는' 일이라고 말했다.

2017년 5월, 메르켈은 마크롱의 당선을 열렬히 환영했다. '유럽인'임을 내세우는 젊은 대통령이 메르켈이 절대로 지고 싶지 않은 엄청난 짐의 무게를 덜어주었기 때문이다. 유럽 민주주의의 마지막 보증인이 되어 혼자 그 과중한 권력을 떠맡아야 한다는 부담 말이다.

마크롱이 승리한 다음 날 베를린시는 즐거워 보였다. 르펜이 대선 2차 투표에 진출하면서 잠시나마 유럽의 미래와 프랑스-독일 관계에 우려를 불러일으켰기 때문이다. 총리 관저에서도, 심지어 베를린 시내 카페에서도 사람들은 내가 프랑스인이라는 이유로 축하를 건넸다. 프랑스 정치가 가는 길을 아주 가까이서 따르고 프랑스 정치를 잘 안다는 느낌을 좋아하는 메르켈은 이 새로운 파트너의 승리를 기뻐했다. 마크롱이 올랑드의 고문이자 장관이던 시절에 메르켈은 마크롱을 이미 지켜봤고, 선거운동 기간에는 마크롱이 메르켈을 만나러 베를린으로 오기도 했다.

마크롱은 취임식 다음 날 독일 총리 관저를 방문했고, 둘의 공동 기자회견은 EU에 대한 낙관주의를 선언하는 자리였다. 마크롱:

2017년 10월 10일 독일 프랑크푸르트에서 열린 도서전 개막식에
참석한 에마뉘엘 마크롱 프랑스 대통령과 메르켈.
메르켈과 마크롱 둘 다 정치적으로 UFO,
즉 미확인 비행물체 같은 존재다. 메르켈은 총리 후보들
가운데 가장 의외의 인물이었고,
마크롱도 프랑스 대선 후보들 가운데
가장 의외의 인물이었다. 메르켈은 2017년 5월
마크롱의 당선을 열렬히 환영했다.

"우리는 유럽의 역사적인 순간에 있습니다. 우리에겐 역사적 시간이 필요합니다. 유럽을 다시 바로 세울 시간 말입니다." 메르켈: "독일이 도울 수 있는 곳은 독일이 도울 것입니다. 유럽이 잘 지내야만 독일도 잘 지낼 수 있기 때문입니다. 그리고 유럽은 프랑스가 유럽에서 강한 나라일 때만 잘 지낼 수 있습니다. 우리는 새로운 역동성을 만들고 싶습니다."

마크롱은 두 나라 사이가 "신뢰를 회복하도록 깊이 있게" 개혁을 추진하겠다며 메르켈을 안심시켰고, 메르켈은 프랑스인들의 말에 이미 익숙했다. 그들은 서로 선의를 보였다. 적자와 인플레이션에 트라우마를 가진 독일에 유럽 부채의 공동 부담이라는 의제는 공포였다. 마크롱은 '과거 부채의 공동 부담'은 포기하고 미래의 공동 부담, 즉 '투자'에 전념하겠다고 말했다. 독일은 원칙적으로 유럽 예산 조약의 수정에 반대하지만 메르켈은 "이치에 맞는다면 조약을 변경"할 준비가 되어 있다고 말했다. 하지만 해당 조약의 정체성과 어떤 변화를 도입할 수 있는지에는 모호함을 유지했다. 그래도 이만한 양보는 젊은 프랑스 대통령에게 보내는 호의의 표시였다. 혼란스러운 세계에서 독일은 좀더 결속력 있는 유럽으로 변화를 추진하려고 성숙해진 것 같았다. 메르켈은 "돕겠다"고 말했지만 여전히 의도적으로 피했다.

양쪽 모두 환상에서 깨어났다. 극우파의 급부상과 연정 구성의 어려움(2018년 3월 마침내 연정을 달성하기까지는 총선 후 6개월이 걸린다)으로 입지가 불안정한 독일 총리는 아직 준비되지 않았다.

마크롱이 선거운동에서 보여준 개혁적 에너지가 메르켈을 매혹한 만큼, 유럽인으로서 마크롱의 열정 또한 그를 당황하게 했다. 프랑스 대통령이 소르본에서 유럽의 자주권과 위대한 공동의 목적을 지지하며 발표한 야심 찬 연설에는 아주 프랑스다운 서정적 표현이 넘쳐났고, 이는 언제나 그렇듯 독일 화용론자들을 괴롭게 만들었다. 메르켈은 마크롱보다 훨씬 범대서양주의적인 사람이다.

마크롱은 메르켈이 원칙적으로 반대하는 유로존 통합 예산과 유럽 재무장관 신설을 제안했다. 엘리제궁 측에서는 이러한 차이가 단지 리듬의 문제일 뿐이라고 확언했다. "메르켈의 유럽과 마크롱의 유럽이 다른 것은 아닙니다. 하지만 그들의 정치적 사이클은 같지 않죠." 유럽 담당 고문을 거쳐 유럽 담당 국무장관이 된 클레망 본이 말했다. "메르켈은 마크롱에게 이렇게 말했습니다. '당신은 위기를 겪어보지 않았고 에너지가 있죠. 난 당신과 의식 구조가 달라요.' 메르켈은 침착하게 상황을 처리해 안정성을 지키고 싶은데 이 열정적인 대통령이 자신을 몰아붙인다고 느꼈어요."

총리 측에서는 상황을 다르게 보았다. "마크롱은 인내심이 부족했어요." 메르켈의 한 측근이 털어놓았다. "마크롱은 모든 걸 지금 당장 하고 싶어 했어요. 반면에 총리는 현실적인 단계를 밟아나가고 싶어 했죠. 마크롱은 스스로 위대한 유럽인이라는 이미지를 심었어요. 메르켈은 그 앞에서 뭔가 잘못한 사람이 된 기분을 느꼈고요. 프랑스를 비롯해 세계 곳곳에서 '프랑스에 대한 독일의 반응은 무엇인가? 독일은 어디 있나?'라는 소리가 들려왔어요. 유쾌하지 않았죠. 메르켈은 그걸 아주 싫어했어요."

수간지 『이코노미스트』 표지는 조명이 환한 무대에 마이크를 잡고 선 마크롱과 그의 말을 들으며 어둠 속에 서 있는 메르켈을 보여주면서 그들 간의 괴리를 의미심장하게 표현했다. 마크롱이 프랑스식 서정주의의 후계자인 반면, 메르켈은 마리오 드라기(Mario Draghi) 이탈리아 총리가 유럽중앙은행 총재 시절에 밝힌 '언더프로미스, 오버딜리버'(Underpromise, overdeliver, 이룰 수 있는 것 이상을 약속하지 말라는 의미)라는 격언을 누구보다 잘 구현했다. 프랑스 대통령과 독일 총리가 구사하는 언어의 성격은 서로 다르다. 마크롱-메르켈의 회합은 전망이 밝아 보였지만 이루어지지 않았다. 하지만 위기는 다시 한번 그들을 가깝게 만들 것이다.

16 마지막 메르켈

우리는 메르켈에 대해 어떤 이미지를 갖게 될까? 아테네 거리에 붙은 포스터에서 히틀러의 콧수염을 한 메르켈? 그리스인들은 그들을 숨 막히게 한 국가 채무 위기 동안 독단적인 긴축을 요구한 메르켈을 결코 용서하지 않았다. 아니면 난민들의 셀피 속에 등장한 메르켈? 난민들은 그들을 환대한 마음 넓은 지도자와 자랑스럽게 사진을 찍었다. 독일의 위기와 이익을 잘 관리한 훌륭한 지도자로 역사책에 남을까, 아니면 세계 민주주의에 영감을 주는 위대한 유럽인의 기준으로 남을까?

어느 가을날 메르켈이 파스칼 라미에게 건조하고 결정적인 문장으로 말한 것처럼, 메르켈은 시인도 아니고 시인이 되고 싶은 생각도 없다. 메르켈은 사람들을 매혹해야 할 리더가 아니고, 위대한 구상을 실현해야 할 선구적 건축가도 아니며, 대담한 시도를 할 만큼 무모한 사람도 아니다. 메르켈은 중용과 끈기, 협상과 타협의 전술학, 경청의 기술, 정치적 인내심이 있다. 그의 침착함은 우리에게 안노삼을 수고, 그의 느릿함은 우리를 못 견디게 하고, 그의 무딤은 우리를 당황스럽게 한다. 사실 메르켈에게는 두 가지 모습이 있다. 회계사와 휴머니스트. 설교가와 도덕주의자. 정치가와 원칙을 지키는 여성. 메르켈 총리는 도덕적 실용주의자다. 내면에서는 젊은 시절 얻게 된 가치에 이끌리지만 종종 두 가지 모습 중 하나를 선택하느라 고민한다.

메르켈이 직면한 최근의 위기는 코로나바이러스다. 전후 유럽이 맞닥뜨린 가장 심각하고 예측 불가능한 위기이지만, 메르켈이 탁월하게 극복할 수 있는 위기이기도 하다. 비록 독일의 예방접종 캠페인은 프랑스에서만큼 진행하기 어렵고, 2021년 봄은 독일이 모범적인 전염병 관리로 전 세계의 부러움을 샀던 지난해 봄과 달랐지만 말이다. 주들 간 논의에서조차 불협화음이 일어났고, 총리는 자신의 기질과 서류에 대한 뛰어난 이해력을 발휘해 다시 한번 대가로서 이미지를 투영했다.

메르켈이 오염 메커니즘의 지수곡선을 아주 간단히 설명하는 모습을 모두 보았어야 한다! 이론화학 박사학위가 있는 메르켈은 오염률과 관련된 용어를 유창하게 구사하면서 1,000여 개 항목이 입력된 엑셀 표 앞에서도 당황하지 않았다. 앞서 말했듯, 동독의 템플린에서 메르켈을 가르쳤던 수학 선생님도 그의 이런 자질을 알아보았다. 예전에 겪어보지 못한 불안한 대유행에 맞서, 어떤 지도자도 메르켈만큼 정확하게 자기 직무를 해내지 못했다. 분석적인 기질을 갖춘 과학자 메르켈은 자신이 하는 일을 말하고, 자신이 말하는 대로 행동한다. 결코 빈말에 만족하는 법이 없다. 메르켈의 특별하고 차분하며 정확한 연설에는 영국 여왕 같은 위엄이 있었다. 그러고는 대혼란이 그를 휩쓸었다.

2020년 12월 9일 연방의회에서 메르켈은 거의 울 뻔했다. 크리스마스와 방학이 다가오기 전에 예방적 격리가 필요함을 의원들에게 발표해야 했을 때, 메르켈은 모순된 가치의 충돌에 휘말린 자신을 발견하고 목이 메어왔다. 감정이나 서정극은 독일 총리의 취향이 아니었기 때문에 이 광경은 더욱 눈길을 끌었다. "마음 깊이, 정말 죄송합니다. 그러나 우리가 치러야 할 대가가 1일 사망자 590명이라면, 그건 제가 받아들일 수 없는 일입니다." 메르켈은 명확히 말하고 독일인들에게 제한 조치를 준수해달라고 간청했다. "어렵겠지만, 여러분이 글뤼바인* 가판대와 와플 가판대를 얼마나 사랑하는지도 알지만, 집에서 먹을 수 있도록 포장용 음식만 구매하기로 한 합의와 맞지 않습니다. 3일 안에 해결책을 찾지 못한다면, 나중에 우리가 이 세기적 사건을 회상할 때 무슨 말을 할 수 있겠습니까?"

메르켈은 아시아 국가들의 성공적인 위기 대응에 감탄하면서도 모든 데이터를 수집하고 권위적인 방식으로 격리를 강제하는 시스템을 모방하는 것은 거부했다. 메르켈이 12월 9일에 보인 눈물

---

* 따뜻하게 데운 와인, 독일에서 크리스마스 시즌에 즐겨 마신다.

은 독재의 경험과 개신교 교육으로 얻은 세 가지 원칙, 즉 자유, 법, 인간의 삶 사이에서 숭재해야 하는 도덕적 고통을 보여주었다. 이는 메르켈이 가장 본능적으로 집착하는 원칙이자 그의 통치 방식을 결정하는 원칙이기도 하다. 메르켈은 독일인들의 생명을 구하기 위해 자기 권리를 행사해 그들의 자유를 박탈해야 했다.

사실 메르켈의 모든 것은 그가 자신을 구축해온 방식으로 설명할 수 있다. 메르켈과 그 리더십의 독특한 방법을 이해하려면 그의 어린 시절과 젊은 시절, 개신교와 독재정권의 이중적 경험에서 열쇠를 찾아야 한다. 그 경험이 그 전체를 규정하고 그의 기질, 신중함, 엄격함, 느릿함, 가치에 기반을 두는 정치적 결정을 설명할 수 있다. 메르켈의 이 연설은 정치적 연설이 아니라 목사의 연설이었다.

2021년 3월 24일 메르켈이 그랬던 것처럼 다른 어떤 지도자가 기꺼이 '용서'를 구할 수 있을까? 연방 주의 압력을 받은 메르켈은 부활절 주말에 발표한 건강 보호 규정 강화 방안을 취소해야 했다. 총리는 "이는 전적으로 제 잘못입니다"라고 말했다. 더 엄격한 봉쇄 조치를 계속 지지했기 때문이 아니라 자신이 발표한 내용에 '혼란'이 생겼기 때문에 사과했다. "제 제안이 추가로 불확실성을 야기했습니다. 이 점을 깊이 사과드리며 모든 국민께 용서를 구합니다." 용서를 구할 정도로까지 사과할 줄 아는 능력, 프랑스에서는 상상할 수 없을 만큼 강렬하게 기독교적인 이 능력은 여전히 종교적 도덕성을 중시하고 지도자의 겸손함, 청렴함, 위기 회복력을 높이 평가하는 독일에서 강점으로 여겨진다.

메르켈이 그 위상을 얻기까지는 오랜 시간이 걸렸다. 메르켈에게 16년 동안 이어진 국내 정치는 우리가 생각하는 것처럼 길고 잔잔하게 흐르는 강이 아니었다. 권위 있는 사회민주주의 잡지『슈피겔』이나 인기 타블로이드 잡지『빌트』에 총리를 노리는 암살자가 얼마나 많은가? 메르켈의 대담성 부족, 기회주의적 방향 전환, 정치적 술수, 그리스에 대한 독단적인 완고함을 얼마나 무자비하게 논평하는가?

메르켈은 그리스 위기 당시 '엄격한 어머니'처럼 비춰지는 것도, 남유럽 국가들이 독일의 역사 속 잔인함을 다시 끄집어내는 것도 전혀 좋아하지 않았다. 히틀러의 콧수염이 그려진 자기 얼굴을 보는 일은 메르켈에게 상처가 되었다. 2011년 파판드레우 그리스 총리가 국가의 광범위한 공공 회계 부정행위가 10년 이상 계속되었다고 고백했을 때, 메르켈은 먼저 독일 스타일로, 즉 도덕적이고 엄격하며 분노에 찬 교사처럼 반응했었다. 메르켈은 그 회계 부정이 그리스 지역 부패의 산물일 뿐만 아니라 유럽 지도자들의 집단 위선임을 잊은 듯 보였다. 말하자면 친구들 사이의 작은 합의였고 관여한 모두에게 책임이 있다는 것을 말이다. 그는 서툴렀거나 방법이 잘못되었을 때는 자기 실수를 기꺼이 인정했지만, 자신이 내린 주요한 전략적 결정에는 의문을 품은 적이 없었다.

메르켈의 대응력 부족, 느림, 독단주의, 이해 부족, 인색함 등으로 EU가 대가를 치러야 했지만, 그는 금융 위기와 그리스 위기를 처리한 것에 조금의 유감도 표명하지 않았다. 금융 위기나 국가 채무 같은 상황에서 메르켈은 위대한 지도자의 이미지를 보여주지 않았다. 남유럽의 경멸을 받으며 북유럽이 이끄는 유럽, 규칙에 둔감하고 잔인하며 비전도 연대도 없이 구성된 유럽이라는 이미지를 반영했다.

사르코지는 서브프라임 위기 때 메르켈에게 협조를 요청했고, 올랑드는 그리스가 유로존에 남도록 함께 싸우자고 그를 설득했다. 마침내 메르켈은 재무장관 쇼이블레가 주장한 긴축 정책에 반대했다. 처음부터 그는 분석, 인내, 느림의 시간만이 문화적으로 부채와 신용 그리고 나치즘을 초래한 초인플레이션에 대한 트라우마가 있는 연방하원 의원들을 설득할 수 있다고 믿었을까? 메르켈은 독일 여론을 안심시키고 조금씩 연대의 길로 이끌려고 의도적으로 '엄격한 어머니' 역할을 했을까? 아마도 그럴 것이다. 어쨌든 그리스 위기에서 결국 독일의 독단주의를 누그러뜨리는 사람은 바로 메르켈이다.

그리고 여기 또 다른 메르켈이 있다. 계산적이기보다 본능적이고, 합리적이기보다 인간적인 메르켈. 이 메르켈은 2011년 후쿠시마 참사의 공포에 직면해 하룻저녁 사이에 원전 포기를 결정했다. 메르켈은 사실 그 반대, 그러니까 친원전을 주장하면서 당선되었고 메르켈 소속 당인 기독교민주연합(CDU)은 원전을 유지하기로 약속했다. 그래서 어떤 이들은 메르켈이 당시 연정을 고려했던 녹색당의 공감을 얻을 정치적 계산으로 원전을 포기했다고 주장했고, 다른 이들은 그가 단지 여론의 비위를 맞춘 것이라고 주장했다. 이 결정은 당에서 자기 이익에도 반했기 때문에 메르켈은 아마도 혼자서 고독하게 결정을 내렸을 것이다. 원전을 포기하면 러시아 가스와 노르트스트림 파이프라인에 대한 의존에서 빠져나올 수 없을 거라고 여기는 독일에서 이 결정은 여전히 논쟁의 대상이다. 메르켈은 인간의 비극에 직면했기 때문에 원전을 중단했다. 2015년 시리아에서 전쟁과 학살을 피해 도망친 난민들에게 팔을 벌린 것처럼 말이다. "우린 해낼 수 있습니다." 하지만 늘 그렇듯이, 그에게는 이해의 시간이 필요했다. 이것이 메르켈다운 느림의 기술이다.

우리는 로스토크의 텔레비전 스튜디오에서 있었던 메르켈과 팔레스타인 학생의 특별한 대면을 다시 볼 필요가 있다. 총리는 마이크를 들고 서서 무대 양쪽에 앉아 있는 젊은이들과 대화를 나누었다. 그중 림(Reem)이라는 소녀는 4년 동안 독일에 있었지만 레바논으로 돌아가야 할 처지에 놓여 있었다. 림은 떨리는 목소리로 수줍게 마이크에 대고 이야기했다. "저는 계획이 있고, 공부를 하고 싶어요. 정말 소원이에요. 제가 이루고 싶은 목표예요." 소녀는 완벽한 독일어로 말했다. "다른 아이들은 삶을 즐기는데 저는 그러지 못하는 게 정말 싫어요." 림은 울먹이면서 말을 이었다. "우리는 힘든 시간을 보냈고, 독일에서 거의 쫓겨날 뻔했어요. 저는 학교에서 너무 힘들었어요…"

메르켈은 심란해했다. "이해해요. 하지만 난 정치라는 게 때로는 어렵다는 점을 말해야겠네요. 레바논에 있는 팔레스타인 난민 캠프에는 수천 명이 있어요. 우리가 '당신은 올 수 있어요. 당신은 아프리카에서 올 수 있어요. 당신들 모두 올 수 있어요'라고 말한 다면, 사실 우린 그럴 수 없을 거예요. 그러니 이 딜레마에 직면한 거예요. 우리가 줄 수 있는 유일한 대답은 심사가 너무 오래 걸려서는 안 된다는 거예요. 하지만 일부는 되돌아가야 할 겁니다⋯"

침묵이 흘렀다. 총리는 어린 소녀를 바라보며 고개를 기울였다. 갑자기 그의 태도가 부드러워졌다. 그는 몇 걸음 걸어 소녀에게 다가가 어깨를 쓰다듬었고 림은 흐느껴 울었다.

메르켈은 뭐라고 말해야 할지 몰랐다. "아주 잘했어요⋯"

사회자: "제 생각에 문제는 말 때문이 아니라 어려운 상황 때문인 것 같습니다, 총리님."

메르켈은 신경이 곤두섰다. "어렵다는 건 저도 잘 알아요. 하지만 그래도 그를 위로하고 싶어요⋯" 메르켈은 어린 소녀에게 부드럽게 말했다. "⋯왜냐하면 우린 학생이 그런 상황에 놓이게 하고 싶지 않아요. 그리고 그건 힘든 일이고요. 우리가 어떻게 그 일을 해낼 수 있을지 많은 사람을 대표해서 아주 잘 설명해줬어요." 다시 침묵이 흘렀고 림은 작게 웃었다.

이 장면과 해시태그 #Merkelstreichelt(메르켈이 쓰다듬었다)가 소셜 네트워크를 한 바퀴 돌았다. 유럽녹색당 소속 유럽의회 의원이었던 프랑스계 독일인 다니엘 콘-벤디트(Daniel Cohn-Bendit)는 메르켈의 타산적 태도와 과도한 신중함을 싫어했지만 이 일을 계기로 총리의 열렬한 옹호자가 되었다.

"메르켈은 다른 사람들과 마찬가지로 난민 문제를 마주 대하길 거부했죠. 우리는 이탈리아가 더블린조약[난민은 처음 입국한 나라에 망명 신청을 해야 하고 망명 요청을 받은 국가가 그 결정에 책임을 짐]을 해결하도록 놔두었죠. 그런데 작은 팔레스타인 소녀 앞에서 놀라운 일이 벌어졌어요. 메르켈은 관료적으로 반응하는 사람이고, 어떤 사람들은 메르켈을 공감 능력이 없는 '얼음 여왕'이라 비난하죠. 하지만 실제로는 그렇지 않아요. 그는 그게 잘못되었다는 걸 이해했죠. 나중에 메르켈이 난민들에게 문을 열어주는 데는 두 시간도 걸리지 않아요. 메르켈은 '내가 총리로 있는 한 독일 국경에 철조망은 없을 것입니다'라고 말했어요. 바로 그날, 메르켈은 위대한 지도자가 된 거죠."

팔레스타인 소녀와 메르켈이 텔레비전 프로그램에 나온 때는 2015년 7월 15일이다. 2014년 독일은 이미 난민을 20만 명 수용했지만 2015년에도 난민 유입은 꾸준히 증가했다. 총리가 "우린 해낼 수 있습니다"라고 말한 8월 31일에 80만 명을 넘었고 곧 100만 명을 넘을 터였다. 9월 2일, 터키 해안에 떠밀려온 시리아 난민 꼬마 아일란의 시신 사진이 전 세계를 충격에 빠뜨렸다. 독일의 노력만으로는 해결할 수 없어 보였다. 12월 31일 쾰른에서 발생한 성폭력 사건은 극우파와 총리 반대파의 주장에 힘을 실어주었다. 메르켈은 오스트리아와 스웨덴을 제외한, 자국 이기주의에 빠진 이웃 나라들의 비판을 받았다. "순진하다." "무책임하다."

"비어 샤펜 다스"(우린 해낼 수 있습니다).

메르켈은 2015년 12월 31일 난민 위기 당시 독일의
난민 통합 문제에 대해 이렇게 말하면서 수용 정책을
구체화하고 유럽의 명예를 구했다.

물론 이로써 정치적 대가도 치렀다.

사진은 2015년 9월 10일 독일 베를린 난민 수용소에서
난민과 사진을 찍고 있는 메르켈.

어린 시절, 장벽 너머 열악한 곳에서 자란 경험은
국경 너머 열악한 곳에 있는 사람들의
운명을 포기하지 않도록 했다.

2016년 2월 뮌헨에서 열린 연례 안보회의에 초대받은 자리에서 마뉘엘 발스 프랑스 총리는 도덕적 교훈을 얻었다. 그는 "유럽은 더 많은 난민을 수용할 수 없다"라면서 기자들 앞에서 비꼬아 말했다. "몇 달 전 프랑스 언론들은 '프랑스의 메르켈은 어디 있냐'고 물었고 독일 총리에게 노벨상을 주고 싶다고도 말했죠. 오늘 그 결과를 보니…" 독일인들은 분개했다. 수준이 높은 메르켈은 그에 대꾸하지 않고 자기 의견을 고수하며 말했다. "독일이 위급한 상황에서 우호적인 모습을 보인 것에 대해 지금 사과한다면, 그곳은 더는 내 조국이 아닙니다."

난민을 받아들인 이유로 메르켈은 오랫동안 비싼 대가를 치러야 했다. 극우 정당 AfD의 부상은 스스로 극우주의에 면역력이 있다고 믿었던 독일 사회를 크게 뒤흔들었다. 2018년, 영향력 있는 내무부 장관이자 바이에른기독교사회연합(CSU) 소속 보수주의자인 호르스트 제호퍼(Horst Seehofer)는 CDU-CSU 동맹을 파기하고 집권 연립정부에서 탈퇴하겠다고 위협했다. 마크롱의 제안으로 유럽이사회가 소집되어 제호퍼를 진정시키고 총리를 지지하는 데 힘을 모았다. 메르켈이 에르도안 터키 대통령과 단독으로 맺은 합의는 (물론 도덕적으로는 의심스럽지만) 망명 신청자와 경제 이민자가 더는 그리스로 유입되지 않도록, 따라서 독일로도 유입되지 않도록 막아주었다.

2020년 말, 그동안 상당한 재원을 동원한 결과 5년 전 도착한 난민의 약 3분의 2(100만 명 이상)가 독일에서 일자리를 찾았나. 네르켈에게는 성공작이었다. 인간애를 보여준 메르켈의 행동이 보 상을 받았지만, 그럼에도 극우 세력은 더 강해졌다. 유럽 곳곳에서 포퓰리스트 지도자들이 난민 위기 그리고 개방적이고 느슨한 민 주주의의 상징이 된 메르켈에 반대하면서 표를 얻었다. 서구 백인, 즉 기독교 세력의 쇠퇴와 '대대적 교체'*를 메르켈 잘못으로 돌리 면서 말이다. 브렉시트 옹호자들도 흥분해 날뛰었다. 하지만 결국 메르켈의 인기는 다시 높아졌다. 유럽의 체면을 세우고 인간으로 서 의무를 다하려면 동독 출신의 개신교 신자가 필요했다.

메르켈은 왜 난민을 받아들였을까? 보이지 않는 개인적 이익을 위해서? 비밀스러운 정치적 이익을 위해서? 발스는 메르켈을 무 책임하다고 비난했고, 영리한 이들은 메르켈의 결정에서 인구통 계학적이고 경제적인 이유를 찾았다. 독일은 고령화되고 있고 노 동력이 필요하므로 메르켈이 관대함을 가장해 난민의 노동력을 이용하려는 것이라고 말이다! 어떤 이들은 메르켈에게는 카스파 로프**에게나 어울릴 만한 전략적 예측 능력이 있다면서 처음 들 어오는 난민들이 좀더 부유하고 교육을 잘 받았으리라는 생각으 로 총리가 체스 말을 전진시켰을 거라고 떠들었다. 전혀 체스판처 럼 보이지 않는 비참한 상황에 처한 난민 100만 명을 잊은 채 교활

---

* grand replacement, 프랑스 작가 르노 카뮈가 언급한 용어로, 그는 대부분이 백인인 유럽 인구가 출생률 감소와 이민자 증가 등으로 비유럽 인구로 대체 되고 있다고 했다. 유럽 극우파와 백인 우월주의자들은 백인이 소수 인종으 로 전락할 거라는 공포를 사상적 기반으로 삼고 있다.
** Kasparov, 세계적인 체스 선수.

한 메르켈이 가장 능력 있는 노동력을 독일 것으로 삼았다고 주장했다.

논쟁은 점차 난민을 수용하는 데 필요한 희생, 교육과 식량을 공급하려고 공공기관이 지출하는 수백억 유로, 시민·교회·협회·지방자치단체의 예측할 수 없는 헌신, 엄청난 정치적 위험 등으로 재빨리 번져갔다. AfD는 여론의 우려를 이용하려고 이것만 기다렸다. 그렇다면 메르켈은 왜 '국경을 개방'했을까? 메르켈을 비방하는 사람들이 사용하는 이 표현은 사실 그 자체로 잘못되었다.

메르켈은 국경이 이미 열려 있다는 단순한 이유로 국경을 개방한 것이 아니다. 스웨덴과 오스트리아를 제외한 이웃 나라들이 지원해주지 않아서, 빅토르 오르반이 헝가리에 더는 머물기를 원하지 않는 난민들이 압력을 가해서 국경을 폐쇄하지 않기로 결정한 것이다. 메르켈은 도덕적 선택을 한 것이다. 그에게 진정으로 선택권이 있었다면 말이다. 제2차 세계대전 때 독일군의 행진처럼, 독일 군인이나 경찰들이 제복을 입고 남북으로 길게 늘어서 국경을 지킨다면, 이것이 국내외 여론에 미칠 영향을 감히 상상할 수 있을까? 반대로 국경에 군인이 없다면 어떻게 될까? 혼란과 무질서? 그런 이미지는 독일인들이 참을 수 없었을 것이다. 장벽 너머 열악한 곳에서 자란 목사의 딸은 국경 너머 열악한 곳에 갇혀 있는 사람들의 운명을 포기하지 않는다. 그들이 바다 너머 열악한 곳에서 태어났다는 핑계는 대지 않는다.

알아차리기 힘들게, 은밀하게, 조금씩, 그리스 위기는 메르켈을 변화시켰다. 유럽인들은 오랫동안 메르켈을 유럽 프로젝트의 파괴자로 여겨왔다. 그가 유럽의 연대보다는 긴축 정책, 법에 바탕을 둔 중재, 조약의 글자 그대로의 존중을 우선시한다는 이유에서였다. 메르켈과 독일인들 모두 명백한 역사적 이유로 이기적이거나 자기중심적인 사람으로 인식되는 것을 좋아하지 않는다. 친유럽일 것도 반유럽일 것도 없이 메르켈은 유럽인이 아닌 사람으로 자랐고 그에게 EU의 피는 흐르지 않았다. 그래서 영국인이지만 유럽인이기도 한 블레어 영국 총리가 2005년 메르켈에게 "국내 정치에서는 당신 운신의 폭이 줄어들 거예요. 차라리 당신이 유럽에서 성취할 수 있는 것을 강조하세요. 당신은 EU에서 개혁을 이끄는 사람이 될 수 있어요"라고 조언했을 때 메르켈은 그 말을 믿지 않았다.

메르켈은 유럽에 관한 모든 것에 'No'라고 말했다. 오죽하면 2008년 『슈피겔』이 '마담 노'라는 제목으로 기사를 실었을 정도다. 금융 위기 당시 유럽 경기부양책에 대해 메르켈이 거듭 'No'를 표명할 때 동료 지도자들이 부른 별명이기도 하다. 그다음에도 그는 계속해서 'No'를 주장했다. 유럽 실업 보험 프로젝트(2014년 이미 구상됨)에 No, 유로본드와 모든 형태의 공동 부채에 No, 좀 더 광범위한 유럽 은행연합에 No, 독일 무역 흑자 축소 검토에 No, 공동으로 산업 챔피언을 형성하자는 안(독일 혼자 빅리그에서 뛰면서 대중국 수출을 통제하기 때문)에 No. 국방이든 산업이든 예산이든, 유럽 자주권에 대한 마크롱의 제안이 있다면 그 역시

No(2020년까지). 메르켈은 강력한 유럽에 신경 쓰는 것보다 독일 납세자들을 유혹하는 것이 더 이득이라는 걸 잘 알았다. 유럽을 강하게 만드는 것은 동유럽 국가들에는 의심받고, 남유럽 국가들에는 불필요하고, 북유럽 국가들에는 비용이 많이 들고, 오직 프랑스만이 갈망하는 것이었다.

그러나 메르켈은 언제나 아주 독일다운 방식으로 EU를 매우 진지하게 받아들였다. 동독에서 자란 메르켈은 전임자들이 명백하게 보여줬던 프랑스-독일 간의 공존과 협력 문화를 갖고 있지 않다. 메르켈은 2004년 EU가 확대된 이후인 2005년에 집권했으므로 EU를 처음 결성한 6개국이 느끼는 공동체에 대한 향수도 없었다. 유럽인으로서 메르켈의 정체성은 위기를 겪고 또 겪으면서 형성되었고, 매번 프랑스 대통령과 함께 있었다. 그러나 관리자로서 메르켈의 능란함과 위기관리 노하우만 기억하려는 사람들은 메르켈이 몇 가지 확고한 방향에서는 한 번도 벗어난 적이 없음을 잊어버린다. 그 방향은 다음과 같다.

① 독일의 경제력, ② '유럽의 전략적 자율성'보다는 미국과 좋은 관계 유지를 우선순위에 두기(트럼프라는 존재가 있긴 하지만), ③ 유럽 통합과 조약 존중. 독일인들이 유럽의회와 브뤼셀에 있는 기관들에 참여하는 태도만 봐도 독일 총리가 EU에 대해 가지는 인식이 프랑스 지도자들과는 다름을 파악할 수 있다. 또 메르켈이 동유럽과 서유럽을 가깝게 만들려고 쏟는 노력만 봐도 그의 EU에 대한 태도를 알 수 있다.

메르켈은 자신과는 조금도 공통점이 없고 또한 조금씩 민주주의에서 빗어나는 빅토르 오르반 헝가리 총리의 일탈에도 불구하고, 오르반의 정당이 유럽의회 내 거대 보수 그룹인 유럽인민당(EPP)에서 탈퇴하지 않게 하려고 애썼다. 메르켈은 EU가 구소련 위성국가들로 확대된 후 총리가 되었고, 그 자신도 유럽의 저쪽에서 자랐지만, 누구보다도 다른 이들을 통합할 줄 알았다. 메르켈은 유로존 클럽처럼 EU 내부에서 다른 국가를 배제하려는 그룹을 경계한다. 또한 폴란드를 중요시하는 태도만 봐도 그의 EU에 대한 생각을 읽을 수 있다. 메르켈은 폴란드에서 집권한 내셔널리즘 보수 정부에 반감이 있으면서도 폴란드에 거만한 태도를 보이지 않으려고 조심한다. 독일 총리에게 폴란드는 유럽 동쪽에 있는 나라가 아니라 유럽 중심에 있는 나라이며, 지리적으로 독일을 유럽 지도의 한가운데로 여기는 중요한 이웃 국가다.

2018년 3월, 메르켈 총리는 취임 후 첫 국빈방문을 프랑스로 가는 독일의 전통을 깨고 폴란드를 방문할 계획을 세웠다. 마크롱 프랑스 대통령은 메르켈에게 정중히 이 순서를 상기시켰고, 총리는 현명하게 엘리제궁으로 갔다. 마크롱의 전 유럽 고문이었고 현재 유럽 국무장관인 클레망 본은 이 일을 다음과 같이 회상했다.

"메르켈 총리는 폴란드에 강한 제스처를 취하고 싶었기 때문에 망설였어요. 우린 총리에게 폴란드를 먼저 방문하는 게 프랑스에 대한 강한 제스처가 될 거라고 설명했고… 총리는 그 계획을 포기했죠. 총리는 폴란드의 극보수주의 집권당과 아무 공통점이 없지만 폴란드와 복잡한 관계를 맺고 있어요. 그건 메르켈 총리가 독일의 역사적 죄의식을 갖고 있기 때문이기도 하고, 메르켈이 확대된 EU만을 알기 때문이기도 합니다. 메르켈에게 폴란드는 중요한 나라예요. 또 메르켈은 폴란드가 엇나가고 EU에 대한 반대 시나리오를 써도 내버려둬요. 메르켈은 그걸 속속들이 알거든요. 폴란드 정부를 대할 때 메르켈은 절대 오만함을 보이지 않도록 조심, 또 조심해요."

이런 관점에서 보면, 독일이 의장국을 맡은 2020년 하반기의 마지막 유럽이사회는 흔들리는 유럽의 통합을 유지하려는 회담이었고 '메르켈 스타일' 정상회의의 걸작이었다. 삐걱대면서도 효과적이었던 이 회담에서, 헝가리와 폴란드는 유럽의 공동 경기부양책을 수포로 만들겠다고 위협했다. 경기부양 기금을 지급하는 조건이 법치주의 존중인데, 법치에 반하는 행보를 보이는 두 나라에는 불리한 조건이었기 때문이다. 결론은 중재안이었다. 양측 당사자가 서로 자신의 승리임을 선언할 수 있게 해주는, 최고급 코스 요리의 대미를 장식하는 케이크 같은 것이었다.

메르켈은 수학자다운 능력을 발휘해 체스 말을 하나씩 하나씩 앞으로 보내면서 각 당사자와 개별적으로 이야기해나갔다. 먼저 폴란드에는 유럽 예산이 최서 수준으로 삭감되고 EU의 결속 기금이 지급되지 않을 때 그들에게 미칠 처참한 영향을 설명했다. 그런 다음 불안해하는 폴란드를 이용해 헝가리 지도자를 구슬렸다…

메르켈은 영국 지도자들이 브렉시트를 이끈 것을 두고 유럽 봉합을 대표해 항상 분개했다. "메르켈은 그건 보수주의자들의 어리석음이라고 항상 애기했어요." 메르켈의 한 참모가 말했다. 이 참모는 2016년 6월 24일 영국의 브렉시트에 관한 국민투표에서 EU '탈퇴'가 51.8%를 얻었다는 결과가 발표되었을 때 총리 관저에서 8시간 반 동안 열린 회의를 기억했다. "우린 모두 충격을 받았어요. 하지만 메르켈은 감정을 크게 드러내지 않았어요. 과학자니까요. 결과는 나왔고, 메르켈은 결과를 메모했고, 이미 그 결과를 연구하고 있었어요."

브렉시트 국민투표 후 수년간 협상이 이어지는 동안 브렉시트 옹호론자들은 메르켈에 대해 잘못 생각했다. 그들은 메르켈이 앵글로색슨 간의 자연스러운 자유무역 공조로 자신들과 단독으로 협상할 테고, 방위 면에서 미국이라는 동맹을 잃은 점을 상쇄해줄 거라고 생각했다. 그들은 메르켈이 자신들과 비슷하다고 믿는 실수를 저질렀고, 강대국들이 지배하는 세상에서 내셔널리즘이 절대적인 힘을 얻을 거라고 공상하는 실수를 저질렀다.

브렉시트 옹호론자들은 어업 문제를 이용해 메르켈을 프랑스인들과 분리하려고 했고, 그가 몇 가지 유럽 어종과 관련해 영국 무역의 독특한 매력을 뿌리치지 못하리라고 확신했으며, 그가 발트해 연안 지역에서 선출된 의원이라는 사실을 잊었다. 그들은 메르켈이 유럽 파트너들에게 신의를 지키지 않을 거라고 믿었다. 그들 스스로는 항상 신의를 지키지 않았기 때문이다.

보리스 존슨은 메르켈이 마크롱의 반대편에 서게 하려고 끝까지 메르켈과의 협상을 시도했다. 존슨은 착각했고 헛발질을 했다. '영국 예외주의'에 대한 지나친 오만함에 빠져 아주 중요한 사실을 보지 못한 것이다. 영국과 유럽 중에서 택해야 한다면 메르켈은 잠시도 망설이지 않고 유럽을 택할 거라는 사실을 말이다. 약 4년 동안 EU의 브렉시트 협상가로 활동한 미셸 바르니에는 유럽 통합에 대한 독일 총리의 무조건적 애정을 증언해줄 적임자였다. 그는 "이번 브렉시트 협상에서 메르켈이 저를 도와줬어요"라고 말했다.

"이번 협상에서 영국이 저지른 실수는 자신들이 우리를 분열시킬 수 있다고 믿은 겁니다. 그들은 나를 피해서, 특히 메르켈을 포함한 지도자들과 평행한 협상 노선을 취하려고 많이 노력했어요. 그들이 믿게 만들려 했던 것과 달리 메르켈, 마크롱 그리고 다른 유럽 지도자들 사이에는 종이 한 장의 거리도 없었어요. 영국이 우릴 갈라놓으려고 할수록 우린 더 단결했어요. 메르켈은 우리가 영국 지도자들, 그러니까 테리사 메이, 보리스 존슨과의 사이에서 긴장과 분열을 겪을 때 우리와 끊임없이 연대했고 EU의 공통 노선을 한결같이 고수했어요. 메르켈도 나도 브렉시트는 여전히 이해할 수 없어요. 난 메르켈이 내게 한 말을 항상 기억해요. '유럽의 미래가 브렉시트보다 중요하다'는 말이요."

또 다른 증인은 유명한 전 영국 하원의장 존 버커우(John Bercow)다. 웨스트민스터궁에서 의원들의 소란을 잠재우려고 그가 동굴에서 나는 듯한 목소리로 외치던 "정숙! 실서를 시키세요!"(Order! Order!)는 이제 전체 유럽의 정치 상황에 너무나 아쉬운 표현이다. 버거우는 2014년 2월 27일 메르켈이 데이비드 캐머런 보수당 총리 초청으로 웨스트민스터궁을 방문한 때를 기억했다. 메르켈은 의사당 내 로열갤러리에서 상하원을 대상으로 연설하고 영국 총리와 점심식사를 한 뒤 영국 여왕과 차를 마시는 드문 영예를 안았다. 메르켈은 자신의 현 상대인 존슨보다 캐머런을 더 높이 평가했다. 존슨의 진실과 허세가 뒤섞인 태도는 정치도 하나의 인간관계로 보는 메르켈의 개념과는 완전히 반대되었다.

그러나 메르켈은 캐머런이 영국 보수당 내에 있는 EU에 적대적인 우익 세력에 선물을 준 것은 용서할 수 없었다. 예를 들면 영국의 유럽의회 의원들이 유럽의회 내 거대 보수 단체인 EPP에서 탈퇴한 사건 등이었다. 메르켈은 캐머런이 자신의 우익 세력을 달래려 브렉시트 국민투표를 제안하려는 생각에 강력히 반대했고 캐머런의 경솔한 태도를 우려스러워했다.

웨스트민스터궁에 초대받았던 날, 먼저 버거우가 소개 연설을 했다. 그는 메르켈의 이론화학 논문에 나오는 길고도 이해할 수 없는 문장을 발음해 메르켈을 미소 짓게 만들었다. 그 후 메르켈은 20분간의 연설을 시작하면서 자기 의중을 먼저 드러냈다. "어떤 사람들은 제 연설이 유럽을 건설하는 데 근본적인 개혁의 길을 보여주기를 기대합니다. 현실적인 것이든 상상 속의 것이든 간에 영국이 원하는 모든 요구를 충족해줄 그런 길 말입니다. 여러분이 실망하실까 봐 두렵습니다."

연단에서 메르켈 옆에 선 버커우 의장은 '단 3미터 거리'인 첫째 줄에 앉아 있는 영국 총리를 내려다보았다. 버커우는 이에 대해 말했다. "깜짝 놀랐습니다. 메르켈이 영국 총리에게 관례적인 인사도 하지 않았으니까요. 아무것도요. 다들 하는 존경이나 칭찬의 말 같은 게 전혀 없었어요. 메르켈은 예의를 지켜가며 거침없이 비판했습니다. 유럽 통합, 특히 그 사회적 모델이 제시하는 성공을 크게 강조했어요. 메르켈은 사람, 상품, 자본, 서비스 이동의 자유를 하나씩 열거하면서 이 네 가지 자유가 기본적이고 타협할 수 없는 거라고 상기시켰죠. 메르켈의 연설은 분명 캐머런의 주장을 직접 반박하는 거였어요. 난 메르켈이 말하는 동안 캐머런을 지켜봤습니다. 그는 예의 바르고 점잖아서 침착함을 유지할 줄 알죠. 하지만 내가 캐머런을 보았을 때 장담하건대, 그는 정말로 불편해 보였습니다."

메르켈의 마지막 임기는 유럽 혁명을 위한 시간이다. 메르켈을 설득하려는 마크롱의 끈질긴 노력과 때로는 거칠게 다루는 당돌한 태도가 결국 결실을 본 것이다. 이는 코로나바이러스 위기 덕분이었다(부수적으로는 독일 카를스루에 헌법재판소의 '유럽중앙은행이 각국을 원조한 것은 잘못'이라는 판정 덕분이었다. 메르켈은 이 판결에 분개했다).

2020년 5월 18일, 메르켈은 마크롱과 함께 '연대', '통합', '산업정책', '유럽 챔피언'이라는, 그의 입에서 나오는 게 믿어지지 않는 단어들을 구사하며 기자회견을 했다. 그리고 '사르블로르'라

2017년 유럽이사회가 열리는 브뤼셀에 간 메르켈.
총리로서 네 번째이자 마지막 임기에 그가 맡은 임무는
유럽 혁명이었다. 메르켈은 중국의 위협, 미국의 포기, 팬데믹 여파로
인한 전례 없는 경제 위기에 직면해 오직 하나의 강력한 유럽만이
EU를 구할 수 있고, 독일을 구할 수 있다는 신념에 차 있었다.
유럽인이라는 정체성보다는 유럽인이라는
신념이 있는 메르켈은 독일에 유럽의 의미를 되살려주고
그 유럽이 현재 긴급한 상황에 있음을
이해하도록 해준 총리로 역사에 남을 일을 했다.

는 중대한 단어까지 입에 올렸다. 통화 공동체가 곧 정치적 공동체라 생각했던 이의 이름이다. 메르켈은 '철학의 변화'를 내세웠다. 수혜국(위기의 영향을 가장 크게 받은 나라)이 혼자 신용을 상환할 필요 없이 27개국이 공동 책임을 지는 역사적인 공동 부채 계획이었다.

천성적으로 대담함이 부족하고 느릿느릿한 총리가 자기 내부에서 혁명을 일으킨 것은 이번이 세 번째다. 자기 당의 노선에 반해 원전을 중단하기로 한 결정(2011), 정치적 대가를 치르더라도 난민 100만 명을 수용한 것(2015) 그리고 지금, 독일의 원칙이었던 적자 예산 금지와 자유경쟁을 완전히 깨부수고 정치적 공동체로서 유럽 속으로 한 발 나아간 것이다.

메르켈만큼 느리게 움직이는 EU가 혁명을 일으킨 것도 이번이 세 번째다. 첫째로 유럽경제공동체를 창설하고(1957), 둘째로 단일 통화의 기초를 닦고(1992), 셋째로 정치적 연합의 윤곽을 잡은 지금(2020)이다. 중국의 위협, 미국의 포기, 팬데믹 여파로 인한 전례 없는 경제 위기에 직면해 오직 하나의 강력한 유럽만이 EU를 구할 수 있고, 독일을 구할 수 있다. 독일 역시 다른 유럽 국가들과 마찬가지로 EU에 의존하기 때문이다. 유럽인이라는 정체성보다는 유럽인이라는 신념이 있는 메르켈은 독일에 유럽의 의미를 되살려주고 그 유럽이 현재 긴급한 상황에 있음을 이해하도록 해준 총리로 역사에 남을 일을 했다. 이러한 180도 방향 전환은 갑작스러운 박애주의에서 나온 것이 아니라 통찰력의 결과나. 세싱

이 우리를 기다려주지 않고 점점 예전과 같지 않은 세상이 되어갈 때, 독일에는 유럽이 필요하고 우리 모두에겐 우리 서로가 필요하다는 것이다. 메르켈이 이 점을 깨닫고 이에 대응하려면 새로운 두 가지 요소가 필요했다. 메르켈을 설득할 프랑스 대통령 마크롱과 긴급 상황이다. 긴급 상황은 다름 아닌 팬데믹과 그로써 EU가 처음 겪는 최악의 위기였다.

메르켈이 2017년 선거에 총리 후보로 출마하겠다는 의향을 마지못해 밝힌 후 4년이 지났다. 지난 4년의 집권은 독일 정치계에서 메르켈의 뛰어난 위상을 더욱 강화해주었다. 2017년 가을, 메르켈은 강력한 독일을 유산으로 남겨주었다. 하지만 동시에 혼란스러운 정치 상황, 그리스 위기로 훼손된 이미지, 남북 간에 분열된 유럽, 난민을 향한 역사적이지만 외로운 독일의 행동 등이 독일 사회를 갈라놓았다.

이제 메르켈이 떠나는 순간에 그를 평가하는 일은 독일의 안정감과 역량에 대한 종합평가, 유럽의 연대에 많은 투자를 한 국가에 대한 종합평가 그리고 세력이 약해진 그의 소속 정당 CDU에 대한 종합평가이기도 하다. 기독교와 민주주의의 가치를 내세우는 거대 정당을 좀더 중도적이고 덜 보수주의적인 조직으로 변화시킴으로써 그리고 연이은 대연정으로 그 정당을 사회민주당과 연합함으로써 메르켈은 CDU의 방향성을 흐려놓았다. 팬데믹 기간에 CDU 소속 의원들은 마스크 구매를 중개하면서 수수료를 챙기는 부패 사건에 연루되었고, 당 자체의 정체성마저 흔들리는 열악

한 상태에 빠졌다. 그러나 총리는 당을 그대로 방치했다. 또 극우
세력이 부상하는 데 기여하며 전 바이에른 주지사 프란츠 요제프
슈트라우스(Franz Josef Strauss)가 말한 격언을 산산이 조각내 버렸
다. '어떤 합법적인 민주주의 정당도 CDU-CSU 연합보다 오른
쪽에 있어서는 안 된다'는 말을 말이다.

　이번 내기에서는 메르켈이 졌다. 메르켈 시대에 극우 정당 AfD
가 전후 처음으로 연방의회에 돌아왔다. 또 메르켈 시대에는 유
럽의 다른 나라들과 마찬가지로, 오랫동안 대중의 지지를 받았던
'국민' 정당들이 분열되고 새로운 세력들이 힘을 얻었다. 메르켈
시대에는 독일 녹색당이 부상했고, 역설적으로 녹색당은 메르켈
이후 차기 정부에 참여할 가능성이 아주 높다. 그러나 베를린 장벽
이 무너진 후 CDU에 마치 침입자처럼 들어왔던 메르켈은 CDU
대표 이상의 존재였다. 자신은 원하지 않았던 총리로서 네 번째 임
기, 전문가들이 '너무 여러 번 맡는다'고 한 그 임기는 사실상 '추
가 임기'였다. 메르켈의 운명에 없었던 임기이지만 메르켈을 결정
지은 임기였다. 독일인 메르켈이 유럽의 총리가 된 순간이었다.

17 마크롱이 말하는 메르켈

끊임없이 논의하고, 협상하고, 대화를 단절하지 않고, 절대 목소리를 높이지 않아요. 목소리를 높이는 건 메르켈 스타일이 아니죠.

— 에마뉘엘 마크롱

내가 몇 달 전부터 인터뷰를 요청했던 마크롱이 엘리제궁에서 만나자고 했을 때, 이 책의 원고는 인쇄소로 가려던 참이었다. 2021년 4월 9일, 메르켈과 함께한 프랑스 대통령 네 명 가운데 마지막 차례인 마크롱이 메르켈 이야기를 들려주었다.

마리옹 반 렌테르겜(이하 M. V.R.): '메르켈 시대'를 돌이켜보면 행복한 독일의 시대, 독일이 호감 가는 나라가 된 시대인 것 같습니다. 메르켈 시대를 어떻게 정의하시겠습니까?

에마뉘엘 마크롱(이하 E. M.): 메르켈은 독일이 통일이라는 역사적 국면을 겪던 시기에 총리가 되었습니다. 콜 총리는 통일이라는 막중한 프로젝트를 맡았고, 슈뢰더는 그 프로젝트에 힘을 실어주는 개혁을 했고, 메르켈은 그 프로젝트를 펼쳐 나갔죠. 그 유산을 바탕으로 메르켈은 독일을 다시 한번 성세 상국으로 긴실히고 있습니다. 동시에 유럽 프로젝트의 핵심이 되는 정치 강국으로도 만들어가고 있죠. 유럽과 결합하고 유럽에 충실하면서 말입니다. 메르켈은 독일에 여성스러운 면모를 부여했고, 프랑스나 다른 유럽 국가, 발칸반도와의 다양한 협력에 참여했습니다. 메르켈의 성격이자 메르켈이 목적을 이루려고 사용하는 방식이 있다면, 그건 끊임없는 대화입니다. 메르켈이 진행하는 프로젝트의 핵심은 독일 패권주의를 추구하는 게 아닙니다. 독일의 경제력이나 일부 정치 세력에 그런 인상을 주는 부분이 있긴 하지만요. 메르켈은 균형에 극도로 집착합니다. 그 이유는 당신도 알겠지만, 당연히 동독에서 보낸 젊은 시절에 뿌리내린 특징이죠. 메르켈의 유산이 있다면, 독일이 유럽 프로젝트에 닻을 깊이 내리도록 만든 것입니다.

M. V.R.: 당신의 5년 임기 중 처음 4년이 메르켈의 네 번째 임기에 해당하는데요. 이 기간에 메르켈은 이른바 '유럽 혁명'이라고 할 만한 일들을 했습니다. 그건 당신 덕분일까요?

E. M.: 절대 그렇게 말할 수 없습니다. 게다가 난 메르켈을 분명한 유럽인이라고 생각하기 때문에 이 문제에 대해 그를 설득할 필요가 전혀 없었어요. 메르켈이 네 번째로 선출되었을 때는 정치적으로 강한 제약을 받는 시기였고, 자기 임기가 어떻게 될지 알기 어려운 때였어요. 메르켈은 제도상 제약을 계속 타개하고 체제를 제어하려 항상 노력했습니다. 그건 그가 내 두 전임자와 함께 금융 위기를 겪으면서 내내 했던 일이기도 합니다. 지난 몇 년간 유

럽은 거의 앞으로 나아가지 못했는데, 그건 메르켈이 '중간' 위치에 있었기 때문이에요. 독일 체제에서 가장 강경한 세력이 그 체제를 지배하지 못하도록, 그들이 돌이킬 수 없는 위치를 차지하지 못하도록 막기 위해서였죠. 메르켈을 두고 내가 '독일이 유럽 프로젝트에 닻을 내리게 만들었다'고 표현했는데, 메르켈은 모든 사람을 존중하면서 그 일을 했습니다. 힘든 시기도 있었지만, 메르켈은 항상 자신의 체제 안에서 자신이 가장 강경한 존재가 되지 않도록 위치 선정을 잘했습니다. 물론 정치적인 것도 포함해서요.

M. V.R.: 메르켈은 모두를 설득할 수 있는 뛰어난 협상가로 유명하죠. 2020년은 독일이 유럽이사회 의장국을 맡았던 시기인데요, 유럽 공동 부양 계획을 저지하겠다고 위협하던 헝가리와 폴란드가 결국 굴복한 일이 '메르켈 기술'의 피날레였죠. 메르켈의 방식은 무엇인가요?

E. M.: 메르켈은 공동으로 하는 일에 애착을 보이는 사람입니다. 당신이 말하는 정상회의에서 우리는 모두와 논의하도록 조율했고, 그러는 데 며칠 밤이 걸렸죠. 메르켈의 방식은 논의를 절대 깨지 않고, 진전하도록 노력하고, 특히 미리 준비해서 그 논의가 어디까지 갈지 파악하는 겁니다. 메르켈이 생각하기에 논의하기가 아주 어려울 것 같거나 이야기하고 싶지 않은 주제들도 있습니다. 난민 문제처럼요. 메르켈에게는 어떤 게 쓸모 있는지 파악하는 능력이 있어요. 그래서 합의에 이를 수 없다고 생각하는 논의나 협상

에는 절대 관여하지 않을 겁니다. 그건 때로는 전기 스파크를 만들어야 한다는 의미입니다. 논의만 계속하는 방식으로는 일을 진전할 수 없으니까요. 2020년 5월부터 7월까지 있었던 유럽 공동 부양 계획에 대한 논의는 원래대로라면 합의에 이르지 못했을 겁니다. 정상적인 논의 범위에서 벗어났으니까요. 토론하고 확장하려면 약간의 충돌이 필요합니다.

M. V.R.: 그 '충돌'은 당신들 둘 사이에 있었던 것 같은데요. 2017년 소르본에서 당신이 했던 유럽 자주권에 대한 연설은 좀 어긋난 만남 같았습니다. 당신에게는 '프랑스식' 서정성이 많았고, 메르켈에게는…

E. M.: … 정확성이 많았죠.

M. V.R.: 당신에게는 서정성이 많았는데 그건 총리의 실용주의와 반대되는 거였죠. 메르켈은 자신이 감당할 수 없는 너무 야심 찬 제안에 화가 났고요. 메르켈의 보좌관 중 한 명이 내게 이렇게 말했습니다. "대통령은 스스로에게 위대한 유럽인이라는 이미지를 심었고, 총리는 그 앞에서 뭔가 잘못한 사람이 된 기분을 느꼈다"라고요.

E. M.: 아니요, 그건 오해입니다. 물론 나에게는 서정성이 있습니다. 난 유럽을 좋아하니까요. 하지만 당신이 그 연설의 명확하고 구체적인 50가지 제안을 다시 살펴보길 권합니다. 2020년 7월의

318

유럽 경기부양책은 바로 소르본 연설에 있었습니다. 난 공동 차입이 가능한 예산안을 제안했었습니다. 그때 나를 보고 이렇게들 말했어요. '미친 것 아냐', '프랑스 서정시 같은 얘기다.' 프랑스의 제안에 대해 프랑스와 독일이 함께 만들어 내놓은 경기부양책이 무엇이죠? 정확히 소르본 연설에 나와 있던 내용입니다. 유럽 자주권에 대해선 모두가 내게 '미친 생각'이라고 했고요. 메르켈과 독일 장관들은 공동 방위 문화와 공동 5G를 위한 토대를 마련했다고 표현했는데요. 연설에 있던 내용을 가져온 겁니다. 유럽 대학 네트워크요? 그것도 연설에 있던 겁니다. 소르본 연설은 단순한 사랑의 맹세가 아닙니다. 모든 분야에 대한 사랑의 증거죠.

M. V.R.: 메르켈과 당신 듀오에서는 당신이 주도권을 쥐었습니다. 메르켈이 결국 당신을 따른 건가요?

E. M.: 우린 유럽 통합의 이데올로기를 제시하는 우리 역할을 한 겁니다. 독일은 역사상 유럽 통합이라는 이데올로기를 공식화한 적이 거의 없어요. 메르켈이 이번에 그 일을 해낸 거고요. 메르켈은 유럽에 대한 자신의 비전을 말하는 위험한 일은 한 적이 없었습니다. 카를 라메르스*와 볼프강 쇼이블레가 말했고 요슈카 피셔가 말했죠. 하지만 그땐 프랑스가 대답하지 않았고요. 난 프랑스의 비전이 무엇인지 말했지만, 메르켈한테 왜 대답하지 않느냐고

---

* Karl Lamers, 독일 하원의원.

말한 적은 없습니다. 난 메르켈을 좋아해서 그를 이해하게 되었고 함께 일했습니다. 메르켈의 내답을 즉각적으로 들을 필요는 없었어요. 첫째, 메르켈이 겪는 어려움, 둘째, 메르켈의 성격을 알았으니까요. 그래도 우린 서로를 존중하면서 정말 열심히 일했습니다. 우린 각자의 입장을 조정하려고 함께 노력했어요. 그리고 2020년 봄, 때가 되었을 때, 그러니까 메르켈이 이전의 정치 생활에서 몇 번 그랬던 것처럼 스스로 변화할 가능성을 보았을 때, 메르켈은 유럽 채무 연대 책임에 대한 자신의 철학을 바꿨습니다. 독일 체제에서 혁명이 일어났던 것들은 위기 덕분이었거나 위기가 강요한 것들이었어요. 이번에는 이탈리아와 스페인이 독일, 네덜란드, 기타 국가 여론을 압박했기 때문입니다. 어떻든 우리는 한 단계, 한 단계 해나갔어요. 지난 4년 동안 유럽에서 메르켈과 함께 지나온 길을 돌아볼 때, 그람시적 관점에서 본다면 나는 꽤 만족합니다. 모두 소르본 연설에 있는 내용이니까요.*

M. V.R.: 메르켈의 측근은 내게 이렇게 말했습니다. "마크롱은 항상 경제와 예산 문제를 공동 분배하는 데 매우 열성적이다. 하지만 우린 프랑스가 UN 안전보장이사회 상임이사국 자리를 EU에 넘겨주길 여전히 기다린다"라고요. 다르게 말하면 '당신 것은 다

---

* 안토니오 그람시는 이탈리아 정치 사상가이자 이탈리아 공산당 창설자 중 한 명이다. 혁명에 성공하려면 급진적 행동을 하기보다 이데올로기를 점진적으로 전파해나가야 한다고 주장했다.

내 것이지만, 내 것을 가지려면 협상해야 한다'라는 뜻인가요?

E. M.: 난 메르켈이 자기 주변 사람들처럼 판단한다고는 보지 않아요. 이건 시스템 문제입니다. 메르켈과 군사력, 외교력이 무엇을 의미하는지 토론한 적이 있습니다. 안보리에 누가 있습니까? 바로 권한을 부여받은 나라들입니다. 안전보장이사회 상임이사국이 된다는 건 외교적·군사적 공신력을 갖는 겁니다. 독일은 핵 억제력을 가지거나 필요한 작전을 결정하기에는 아직 정치적 균형이 부족해요. 프랑스는 UN 안보리 상임이사국이기 때문에 상황이 레드라인을 넘으면 해밀턴 작전, 그러니까 미국, 영국과 함께 시리아 바샤르 알-아사드의 화학 무기 보유고를 파괴했던 것처럼 작전 수행을 결정할 수 있습니다. 하지만 독일은 그럴 수 없죠. 그리고 이건 앞으로 몇 년 동안 독일이 스스로 물어야 할 질문입니다. 독일이 변화하길 원하는지, 그리고 그 방법이 무엇인지를요. 하지만 오늘날 그런 등가성을 요구하는 건 사실 잘못된 질문이긴 합니다.

M. V.R.: 메르켈과 당신 사이에는 언어 차이가 있습니다. 마리오 드라기의 말보다 총리를 더 잘 정의하는 건 없을 텐데요. '언더프로미스, 오버딜리버'(덜 약속하고, 더 해주어라)라고 하죠. 일반적으로 프랑스 지도자들, 특히 당신은 정반대로 '오버프로미스, 언더딜리버' 경향이 있지 않나요?

E. M.: 프랑스인과 독일인의 모든 공통점을 없애는 게 목표라면 그렇게 말할 수 있겠네요.

M. V.R.: 메르켈과 당신의 차이 말입니다.

E. M.: 내가 개혁한다고 말한 건 프랑스를 위한 겁니다. 유럽을 어디로 이끌어가고 싶은지를 말하는 건 중요해요. 말하지 않으면 어디로도 갈 수 없으니까요. 어쨌든 난 유럽을 어디로 이끌고 싶은지를 말한 것에 만족합니다. 그 덕분에 우리가 방향을 잡을 수 있었으니까요. 내가 그런 제안을 한 건 그게 프랑스의 사명이라 생각했기 때문입니다. 난 그걸 '오버프로미스'라 하지 않고 진로 설정이라고 합니다. 우린 위험을 감수하기 싫어서 우리가 해야 할 일에 대해 말을 아끼죠. 하지만 유럽에 있는 이상 우린 단순히 흘러가는 대로 일을 내버려둘 수는 없습니다. 우린 일상적인 업무를 하는 게 아니라 유럽 대륙을 재창조해야 합니다. 난 항상 위험을 감수하면서 어디로 가고 싶은지 말해왔습니다. 메르켈은 아주 강한 압박을 받았기 때문에 그런 말을 하기까지 시간이 걸렸지만, 그래도 그 역시 할 수 있을 때마다 했습니다. 메르켈과 내가 유럽을 위해 함께 이룬 성과는, 그도 몹시 원했던 성과인 동시에 우리 자신을 되찾은 성과라고 생각합니다. 그리고 언제나 그렇듯이, 프랑스와 독일 관계를 굳건히 하는 건 다른 사람들을 설득하는 데 필요한 조건입니다. 메르켈과 내가 맡았던 역할처럼, 우리 둘이 긴밀하게 접촉하며 다른 사람을 압박해야 하는 상황이 있으니까요.

M. V.R.: 당신과 메르켈의 공통점은 무엇인가요?

E. M.: 우리의 정신세계는 아주 많이 달라요. 우린 서로 교류하

면서 겪었던 모든 차이에서 서로를 알게 되었고, 특히 모든 국제 정상회의와 유럽 정상회의마다 긴 밤을 함께 보냈습니다. 난 메르켈이 지금 받는 제약뿐 아니라 그가 어디에서 왔고 어떻게 생각하는지 조금씩 이해하게 되었어요. 그러다 우린 성격에서 공통점을 발견했어요. 일에서 디테일을 파고드는 취향, 다른 사람의 삶에 대한 관심, 다른 사람을 이해하려는 욕구 같은 거요. 그리고 난 프랑스 시스템에서 멀리 떨어져 있고 그도 독일 시스템에서 멀리 떨어져 있는 것 역시 우리가 비슷한 점이라고 생각합니다.

M. V.R.: 자세히 설명한다면요?

E. M.: 예를 들면, 러시아에 대한 메르켈의 견해는 그가 어디서 왔는지를 고려하지 않고는 이해할 수 없습니다. 우리는 각각 푸틴을 겪어봤죠. 메르켈이 더 오래 겪었고, 더 잘 알죠. 프랑스가 러시아에 가지는 조금 감정적인 연결고리를 나도 갖고 있고요. 러시아에 관해 메르켈과 나는 꽤 비슷한 결론에 도달해요. 하지만 메르켈은 러시아가 가진 중상주의적 매력에는 넘어가지 않았습니다. 어떻든 메르켈은 항상 이런 대화가 필요하다고 생각했어요. 나도 그런 대화를 원했고요. 각자 나라마다 다른 인식이 있으니까요.

M. V.R.: 러시아에 대한 독일의 의존도를 높이는 노르트스트림2 가스 공급관 사업 말입니다. 메르켈이 이 사업을 지지하는 건 집권기간이 오점이나 잔못으로 남지 않을까요?

E. M.: 난 다른 나라 지도자에 대해 검열관이나 판사가 될 생각은 없습니다. 게다가 메르켈에 대해서는요. 그리고 노르트스트림 2에 대해서는 처음에 유보적인 태도를 밝혔지만, 메르켈과 서로 뜻을 맞췄어요. 그러니 그 문제와 관련해선 메르켈을 배신하지 않는 게 내가 할 일이라고 생각합니다. 그리고 메르켈은 사람들에게 항상 솔직하게 말하지만 그렇다고 해서 트럼프, 에르도안, 시진핑 그리고 푸틴과 대립을 추구한 적은 없습니다. 메르켈은 대결을 좋아하는 사람이 아니에요. 오히려 긴장을 누그러뜨리려 노력하죠. 메르켈은 푸틴에게 나발니 이야기를 하지만, 우리의 협상 틀 안에서 우크라이나에 대해 푸틴과 얘기를 계속할 만큼의 분위기는 유지하고 있습니다. 여기서 메르켈의 방식을 찾을 수 있죠. 끊임없이 논의하고, 협상하고, 대화를 단절하지 않고, 절대 목소리를 높이지 않아요. 목소리를 높이는 건 메르켈 스타일이 아니죠. 우린 터키 대통령에 대해선 접근 방식이 달랐어요. 난 에르도안과 관련해선 세력 균형이 필요하다고 생각했지만, 이 문제 역시 우린 각자가 유용한 역할을 하도록 조율했습니다. 난 메르켈이 개인으로서 어떤 대립 상황에 놓인 걸 본 적이 없어요. 자기 입장에 대해 확고하지 않다는 뜻이 아닙니다. 꽤 힘든 순간도 있었는데, 특히 캐나다에서 열린 G7에서 트럼프의 반대로 공동 성명이 무산되었을 때처럼요. 트럼프가 우리 모두를 마주하고 앉은 유명한 사진도 있지만, 그건 내가 개인적인 대립이라고 하는 것은 아닙니다.

M. V.R.: 독일, 특히 메르켈은 과거와 관련된 이유로 프랑스보다 훨씬 범대서양주의적입니다. 메르켈은 당신이 『이코노미스트』와 인터뷰하면서 NATO가 '뇌사 상태'라고 발언한 것에 화가 났을 겁니다. 『뉴욕타임스』에 따르면, 2019년 11월 슈타인마이어 독일 대통령이 베를린 장벽 붕괴 30주년을 맞아 주최한 만찬 자리에서, 메르켈이 당신에게 이렇게 말했다던데요. "당신이 분열을 일으키는 정치 전략을 좋아하는 걸 이해해요. 하지만 난 그 조각들을 모으는 데 지쳤어요. 당신이 깨뜨린 잔을 내가 몇 번이고 다시 붙여야만 우리가 함께 앉아서 차 한잔을 겨우 마실 수 있어요." 사실인가요?

E. M.: 아니요, 그건 거짓말입니다. 메르켈은 그런 식으로 말한 적이 없어요. NATO에 대해서도요. 메르켈이 한 말을 자세히 살펴보면 알겠지만, 내가 NATO에 대해 뇌사 상태라고 말했을 때 메르켈은 내게 항의하지 않았습니다. 난 특히 터키 문제 때문에 일부러 그런 발언을 한 겁니다. 그때 메르켈이 NATO에서 어려운 처지에 있었다는 걸 잊으면 안 됩니다. '비용 분담'*에 집착하는 트럼프 대통령 때문이었죠. 트럼프는 이전 정상회의에서 메르켈을 직접 공격하면서 이렇게 말했어요. "메르켈, 당신은 독일 자동차로 우리 미국을 죽게 만들면서 방위에는 돈을 쓰지 않는군요." 우리 모두에게, 특히 메르켈에게 아주 불쾌한 일이었죠. 난 메르켈이

* 트럼프가 NATO 회원국에 방위비 분담금을 늘리라고 요구함.

NATO, 즉 유럽과 미국 관계에서 다른 문제보다 훨씬 후퇴해 있다고 봅니다 이제 바이든 대통령이 취임했는데도, 메르켈이 가발적인 범대서양주의에 대해선 알려진 것보다 더 명료하고, 더 까다롭고, 더 유보적인 태도를 보이는 데 놀랐습니다. 메르켈은 줄곧 중국의 길, 러시아의 길을 택해왔고 미국과는 보조를 맞추지 않아요. 거기에는 독일이 국가들의 경쟁 속으로 복귀해야 한다는 생각도 있을 테고, 또 그건 우리가 함께 제안하고 추진했던 유럽 자주권과 '강력한' 유럽이라는 개념에 메르켈이 동참한 거라고 생각합니다. 조 바이든이 당선된 후에도 메르켈에게는 아무 변화가 없어요. 메르켈은 우리가 공통으로 가진 프로젝트를 포기하지도, 자신의 유럽에 대한 의지를 포기하지도 않았어요.

M. V.R.: 메르켈이 장기 집권한 이유를 어떻게 설명하시겠습니까?

E. M.: 메르켈이 콜과 함께하면서 독일 체제에 대해 배운 것과 연관이 깊다고 생각해요. 힘의 균형을 세심하게 유지하려고 노력하는 것 말입니다. 메르켈은 프랑스 정치 문화와는 거리가 먼 다수 연립정부를 16년 동안 받아들였고, 매번 소수 정당 파트너들을 성공적으로 소화하면서 안정적인 협상가가 되었습니다. 파트너건 라이벌이건 이해관계자들을 존중하면서 일을 처리하는 거죠. 우린 유럽이사회에서 그런 업무 방식을 형성했어요. 이사회에 다른 사람들을 참여시키는 것을 아주 경계하면서도 지속적으로 조율

했죠.

M. V.R.: 메르켈이 떠나면 독일의 모든 것이 근본적으로 바뀔까요?

E. M.: 독일인과 유럽인은 메르켈과 메르켈이 16년 동안 쌓아온 균형에 애착이 있습니다. 정서적으로 뭔가 변할 거고, 슬픔과 과도기도 있겠죠. 하지만 메르켈은 시스템을 존중하고 있고, 또 오랜 시간 그 자리에 있었으니 메르켈의 유산은 계속 살아남을 거라고 봅니다. 특히 최근 들어 메르켈은 독일이 유럽에 닻을 내리고 유럽 연대와 유럽 자주권을 위한 정책에 전념하도록 기여했습니다. 그건 과거로 돌이킬 수 없는 일이라고 생각해요. 메르켈이 아주 성실하게 그 일에 전념했다고 봅니다. 그리고 그건 우리 모두에게 중요합니다. 메르켈은 독일과 유럽이 오래 지속되는 데 중요한 조건을 제시해주었습니다.

M. V.R.: 메르켈의 인기가 부럽습니까? 메르켈이 프랑스 대선에 나온다면 승리할 수 있을까요?

E. M.: 프랑스와 독일은 나라도 시스템도 서로 많이 다릅니다. 그러니 그런 건 아무 상관 없어요. 권력에 대한 기대는 프랑스가 더 높습니다. 프랑스는 연방국가가 아니고 내각책임제도 아니죠. 대통령이 선출되면 5년 임기 동안 더 많은 기대와 긴장이 그에게 집중됩니다. 하지만 인기에 대한 메르켈의 견해는 나와 같습니다.

인기는 선거에서 승리하고 행동을 취할 수 있을 때만 도움이 됩니다. 그 경우를 빼고는 불필요한 자아도취죠.

M. V.R.: 당신은 메르켈을 그리워할까요?

E. M.: 그럼요! 하지만 메르켈을 아예 잃고 싶지는 않아요. 난 메르켈이 정치 생활의 한 페이지를 넘기고, 자신을 위한 시간을 좀 갖고, 그 후 다른 일에 참여하길 스스로도 원한다고 생각합니다. 어쨌든 난 메르켈과 계속 대화할 겁니다. 우린 자유롭게 이야기를 나누거든요. 정말 솔직하게 그리고 호의적으로요.

M. V.R.: 메르켈에게 무엇을 선물할 계획인가요?

E. M.: 아직 모르겠습니다. 일단 메르켈을 초대할 겁니다. 하지만 메르켈이 거창한 작별 인사를 하고 싶어 할지 모르겠군요.

18 행복한 독일을 이끄는 총리

"여왕과 마찬가지로 메르켈은 거의 변하지 않아요.
메르켈은 자신을 둘러싼 세상이 바뀌도록 두죠."
-알래스테어 캠벨

"총리님, 이륙할 수 없습니다…"

"수리하는 데 얼마나 걸릴까요?"

"잘 모르겠습니다, 총리님…"

메르켈이 한숨을 내쉰다. 독일 대표단이 탄 비행기는 여전히 활주로에 묶여 있다. 메르켈은 이런 일에 익숙하다. 다시 한번 메르켈은 브뤼셀공항의 작은 라운지에서 참모들과 관련 주제에 대한 일상적인 농담을 하다 새벽 4시까지 함께 일하고 반쯤 잠이 들 것이다. 함께 유럽이사회에 참석한 다른 국가 지도자들은 오후가 끝날 무렵 모두 집으로 돌아갔다. 항상 같은 이야기가 반복된다. 독일 총리는 워싱턴, 파리, 런던, 모스크바, 베이징에서 독일로 곧 돌아갈 수 있으리라고 좀처럼 확신하지 못한다. 세계 4위의 경제대국이 보여주는 재미있는 역설 중 하나다. 독일공화국은 불필요한 지출을 좋아하지 않는다. 메르켈의 비행기는 골병이 들었다. 오두가도 못한 채.

지도자들의 편의를 높이려고 수억 독일 마르크를 (그리고 현재는 유로를) 지출해야 한다는 것은 독일 여론의 취향이 아니었다. 1990년 독일 통일 이후 총리를 맡은 콜, 슈뢰더, 메르켈은 비행기 수리에 관한 안을 연방의회에 감히 제출하지도 않았다. 적어도 2009년 메르켈이 재선에 성공해 두 번째 임기를 맡을 때까지 말이다. 그래도 여전히 다양한 사건이 벌어져 국제 정상회의로 가는 메르켈의 여정을 풍부하게 만들었다. 그들은 오래된 봄바르디에 챌린저(Bombardier Challenger)와 망가진 에어버스 두 대를 탄다. 에어버스 기종 중 한 대는 1970년대 후반에 동독 정부수반 에리히 호네커를 위해 주문했던 A310이다. 유럽 전역에서 상태가 가장 나쁜 비행기들이다. 가장 마지막 탑승자인 메르켈이 모든 걸 누린다. 공중에서 반쯤 열리는 문, 비상 착륙, 다시 길을 떠나도록 망치질하고 나사를 조이는 동안 공항에서 기다리며 보내는 밤들. 대서양 위에서 통신한다는 건 생각할 필요도 없다. 전화조차 안 된다. "비행기에서 우리는 세상과 완전히 단절되어 있었습니다. 우리는 최신 소식을 알 수 없었어요." 한 전직 참모가 말했다. "항상 사건이 있었어요. 아무도 감히 털어놓지 못했지만, 우리 모두 겁났어요."

이때도 메르켈은 본연의 모습 그대로다. 전문가 의견을 듣고, 상황을 분석하고, 상대방(또는 의회)과 상의하고, 침착함을 유지하고, 협상하고, 필요하면 행동하기로 결정하고, 그렇지 않으면 상황이 지나가길 기다린다. 참을성 있고 침착하고 실용주의적이다. 서정적인 비약도 근사한 성명도 없다. 아는 것 이상으로 말하지 말고, 할 수 있는 것 이상으로 약속하지 말라. 권력을 얻으려면 마키아벨리적 계획을 짜라. 위기를 관리하고, 문제를 해결하고, 타협을 모색하고, 분열보다 단합을 선호하고, 도덕적 가치를 나침반으로 여기면서 양심에 따라 행동하라. 이것이 '메르켈리즘', 즉 메르켈주의의 정의다. 무티는 우리가 걱정이 있을 때 안심하려고 기대는 사람이다. 독일인들은 16년 동안 그렇게 해왔다. 여전히 메르켈에게 다시 총리를 맡으라고 요청할 정도로 만족스러운 시간이었다. 2020년 6월, 독일 공영방송 제2TV(ZDF)의 한 기자가 총리와 인터뷰하면서 다섯 번째 연임에 관해 질문을 막 시작했다. 기자는 질문을 미처 끝내지도 못했다.

"후보로 출마할 생각…"

"아니요."

"아니라고요, 정말인가요?"

ZDF 기자가 물었다.

"아니요, 아닙니다. 절대 아니에요!"

메르켈은 딱 잘라 말했다. '아니요'를 단호하게 세 번 말하면서 옅은 미소를 지었다.

새로운 비행기는 4발 엔진에, 21세기에 거의 걸맞은 통신 장비를 갖춘 에어버스 A340이다. 2016년 7월 15일 메르켈은 이 비행기를 타고 있다가 터키의 쿠데타 미수 사건 소식을 알 수 있었다. 비행기는 바뀌었지만 메르켈은 여전히 스타일 없는 스타일과 동독에서 얻은 엄격한 개신교 도덕으로 무장한 채 독일을 완벽하게 닮는 일에 성공한 사람, 독일인이 가장 열망하는 '안정성'을 세계인의 눈앞에 보여주는 어려운 일에 성공한 사람으로 남아 있다. 역사책은 그에 대해 어떤 내용을 기록할까? "그는 노력했다." 어떤 사람으로 남고 싶냐는 질문에 메르켈은 이렇게 대답했다. 메르켈의 자존심은 전적으로 일을 제대로 성취하는 데 있다.

메르켈은 할 수 있는 것을 찾고, 그것이 잘 작동할 때 기뻐한다. 문제가 생겼을 때 해결책을 찾는 것은 그 야망의 주 원동력일 뿐만 아니라, 동독에서 수학 선생님이 이미 알아차렸던 것처럼 그의 지치지 않는 기쁨이다. 영광이라든가 자신의 후계자에 대한 관심은 이보다 크지 않다. 메르켈은 마지막 임기에 유럽 혁명을 시행했다. 역사에 남을 일을 하려고 혁명을 준비한 것이 아니다. 2020년 일어난 너무도 특별한 전염병과 경제 위기 때문에 혁명이 갑자기 필요해졌기 때문이다.

메르켈은 역사를 소수의 카리스마 있는 지도자들이 미리 고안하고 검토한 방대한 계획을 진행하는 것으로 보지 않는다. 이 점에 대해 메르켈을 설득하려 했으나 실패한 마크롱과는 다르다. 메르켈의 강점은 순간을 알아보는 데 있다. 베를린 장벽이 무너진 다음에 넘어갈 것. 기어오르거나 영웅적 반항을 하느라 체력을 소모하지 말 것. 운명을 거스르지 말 것. 그러면서 적절한 순간을 기다릴 것. 급격한 변화보다는 느린 진화를 선호할 것. 이런 점에서 메르켈은 진정한 보수주의자다. 그러나 진보적인 보수주의자다. 메르켈은 현상유지를 선호하지 않으며, 진행되는 과정을 따라간다. 메르켈은 소수의 지도자만이 할 수 있는 일인 대중의 의견을 잘 듣고 이해하는 방법을 알고 있다. 메르켈은 독일 사회의 진화를 이해했고 그 진화와 함께했다. 서두르지 않았고, 방향과 가치를 설정했고, 준비되었다고 느낄 때 사회가 변하도록 했다.

기회주의? 민중 선동책? 인내심? 실용적 지능? 어느 것으로 규정짓든 간에 원전 중단에서부터 난민 수용을 거쳐 최근 보여준 유럽에 대한 철학의 변화까지 메르켈의 몇 가지 혁명을 이끈 바탕에는 독일 국민들에 대한 깊고 탁월한 이해가 있었다. 이를 계기로 메르켈은 여성과 난민 문제에서 거대 정당 기독교민주연합(CDU)을 약간 왼쪽으로 당겨 보수주의에서 벗어나게 함으로써 당을 변화시켰다. 냉전 종식 후 탄생한 복잡한 세계, 그가 태어난 세계, 신흥 강대국들이 옛 미국-소련 간 대립을 대체한 세계, 인터넷과 소셜 네트워크가 전통적 정치와 통치 방식을 말 그대로 부숴버린 세계에 맞서 메르켈은 람페두사(Lampedusa)의 소설 『치타』에 나오는 철학을 적용했다. '아무것도 변하지 않으려면 모든 것이 변해야 한다.'

현시대 국가원수들 사이에서 메르켈에 상응하는 인물을 찾아야 한다면, 역설적으로 그와 완전히 반대되는 인물인 영국 여왕일 것이다. 둘의 공통점은 그리 눈에 띄지 않는다. 엘리자베스 2세는 실권 없는 군주, 시대에 뒤떨어진 계급 사회의 화신, 윈저 왕조의 계승자, 세계적으로 손꼽히는 막대한 재산의 상속자다. 메르켈은 사

라진 행성에서 불쑥 나타난 지도자, 기존 질서의 밖에서 온 이방인
이다. 공산주의 정권의 평등주의 선전 교육을 받았고, 사치와 물질
적 이익에 무관심하며, 공식 의례와 사교 행사와 제도적 대표성을
싫어하고, 적극적이고 구체적인 정치를 선호하며, 문제에 실제적
인 방법으로 접근한다.

하지만 2020년 3월과 4월, 코로나바이러스 위기 초기에 엘리자
베스 2세와 메르켈이 했던 각자의 연설에서 둘의 유사성을 발견
할 수 있다. 모든 사람에 대한 공감을 보이고, 위기 회복력에 호소
하는 것. 문제를 과장하지도, 자만하지도 않는 것. 오직 여왕만이
1940년 그의 첫 라디오 연설*에서 그러한 호소를 전달했다고 자부
할 수 있다.

엘리자베스 2세와 메르켈은 존재로 권력을 갖는다는 공통점이
있다. 이들은 자기 임무에 충실한 두 선교사다. 사생활은 눈에 띄
지 않았고 그들의 직무 뒤로 사라졌다. 이들은 살아 있는 팝 아이
콘이 되었고 그런 사실에 자신들이 놀라는 두 유명인이다. 앞서 지
나간 각료와 대통령 수십 명은 이루지 못한, 통치 기간만으로도 역
사극이 되는 장기 집권 챔피언이다. 그리고 통합, 안정, 민주주의
를 보장하는 두 가지 도덕적 · 정치적 기준이다. 엘리자베스와 메
르켈은 이 험한 세상에서 영속적인 존재다.

"여왕과 마찬가지로, 메르켈은 거의 변하지 않아요. 메르켈은

---

* 전쟁으로 피난 중인 아이들을 격려하려는 것이었음.

자신을 둘러싼 세상이 바뀌도록 두죠." 알래스테어 캠벨(Alastair Campbell)이 말했다. 그는 런던 다우닝가 10번지에서 블레어 전 총리의 전략·커뮤니케이션 참모로 일하는 10년 동안 군주를 관찰할 수 있었다. 특히 다이애나 전 왕세자비 사망 이후 광적인 시기 동안 곤경에 빠진 군주제를 블레어와 둘이서 구해내야 했다. "메르켈은 자신이 무엇을 하고 싶은지 안다는 점에서 매우 전략적이지만, 상황이 명확하지 않을 때 더 편안해하는 사람이에요. 메르켈은 환경에 적응합니다. 그는 '나는 여기 있고, 힘이 있고, 해야 할 일을 하는 거야' 하고 말하는 사람이에요."

캠벨은 승리의 비법을 연구한 책 『위너스』(2015)에서 스포츠 챔피언, 비즈니스 리더, 엘리자베스 2세와 메르켈을 포함한 정치 지도자 등을 예로 들었다. 유럽의 두 '여왕' 그는 여왕에 대해 '그는 행하지 않는다, 존재한다'라고 썼다. 이는 입헌군주제 국가원수의 특성이다. 메르켈을 비방하는 사람들은 메르켈에게 그런 특성을 부여하고 그를 탓한다. 메르켈은 행하는 대신에 존재하는 것으로 왜 만족하지 않나? 독일을 자신이 설정한 방향으로 이끌기보다 독일이라는 국가를 구현하는 것인가? 그는 무엇을 기억에 남겼나? 어떤 주요 개혁과 관련될 것인가?

메르켈의 유명한 전임자들이 남긴 유산은 말할 필요도 없이 자명하다. 아데나워는 독일을 서유럽으로 복귀시켰다. 콜은 독일을 통일하고 통화 연합, 즉 유로화 도입을 이끌었다. 슈뢰더는 병든 독일이 경제력을 회복하도록 만들었다. 그럼 무티는 무엇을 했나?

캠벨이 대답했다. "메르켈이 콜, 슈뢰더, 클린턴, 블레어, 마크롱과 같은 유형이 아닌 것은 사실입니다. 그들은 '새토운 유럽', '현대화', '국가 개혁' 같은 전략적 핵심을 정해놓고 끊임없이 말하거든요." 그는 또한 '끊임없이 대화해서 전략을 말로 표현하는 데 기반을 두는' 블레어와 함께 일하는 것은 메르켈과 함께 일하는 것과 다름을 알고 있다.

"메르켈은 그들처럼 세상을 바꾸겠다고 선언하지 않아요"라고 그가 말했다. "메르켈은 거창한 행동이나 말을 하지 않고 세상을 변화시킵니다. 메르켈은 세상에 '내가 하는 일이 내가 말하는 것보다 더 중요하다'고 말하는 사람이죠." 메르켈은 또한 전임자들과 같은 장소에서 역사를 만나지 않았다. 메르켈은 정치와 상관없이 장벽 붕괴를 안에서부터 경험했다. 메르켈이 권력을 잡았을 때는 독일이 재건으로 도약하는 시기였다. 야당 대표였던 메르켈은 전략상 선견지명이 있었다. 슈뢰더가 추진하는 고통스럽지만 효과적인 자유주의 개혁을 지지하는 것이었다. 그에 대한 정치적 방해를 권하는 당내 급진주의자들과 반대되는 것이었다.

메르켈과 일했고, '앙기의 보이그룹'이라고 불리는 비공식 서포터즈 클럽의 전 회원이었으며, 현재 경제부 장관인 페터 알트마이어는 메르켈이 한 말을 기억했다. "슈뢰더의 개혁을 지지해야 해요. 언젠가 CDU가 집권하면 개혁을 하게 될 테고 우린 그걸 바탕으로 계속 집권할 수 있으니까요." CDU 당 대표는 그렇게 항상 한 걸음 앞서 모든 일을 정교하게 계획해두었다. "슈뢰더가 시작하고 메르켈이 장려한 개혁은 여전히 그대로"라고 알트마이어가 말했다. "이것이 16년 동안 독일 경제가 주목할 만한 성공을 거두게 된 전제 조건이었습니다."

메르켈은 진행 중인 역사 속으로 들어왔다. 독일이 나치즘과 홀로코스트의 죄책감을 안고 살아가는 법을 배우고 이 비극적인 과거의 폐허 위에 모범적인 민주주의를 재건하는 데는 수십 년이 그리고 한 세대 이상이 걸렸을 것이다. 2000년, 1971년생인 쾰른 출신의 젊은 패션 디자이너 에바 그론바흐(Eva Gronbach)는 독일인의 경쾌함과 온화함을 찬양하는, 전에는 감히 상상할 수 없던 일을 했다. 그는 티셔츠를 검정-빨강-노랑으로 칠해 여전히 부끄럽게 여겨지던 독일 국기를 받아들였고, 유순한 독수리를 로고로 사용했다. 또 독일인이 된 것에 기뻐하는 터키나 소말리아 이민자들을 패션모델로 기용했고, 자신의 기성복 컬렉션에 '독일에 대한 사랑 선언'이라는 이름을 붙였다. 그는 "독일은 쿨하다"라고 외쳤고 이는 새로운 것이었다.

2006년에는 베를린 거리가 검정-빨강-노랑 깃발로 물들었다. 독일이 더는 스스로 부끄러워하지 않아도 된다고 느낀 것 같았다. 월드컵 경기가 독일 전역에서 열렸고 디 만샤프트는 연승을 거두며 이탈리아와의 4강까지 진출했다. 모두 기분이 좋았고 긍지를 느꼈다. 대중이 모인 자리에서 독일 국기가 휘날린 것은 제2차 세계대전 이후 처음이었다. 독일에서 2006년 7월은 '조머메르헨' (Sommermarchen), 여름날의 동화로 묘사된다.

2006년이면 메르켈이 집권한 지 겨우 1년이 된 때다. 메르켈은 독일이 변화하고 있다는 것을 이해했고 슈뢰더의 개혁과 '쿨한' 밀레니엄으로 전환하는 것을 기세로 삼아 이러한 변화를 실행하고 있었다. 2005년 독일은 '유럽의 병자'라 불렸고, 퇴행적이고 보수적인 독일 사회는 꿈을 꿀 수 없었다. 2016년 독일은 미래지향적인 시대정신을 구현했다. 메르켈 시대는 전 세계가 감탄하고 질투하는 '독일 모델'을 건설한 시대다. 장밋빛은 없지만 모든 것이 다른 데보다 잘 작동하는 모델. 산업의 대응력, 고용, 교육, 의료 시스템, 주 간의 권력 분배, 공공과 민간 부문 간의 유동성, 노동조합의 힘, 집단 지성, 시민 정신, 제도 존중, 난민 수용, 한마디로 문명이 잘 작동되는 모델.

메르켈 시대는 거짓말 같은 일련의 위기(재정, 경제, 기후, 테러, 난민, 보건, 지정학)에 맞서 리더십 모델을 보여준 시대로, 독일은 강대국 지위(세계 4위, 유럽 1위)로 올라섰고, EU와 무조건적 연대를 시작했다. 메르켈 시대는 무엇보다도 세계의 시선 속에 더는 존재하지 않던 독일이 탄생한 시대다. 아데나워 이후 지루함의 절대적 기준이었던 독일은 점차 부러움을 사는 자유민주주의의 본보기로 떠올랐다. 경제적으로 강력하며 정치적으로 온건하고 심리적으로 안정적이며 사회적으로 온화한 현대 국가의 이미지. 메르켈 시대는 독일이 세계의 호감을 얻게 된 시대다. 거의 '쿨'하다고 표현할 정도다. 전에는 그렇지 않았다. 메르켈은 독일에 권력, 신뢰, 도덕성, 호의를 동시에 가져다주었다. 그는 행복한 독일을 이끄는 총리다.

2021년은 트럼프 대통령 퇴임 직전에 시작해 메르켈 총리 퇴임 직후에 끝난다. 역사의 묘한 아이러니다. 위대한 서구 민주주의에서 가장 모순되는 두 지도자가 거의 동시에 권력에서 떠나고, 두 지도자는 각각 사신의 유산과 지도자를 잃은 운동가 집단을 남긴다. 트럼프는 떠나지 않으려고 모든 것을 다 했고, 메르켈은 머물라고 요구하는 이들에게 저항했다. 한 명은 16년 동안 네 번 임기를 마친 뒤 국제적 명성을 남기고, 불안정한 세계에서 자신감을 심어주었으며 보건·경제 위기를 슬기롭게 통제·관리한 다음 자발적으로 은퇴한다.

다른 한 명은 4년 임기 후 밀려났고, 선거 패배를 인정하지 않았으며, 지지자들이 의회를 공격하도록 선동했고, 분열된 사회를 버려두었다. 폭력이 만연하고, 음모론에 빠져 방황하며, 그가 분별없이 대처한 팬데믹으로 황폐해진 사회를 말이다. 트럼프와 메르켈은 서로를 싫어할 것이다. 무솔리니를 꿈꾸는 나르시시스트 백만장자와 타협, 법치주의, 제도 안정에 집착하는 확고한 성격을 지닌 목사 딸 사이에는 어떤 것도 잘 맞을 수 없다.

모든 동독인이 금지된 꿈을 꾸었던 자유의 나라 미국. 트럼프는 그런 미국을 앗아갔다. 메르켈은 바이든의 당선을 '미국 민주주의의 축하할 일'이라고 환영했고, 마크롱이 희망하는 '유럽의 전략적 자율성'을 넘어 유럽에서 미국의 영향력이 회복되기를 바란다. 메르켈은 무엇보다도 반(反)트럼프다. 트럼프와 메르켈은 우리에게 트럼피즘(트럼프주의)과 메르켈리즘(메르켈주의)을 남긴다. 소셜 네트워크의 힘에 휘둘리는 민주주의 세상에 두 가지 상반되는 상징, 두 정치적 모델, 두 적대 세력이 있다.

둘 중 누가 이길까? 2016년, 브렉시트 국민투표 이후 이어진 트럼프 당선으로 유럽 정치 지도자들의 행동이 빨라졌다. 프랑스 극우당 국민연합(당시 국민전선)의 마린 르펜은 트럼프 타워를 방문해 그 주인의 환영을 받고 싶어 애타게 기다렸지만(결국 실패), 트럼프의 전 전략보좌관 스티브 배넌(Steve Bannon)을 국민연합 총회에 초대하는 것으로 위안을 삼았다. 브렉시트 찬성파 나이절 패라지는 트럼프의 선거 유세에 참여했으며, 그와 공생하는 관계임을 보여주는 사진을 트위터에 올렸다. 보리스 존슨 영국 총리는 트럼프와 친밀한 관계임을 자랑하면서 트럼프에게 큰 기대를 걸었고, 2018년에는 트럼프가 노벨 평화상을 받을 만하다고 말하기도 했다. 유럽 정상들 가운데 최초로 트럼프 출마를 지지한 빅토르 오르반 헝가리 총리는 백악관 집무실에서 영접을 받았다.

내셔널리즘-포퓰리즘의 해일은 위협적이었다. 이 해일은 르펜, 브렉시트 옹호자들, 헝가리에서 끝나지 않고 이탈리아의 마테오 살비니(Matteo Salvini), 네덜란드의 헤이르트 빌더스, 슬로베니아의 야네스 얀샤(Janez Janša), 폴란드의 안제이 두다(Andrzej Duda), 여기에 보스포루스해협을 건너 터키의 레제프 타이이프 에르도안까지 덮쳤다. 하지만 미국의 대부가 패배하고 사라지면서 이들은 갑자기 고아가 되었다. 이들은 이제 더는 자랑하지 않았다. 오르반 정부는 바이든이 '빼앗아간' 선거라는 주장을 지지했지만, 존슨은 그렇게 열심히 연출했던 트럼프와의 친밀감을 지우려고 애썼다. 마린 르펜도 고통스러운 부침을 겪었다.

그러나 트럼프는 떠나면서 그들에게 트럼피즘이라는 선물을 남겼다. '대안적 사실'이라는 단어 창조, 진실에 대한 체계적 의심. 소셜 네트워크가 확대하는 진실과 거짓 사이의 이러한 모호함은 체제에 대한 불신을 형성했다. 부정 선거라는 아무런 증거도 없었고, 재검표를 거쳐 판사들이 트럼프의 대선 불복 소송을 기각했지만, 트럼프는 수백만 미국인에게 바이든이 선거를 훔쳐갔다는 확신을 심어주었다. 그는 후계자의 권위를 약화했다. 그는 지지자들에게 자신이 '어떤 형태로든' 돌아오겠다고 약속하면서 자신을 보이지 않는 위협적 존재로 떠돌게 만들었다.

독일 또한 반란을 살짝 경험했다. 2020년 8월 29일, 시위자 수백 명, 마스크 반대자, 백신 반대자 그리고 극우 단체들이 의회 의석에 강제로 진입하려고 시도했는데, 트럼프가 그들을 지지하려고 테겔공항에 막 착륙했다는 거짓 소문에 흥분했기 때문이다. 나치가 권력을 잡는 기회가 된 1933년 독일 국회의사당 화재 사건의 어두운 부분이 모두의 마음속에 숨어 있었던 것이다. 유럽의 안정과 반포퓰리즘의 축인 메르켈의 퇴임이 다가오면서 우리는 그 이후 세상을 걱정하게 된다.

19 안녕히

"질투!
올랑드가 질투했어요!"
-앙겔라 메르켈

정치에서는 항상 뒷이야기가 흥미롭다. 한 나라에서 가장 중요했던 인물이 평범한 시민으로 돌아가는 믿을 수 없을 만큼 가혹한 순간이 찾아온다. 하루하루가 지나면서 자신의 영향력을 더는 만끽할 수 없게 되고, 세세하게 짜였던 일정은 아무런 약속도 없는 여백으로 변한다. 수심에 잠기는 것? 피할 수 없다. 우울함? 자주 밀려온다. 올랑드가 마크롱에게 자리를 내준 후 리볼리 거리에 마련한 사무실에서는 여전히 새로 칠한 페인트 냄새가 났다. 올랑드는 나에게 정치인 이후의 삶이 가져오는 부작용에 대한 작은 목록을 만들어주었고, 마치 자신을 제외한 전임자들에게만 해당하는 것처럼 그 부작용들을 소개했다.

하지만 메르켈은 다를 거라고, 전에 엘리제궁에서 살았던 올랑드는 예상했다. "프랑스 대통령들과 다르게, 메르켈은 권력 옆에 다른 삶이 있어요. 회의할 때 메르켈은 종종 말했어요. '나는 물리학자이고 그래서 논리적이다. 말한 내용을 분명하게 기록하는 것을 좋아한다'고요. 메르켈은 그날 하루를 정리하고, 우리가 합의한 내용을 요약하고, 펜을 잡고 마지막 순간까지 최종 발표 자료의 용어들을 수정하기를 좋아해요. 우리 프랑스인들은 멋진 연설을 즐기고 싶어 하고요. 권력욕에서 메르켈의 취향은 게임의 중심에 또는 선창에 서서 실용적인 방법으로 문제에 직면하는 겁니다."

메르켈은 아주 가까운 이들에게 여행 계획 몇 가지를 말했는데, 자신에게 '명예박사학위'를 준 전 세계 모든 대학을 방문하고 싶다는 계획도 있다. 친구인 배우 울리히 마트데스에게는 이렇게 털어놓았다. "좋은 점은 극장에 더 자주 갈 수 있다는 거예요!" 메르켈은 미국 지도와 시베리아횡단 코스를 연구하고 어떤 여정이 좋을지 고민한다. "그는 새로운 정치직을 바라지 않을 것"이라고 한 참모가 주저 없이 말했다. "메르켈은 세계에서 가장 강력하고 영향력 있는 직책 중 하나를 맡았어요. 구체적인 일을 해야 하는 여성이죠. 무언가를 대표한다는 것엔 관심이 없습니다. 그는 명성을 좇지 않고 조용히 지내면서 사생활, 가족, 정원을 돌보는 것을 좋아해요. 떠난다는 사실에 동요하겠지만, 그가 오래 슬퍼하지는 않을 거라 생각합니다."

참모가 덧붙였다. "메르켈은 항상 말했어요. 롤 모델이 되고 싶지 않다고요. 하지만 그는 롤 모델이에요!" 메르켈이 걸스 캠프에 계속 함께 일하자고 제안한 것은 놀라운 일이 아니다. 에바는 가능할지 고심 중이다. 메르켈과 뗄 수 없는 사이인 베아테는 제안에 주저하지 않았다. 베아테는 첫날부터 다시 뉴스 요약을 이어갈 것이다. "별문제 없어요." 독재 권력에 갇혀 지내던 시절과 정치인으로서 사는 삶이 지나고 메르켈은 생애 처음으로 자유로이 살 것이다.

국가원수와 정부수반들은 메르켈에게 줄 최고의 작별 선물을 찾고 있다. 내가 그들이라면 앵발리드 안뜰에서 프랑스공화국 수비대가 보여주는 열병식 같은 종류는 피할 것이다. 나라면 물리·화학 분야의 뛰어난 학생들과 대화를 나누는 자리를 마련할 것이다. 나라면 그가 공식적인 일정으로만 방문해봤을 세상, 오베르뉴의 화산지대 같은 아름답고 원시적인 자연 속에서 오랫동안 산책하게 해줄 것이다. 나라면 그가 좋아하는 프랑스 치즈를 생산하는 농장에 데려갈 것이다. 나라면 학부 이름을 메르켈 이름을 따서 지을 것이다.

메르켈을 다룬 내 첫 책(『앙겔라 메르켈, 정치계의 UFO』*Angela Merkel, L'Ovni politique*, Les Arènes/Le Monde Editions 출판, 2017, 알래스테어 캠벨의 서문 포함)을 내고 4년이 지났다. 메르켈이 맡지 못할 뻔했던, 그러나 세계적인 보건 위기를 겪으며 지도자로서 그의 운명을 다른 차원으로 끌어올린 4년 동안의 임기. 그 4년간 나는 계속 메르켈과 관련된 증인, 장관, 고문, 외국의 교섭 상대, 정치적 라이벌, 독일민주공화국(동독)과 독일연방공화국(서독)의 옛 동지를 수십 명 만났다. 그러는 동안 그와 나 둘 다 나이를 먹었다. 내가 이해하지 못한 채 남겨두었던 몇 가지 중요한 열쇠를 풀어내려면 필요한 시간이었다. 다른 세상에서 온, 그 누구와도 닮지 않은 이 여성의 무엇이 나를 그토록 매혹하는지에 좀더 가까이 다가갈 수 있었다. 그의 동기, 내면세계 그리고 모태에 대한 미스터리에 말이다.

메르켈 인터뷰 요청을 또다시 거절당한 후 총리 관저 1층 홀에서 그와 보낸 5분이 떠올랐다. 12년 동안 메르켈을 좇았고 그에게 일대일 인터뷰를 요청할 방법을 찾아봤지만 소용없었다. 총리는 기자들과 접촉하는 걸 제한한다. 외국 언론사 기자들은 팀을 조직해야 총리와 이야기할 수 있고 자신의 전기를 쓰는 작가는 만나지 않는 것을 원칙으로 삼는다. 짜증이 나는 일이긴 하지만 사실 그만큼 그가 존경스럽기도 하다.

2017년 5월 17일, 국가통합상을 수여하는 자리에서 총리는 기분이 좋아 보였다. 아무런 고민 없이 날마다 입는 똑같은 스타일의 재킷 중 이날은 청록색을 택했고, 늘 그렇듯 바지를 입고 단화를 신었다. 기자들은 없었지만 나는 그곳에 있었다. 총리는 100여 명 사이에 자리 잡았고, 일어나서 농담 몇 마디를 섞어 편안한 분위기로 연설했다. 그는 "난민을 환영하고 통합하는 것은 우리나라의 의무입니다"라고 말해 박수갈채를 받았다. 메르켈이 연설을 마치고 출구 쪽으로 걸어갈 때 나는 그에게 다가갔다. 그는 일단 경계했다. 앞머리는 아무렇게나 자른 것처럼 짧았고 긴장을 늦추지 않은 찌푸린 눈썹 아래로 밝고 푸른 눈동자가 위압감을 주며 나를 응시했다. 영어로 말을 거는 이 여자가 무엇을 물어보려는 거지?

"파리에서 왔어요." 내가 말했다. "『르몽드』에 당신 기사를 연재했어요." 메르켈이 갑자기 반가운 기색을 드러내며 내 팔을 잡고 수다를 떨기 시작했다. "아, 어디서나 나를 따라다닌 사람이 당신이군요. 포어포메른에 있는 우리 집까지! 뤼겐섬에 있는 어부들을 만난 것도 당신이고요! 정말 놀라워요. 있잖아요, 올랑드가… 영어로 뭐라고 하죠? 아이퍼쥐히티히(eifersüchtig)?…" 그는 주위 사람들에게 물었다. "영어로 뭐죠? …아, 그렇지!" 그러고는 내게 말했다. "질투! 올랑드가 질투했어요!" 나는 총리에게 답했다. "올랑드는 불평하면 안 되죠. 기자들이 올랑드에 대해서는 많이 썼는 걸요. 그렇지 않나요?" 그도 잘 아는 듯 "아, 맞아요. 나도 동의해요…"라고 말했다.

『르몽드』 연재 기사는 총리실에 있는 전문가가 번역해 총리에게 전달했다. 메르켈은 큰 목소리로 그중 일부를 기억해 말했으며, 그 글에 대해 즐거워했고, '연구'라는 단어를 여러 번 말했다. 연구, 과학자 메르켈에게 의미 있는 단어였다. 하지만 그게 끝이었다. 신데렐라에게 밤 열두 시가 찾아온 것처럼 모든 것이 갑자기 멈췄다. 그는 내 손을 잡았다. "책 잘되길 바랄게요!" 그게 다였다. 무티와 함께한 5분.

나는 2년 후 파리에서 총리를 다시 만났다. 지인들과 같이한 저녁식사 자리에서 메르켈은 사람들에게 "노란 조끼*에 무슨 일이

---

* 2018년 마크롱 대통령의 유류세 인상안에 반대하며 시작된 프랑스 반정부 시위. 시위자들이 입고 온 노란 조끼에서 이름이 붙었다.

일어나고 있는지를 이해하라"라고 말했다. 그는 디저트 대신 모둠 치즈를 주문했고 코르비에르 와인을 실컷 마셨다. 도멘 비롱 드 로칠드의 샤토 도시에르 2014였다. 메르켈은 자신만의 날카로운 지성을 발휘해 종이에 메모하고, 사람들의 말을 듣고, 질문하고, 종합하고, 되물었다. 저녁식사가 끝날 즈음 그가 내게 다가왔다. 그러고는 눈을 똑바로 바라보고 권위 있는 미소를 지으며 여러 번 말했다. "오늘 저녁에 나온 말은 인용하면 안 됩니다. 신문에도 안되고 책에도 안 돼요!"

이 책 그리고 내가 연출하는 총리에 관한 영화를 위해 나는 마지막 시도를 했다. 메르켈에게 편지를 쓴 것이다. 총리 대변인 슈테펜 자이베르트가 총리에게 내 편지를 전해주었고, 이후 나는 베를린에서 그를 만날 수 있었다. 자이베르트는 여전히 완벽한 프랑스어로 내게 말했다. "총리가 당신 편지에 진심으로 감사하다는 인사를 전해달라고 했습니다. 하지만 유감스럽게도, 두 가지 이유로 당신과 인터뷰할 수 없습니다. 원칙적으로 총리는 자신에 관해 쓰는 글에 기여할 생각이 없습니다. 그리고 코로나바이러스 위기가 닥친 이 시기에 자기 일을 게을리하길 원치 않습니다." 괜찮다. 사람들은 적어도 내가 노력하지 않았다고 말할 수는 없을 것이다.

우리는 메르켈을 그리워할 것이다. 그 이유를 가장 잘 설명할 수 있는 장면이 여기 있다. 메르켈은 동독에 살던 시절 인연을 맺은 오랜 지인을 베를린에서 우연히 만난다. 2016년 1월, 총리는 남편과 함께 이탈리아 피아니스트의 콘서트를 관람하려고 젠다르멘마르크트광장에 있는 콘체르트하우스로 향한다. 쇼팽, 라흐마니노프, 슈만의 곡이 프로그램 리스트에 있다. 사실은 난민을 위한 자선 콘서트다. 난민 위기가 절정에 달한 때이고 총리는 사방에서 집중포화를 받고 있다. 그들 바로 뒤에 우연히 그를 잘 아는 사람이 앉아 있는데, 이 책에서 앞서 만난 사람이다. 동독 내 반체제 인사로 유명한 라이너 에펠만 목사, 메르켈 아버지의 신학교에서 공부한 학생이었고 1989년 베를린 장벽이 무너진 직후 메르켈이 처음으로 들어간 정당인 민주약진의 공동 설립자.

그들은 몇 년 동안 만나지 못했지만 언제나 그랬듯 격식 없이 친근하게 대한다. 콘서트 중간 휴식 시간에 그들은 인사를 나눈다. 에펠만은 메르켈을 격려하고 싶어 하고, 항상 그렇듯이 이 근엄하고 엄격한 남성은 단도직입적으로 말한다. "난민 문제로 어려운 상황에 있다는 걸 안다. 바츨라프 하벨이 한 말을 생각해봤으면 좋겠구나. 동독에서 내게는 아주 도움이 많이 된 말인데 지금 네 상황에 맞을 것 같다…" 에펠만은 반체제 인사이자 체코 대통령이었던 바츨라프 하벨의 말을 메르켈 앞에서 암송한다. 휴식 시간 끝. 메르켈은 아무 말도 하지 않고 생각에 잠긴 표정으로 자리에 앉는다.

콘서트가 끝나고 메르켈이 그를 돌아본다. "하벨 문장을 다시 한번 말씀해주실래요?" 목사는 이 문장이 메르켈에게 깊은 인상을 주리란 걸 알았다. 총리와 총리가 자란 곳의 사람들은 텍스트 그리고 텍스트가 자신에게 전달하는 메시지를 해석할 줄 안다. 에펠만은 메르켈에게 다시 말해준다. "희망은 어떤 일이 잘될 거라는 믿음이 아니다. 결과가 어떻든 간에 그 일이 의미 있으리라는 확신이다."

메르켈이 고개를 끄덕이며 감사를 표한다.

감사의 말

가까이서 또는 멀리서 앙겔라 메르켈의 길에 함께했던 많은 분 그리고 내게 생생한 이야기를 들려준 분들께 이 자리를 빌려 감사를 전한다.

앙겔라 메르켈의 동·서독 동료와 친구들: 한스-울리히 베스코프, 라이너 에펠만, 하르트무트 호헨제, 고트프리트 케르너, 헤를린데 쾰블, 안드레아 쾨스터, 울리히 마트데스, 귄터 노케, 미하엘 신트헬름, 폴커 슐뢴도르프, 알리체 슈바르처, 페터 슈트룽크

독일 정치인, 동지, 라이벌: 안드레아스 아펠트, 다니엘 콘-벤디트, 안드레아스 에벨, 요슈카 피셔, 뤼디거 크루제, 로타어 데메지에르, 볼프하르트 몰켄틴, 프리드베르트 플뢰거, 클라우스 프레슐레, 볼프강 쇼이블레, 랄프-귄터 샤인, 올라프 슐츠, 만프레트 베버

'그 메르켈'에게 최소 한 번 이상 표를 준 뤼겐섬 어부 한스-요

아힘 불

메르켈의 외국 동료, 교섭 상대: 미셸 바르니에, 클레망 본, 존 버커우, 토니 블레어, 티에리 브르통, 카를라 브루니-사르코지, 알래스테어 캠벨, 실비 굴라르, 프랑수아 올랑드, 파스칼 라미, 브뤼노 르 메르, 장-다비드 레비트, 에마뉘엘 마크롱, 조너선 파월, 파비앙 레이노, 이반 로저스

독일 정치 전문가: 랄프 베스터, 니콜라우스 블로머, 루카스 델라트르, 클레어 데머스메, 티나 힐데브란트, 알렉산드르 로비네-보르고마노, 다니엘라 슈바르처, 콘스탄츠 스텔첸뮐러, 토마스 비더

특히 앙겔라 메르켈의 친밀한 전·현직 팀원들: 페터 알트마이어, 에바 크리스티안젠, 우베 코르세피우스, 크리스토프 호이스겐, 니콜라우스 마이어-란트루트, 슈테펜 자이베르트, 울리히 빌헬름.

이들의 신뢰에 감사드린다.

사랑하는 가족 노에미 그리고 알랭 프라숑, 유쾌한 여행 동료 알렉산드르 로비네-보르고마노와 클레어 데머스메, 친구이자 에디터 로랑 베카리아, 아렌느출판사 식구들, 30년 동안 나를 길 위에 있게 한, 그리고 2016년 앙겔라 메르켈에 관한 시리즈를 맡겨준 일간지『르몽드』에도 감사를 전한다.

마지막으로, '마리옹 폰 데어 메르켈'이란 이름에도 웃지 않고 객실 청구서를 작성해준 슈트랄준트의 호텔 추어 포스트(Hotel zur Post)에 감사드린다.

사진 저작권

지은이 **마리옹 반 렌테르겜** Marion Van Renterghem

마리옹 반 렌테르겜은 프랑스 저널리스트로, '알베르-롱드르상'

(Prix Albert-Londres)을 비롯해 수많은 저널리즘상을 받았다.

『르몽드』(*Le monde*)와 『배너티 페어』(*Vanity Fair*)를 거쳐

현재 프리랜서 기자로 활동 중이다.

2017년 앙겔라 메르켈에 대한 첫 번째 전기 『앙겔라 메르켈, 정치계의

UFO』(*Angela Merkel, L'ovni politique*)를 냈고,

이를 보완하고 새로 써 이번 전기를 출간했다.

『메르켈: 세계를 화해시킨 글로벌 무티』는

'역사를 만든 여성'인 독일 총리의 어린 시절 친구들,

같은 길을 걷는 동료들 그리고 라이벌들을 대상으로

저자가 수년 동안 조사한 결실이다.

옮긴이 **김지현**

이화여자대학교 불어불문학과를 졸업한 후 여행 및 문화 예술 콘텐츠

제공업체에서 취재기자 겸 에디터로 근무하며 도서 기획과

출판 업무를 담당했다. 그 후 홍보 컨설팅 회사에서

글로벌 기업들의 국내 홍보 프로젝트를 담당하며

번역 및 언론 홍보를 맡아 진행했다. 현재 번역 에이전시

엔터스코리아에서 출판기획자이자 전문번역가로 활동 중이다.

다양한 분야에 관심을 가지고 좋은 콘텐츠를 소개하려 노력한다.

주요 번역서로는 『우리는 어쩌다 혼자가 되었을까?』『두부 Cook Book』

『디자이너가 꼭 알아야 할 그래픽 500』 등이 있다.

메르켈

세계를 화해시킨 글로벌 무티

지은이 마리옹 반 렌테르겜
옮긴이 김지현
펴낸이 김언호

펴낸곳 (주)도서출판 한길사
등록 1976년 12월 24일 제74호
주소 10881 경기도 파주시 광인사길 37
홈페이지 www.hangilsa.co.kr
전자우편 hangilsa@hangilsa.co.kr
전화 031-955-2000 **팩스** 031-955-2005

부사장 박관순 **총괄이사** 김서영 **관리이사** 곽명호
영업이사 이경호 **경영이사** 김관영 **편집주간** 백은숙
편집 강성욱 박희진 노유연 최현경 이한민 김영길
관리 이주환 문주상 이희문 원선아 이진아 **마케팅** 정아린
디자인 창포 031-955-2097
CTP출력·인쇄 예림인쇄 **제책** 예림바인딩

제1판 제1쇄 2022년 6월 30일

값 22,000원
ISBN 978-89-356-6947-9 03340

• 잘못 만들어진 책은 구입하신 서점에서 바꿔드립니다.